Xinwen Xiezuo Kecheng Daoxue

新闻写作课程导学

高　群/主　编
段宗明/副主编

合肥工業大學出版社

图书在版编目(CIP)数据

新闻写作课程导学/高群主编 . —合肥:合肥工业大学出版社,2019. 9
ISBN 978 - 7 - 5650 - 4649 - 0

Ⅰ. ①新… Ⅱ. ①高… Ⅲ. ①新闻写作—高等学校—教学参考资料
Ⅳ. ①G212. 2

中国版本图书馆 CIP 数据核字(2019)第 198757 号

新闻写作课程导学

高 群 主编　　　　责任编辑 朱移山

出 版	合肥工业大学出版社	版 次	2019 年 9 月第 1 版
地 址	合肥市屯溪路 193 号	印 次	2019 年 12 月第 1 次印刷
邮 编	230009	开 本	710 毫米×1010 毫米 1/16
电 话	人文编辑部:0551 - 62903310	印 张	14. 75
	市场营销部:0551 - 62903198	字 数	242 千字
网 址	www. hfutpress. com. cn	印 刷	安徽昶颉包装印务有限责任公司
E-mail	hfutpress@ 163. com	发 行	全国新华书店

ISBN 978 - 7 - 5650 - 4649 - 0　　　　定价: 45. 00 元

目　录

第一章　怎样学习新闻写作
——代绪论

一、重要概念阐释

新闻写作，指记者把采访中搜集到的材料、信息，通过文字写作形成一定体裁的新闻作品的过程。从宏观上讲，新闻作品主要有两大类：新闻报道与新闻评论。因此，广义上的新闻写作，包括新闻报道与新闻评论的写作。狭义的新闻写作，一般仅指新闻报道方面各种体裁的写作。

二、文选·导读

从上述表达的观点来看，主要强调了新闻采访在整个新闻生产中的重要性，制约着新闻写作。但是新闻写作也并不是完全处于被动状态或是新闻写作不重要。在新闻报道整个有机整体当中，新闻写作与新闻采访是这个整体当中最重要的组成部分，两者关系相辅相成、相互呼应、相互制约，在两者的关系当中，只有当新闻采访拥有完善的内容以及优质的材料时，仍然需要用写作的方式来恰当地展现出来的内容。同时，也要从实际的情况中看，新闻采访流程之后的新闻写作，虽然处于采访之后，但是并不意味着只有在提笔写作时思考，而是在新闻采访的时候，思考新闻事实，酝酿新闻根源。例如，在新闻采访的过程当中，新闻写作的文本形式依据新闻事态来进行构造，到底是选择通讯方式还是消息方式，或者是征引话语报道形式还是现场记录的方式，选择什么样的方式向大众传播新闻工作者撰写的新闻稿件，怎么样进行新闻取材，如何安排新闻写作结构，以报纸的版面来看该内容排版该如何进行，如何抓住新闻的关键点进行新闻写作等，而这些都是新闻工作者在进行新闻采访时，需要在大脑里面进行思考和酝酿，并在新闻写作当中要考虑全面，进而通过文字展现出来。在新闻的生产当中，新闻采访具有较强的目的性和主动性，设计、预想新闻写作和新闻报道效果，这对于新闻采访来说，才具有深化作用，才能全面深入的了解。因此从新闻采访与新闻写作的互动性来说，可以说依靠新闻写作，才能更好地提高新闻采访的能动性。

——摘自：李芸，白露《如何实现新闻采访与写作的有机结合》，《新闻传播》，2017 年第 4 期

三、问题与思考

1. 学习新闻写作的重要意义是什么？

答：学习新闻写作的重要性是由以下三个方面的因素决定的。

（1）新闻写作是新闻学研究的一个重要落脚点。新闻学研究的内容主要包括历史新闻学（新闻事业史）、理论新闻学（新闻理论）与实用新闻学（新闻业务）。整个新闻学研究属于实用性较强的学科，因此理论新闻学与历史新闻学的主要目的都是服务新闻业务实践。因此，新闻写作是实用新闻学研究的一个落脚点。

（2）新闻写作是新闻传播工程中的一个重要环节。新闻写作的最终成果即新闻报道是一种信息传播产品，它需要通过大众传播媒介向受众传播才能实现自己的价值。而新闻写作决定着新闻信息能否传播出去，也直接影响新闻信息的传播效果。因此，新闻写作是新闻传播工程中的一个重要环节。

（3）新闻写作是衡量记者素质的一个重要条件。新闻记者作为一个信息传播工作者，他所采集的一切信息，所选择的一切事实，都要通过文字写作，把它们制成一定体裁的新闻报道作品传播出去。面对同样的新闻事实，会写的记者与不会写的记者的传播效果可能相差很大。因此，新闻写作是衡量记者素质的一个重要条件。

2. 试论新闻写作与新闻采访的关系。

答：（1）新闻采访决定新闻写作。要学好新闻写作，首先需要明确一

个前提，即新闻写作必须以采访为基础，采访决定写作。在学习新闻写作时，强调采访决定写作，还基于以下原因：

① 先有采访，后有写作。换言之，采访在先，写作在后，这个次序不能颠倒。

事实是第一性的，新闻是第二性的，新闻报道是客观事物的反映。要完成一篇新闻报道，必须经过采访阶段和写作阶段，采访为写作收集事实，写作则是把采访来的事实加以表现。可见，采访是写作的前提和基础，写作是采访的结果和归宿。没有采访，也谈不上新闻写作。

② 采访的质量直接关系着写作的质量。

采访的质量主要是指采访的深度和广度。如果采访进行得不够深入和广泛，那么写作必然面临“先天不足”的困境，而这种“先天不足”用新闻写作本身无法弥补。因此，学习新闻写作，要建立在扎实的采访基础之上。

（2）新闻写作反作用于新闻采访。一个记者掌握了新闻写作的规律和技巧，反过来可以指导他的采访活动，有助于增强其采访意识与提高其采访能力，因为他熟悉新闻报道的各种体裁，了解新闻写作的基本方法，能够判断哪些素材对新闻写作有用。因此，面对同样一个采访对象，会写的记者胸有成竹，他的提问比不会写的记者更有针对性，整个采访也将更有效率。

（3）既不能重采访轻写作，也不能重写作轻采访。如果要想成为一个优秀的记者，应该两手兼备，而且两手都要硬。

3. 新闻记者要加强哪些修养？为什么？

答：写出一篇好的新闻报道，只是单纯学习新闻写作的基本规律和方法是完全不够的。功夫在笔外。

党中央领导同志对新闻工作者提出“打好五个根底，发扬六种作风”的要求，更是对记者素质问题全面而具体的阐述。五个根底是：理论路线根底、政策法律纪律根底、群众观点根底、知识根底和新闻业务根底。六种作风：敬业的作风、实事求是的作风、艰苦奋斗的作风、清正廉洁的作风、严谨细致的作风、勇于创新的作风。这是每一个新闻工作者提高自身素质的努力方向。同时，需要加强三种修养。

（1）加强政治修养。记者是一种特殊的职业，它肩负着为社会传递信息的责任。记者需要有强烈的职业责任感与正义感，写好一篇新闻报道作品“功夫在笔外”，指的主要是记者必须具有的政治修养，它从根本上决定了新闻报道的思想高度与品位。

（2）加强知识修养。有知识，有学问，是记者业务素养的基础。新闻写作涉及社会生活的各个领域，需要有广博深厚的知识根底。一个记者除了拥有新闻专业教育的背景之外，还要对社会科学以及各种与新闻工作有关的问题有一定的知晓，才能较好地驾驭新闻写作。

（3）加强思维修养。思维修养对新闻写作的成败也关系甚大。在一个好记者身上，除了他的人品和学养之外，还有一种其他行业从业者所没有的新闻“敏锐”。并不是什么人都适合当记者的，这个行业所需要的“敏锐”和“灵气”，来自辨识与表现新闻价值的灵活的思维能力。

四、参考书目

1. 何梓华．新闻理论教程修订版［M］．北京：高等教育出版社，2008.

2. 王振业，李舒．新闻评论写作教程［M］．北京：中国广播电视出版社，2009.

五、历年考研真题

1. 硬新闻（暨南大学，2011；上海财经大学，2010；西南大学，2010；北京大学，2008）

2. 软新闻（华中农业大学，2011；中南财经政法大学，2010；湘潭大学，2009）

3. 试述新闻报道的负面影响与“负面新闻报道”的界定与关系（北京大学，2008）

4. 以深入采访，精心写作为题，论述新闻采访与新闻写作的关系。（中央民族大学，2004）

第二章　新闻写作的真实性原则

一、重要概念阐释

1. 真实性

真实性最简单的定义是：新闻报道必须反映客观事物的原貌，它是新闻的基本属性，也是整个新闻报道的原则。

2. 新闻要素

新闻要素，是指新闻构成的基本成分，有新闻五要素、六要素之说。1898 年，美联社记者约翰·唐宁发表过一条新闻消息，其导语包括新闻报道所必需的五要素：何时、何地、何人、何事和何故。至 20 世纪 20 年代前，新闻五要素被新闻界普遍认可和遵循。1932 年，在新闻五要素基础上，美国新闻学者麦格杜戈尔提出第六个要素——如何。此后，新闻六要素被世界新闻界普遍遵循。

3. 具体事实

我们把感官可以直接感受到的事实称为具体事实。具体事实必须真实，它一般属于现象真实。

4. 概括事实

我们把感官不能直接感受到的事实称为概括事实，它也要符合客观实际，能准确地概括具体事实的全貌，这属于本质真实。

5. 体制性失实

体制性失实是指因某种价值观对新闻报道发生强烈作用时而造成的新闻失实。

6. 经济性失实

经济性失实是指金钱等经济利益对新闻报道发生强烈作用时所造成的

新闻失实。

7. 故意失实

故意失实是指媒体或新闻报道者事先明知报道内容不符合客观事实，具有虚假成分，却出于种种主客观因素的制约和影响，而有意为之所导致的新闻报道失实。

8. 非故意失实

非故意失实也叫业务性失实。它是指新闻报道者并无故意造成失实报道的动机，而是由于种种主客观条件的限制或影响，未能按照客观事实的本来面目如实做出报道所导致的新闻失实。

二、文选·导读

新闻必须真实，这是新闻采访的基本要求，坚持新闻报道的真实性，是中国特色社会主义新闻事业必须长期坚守的一条基本准则。唯物史观的新闻本源观告诉人们：新闻报道必须真实地反映客观事实，完全与客观事实相符。人们传播、接受新闻正是因为它反映了客观真实的事实。人们只有得到真实、准确的信息，才能正确地了解客观的外界事物。

首先，新闻真实是新闻媒体公信力的前提。新闻媒体必须具有公信力。只有向人民群众报道真实的新闻，才能得到人民群众的信任，新闻媒体才有公信力，才有生存和发展的基础。中国特色社会主义新闻事业要坚持以真实报道为责，以虚假新闻为耻，不断增强社会责任感，以真实的报道对党和国家、对人民负责。要做到新闻真实，记者就必须到达现场，核实新闻来源及基本事实。多方求证，核实人物、职务、地点、场合、过程等关键要素。同时要慎用网络消息源，对网上传播的消息要进行核实。

新闻报道要真实，要体现客观公正。但是，在现实社会中，随着新媒体的出现，微信、网络的快速发展，人人成了新闻的传播者。个别媒体，为了追求点击量和浏览量，一味图快、图新，缺乏实事求是精神，道听途说，不深入采访，造成新闻失实，损害了媒体公信力，有时涉及矛盾双方，还会伤害到其中一方。比如，2018 年的重庆公交车坠江事件，很多媒体捕风捉影，人云亦云把责任推向了女司机，让女司机蒙受了不白之冤。直到视频曝光，人们才知道她不是害人者，而是受害者。《人民日报》也发声：越是众声喧嚣，越需善于求证。从本质上来说，媒体的作用主要还是传话筒。在传话过程中，不论这个原信息是来自官方、目击者、现场记者或者当事人等等。新闻记者都应该寻求真相，坚持实事求是，维护新闻的真实性和媒体的信誉。

无论是弘扬真善美的正面宣传，还是鞭挞丑恶的负面报道，记者都要以事实为依据，不能为了树立典型、引起轰动而歪曲事实，坚持实事求是，对我们做好正面宣传具有重要意义。比如，内乡电视台拍摄的一条新闻《李家帮：没有血缘　但我有孝心》。年仅12岁的李家帮是奶奶的“眼睛”，爸爸的拐杖，家中的脊梁。更让记者人震惊的是李家帮知道自己是收养的孩子，小小年纪的他知道“生的没有养的亲”，他用瘦弱的肩膀和一颗孝心支撑起了一个家，也赢得了社会的尊重。媒体尊重事实，通过抱养孩子的实际行动诠释了“百善孝为先”的传统美德，让大家看到了跨越血缘的爱的力量和善的光芒。经过媒体报道，李家帮成为第五届全国“最美十佳孝心少年”，他的精神力量感召着同龄人。

负面新闻（负面报道）是指新闻媒体发布的有关违背法律或伦理道德，与人类自身和人类社会发展潮流相悖、损害人类利益的事实的新闻。记者在采写负面新闻时会面临种种困难，当事人可能会掩盖事实，这时，记者就要克服偏见，平等对待每个人，保持中立，做到利益规避，平衡呈现各方观点。在报道过程中，语言要平实，叙述上客观公正，不能偏听偏信，避免有倾向性的报道。如果报道失实，名誉受损的一方就难以接受，甚至可能会和媒体、记者对簿公堂。所以，为了还原事实真相，记者在采访负面新闻时，就要必须做到客观、公正、全面。比如，黄海霞被冒名顶替上大学事件，首先黄海霞面对媒体寻求支持，言之凿凿说自己被堂姐黄风铃顶替，这个顶替不仅包括自己的学籍，还包括成绩。黄风铃成了众人眼中的骗子。但随着媒体的寻根溯源，发现真相是学籍冒用、成绩真实。有人说，冒用她人的学籍，对一同考试的其他人不公平，是违法可耻的行为，黄海霞被停职理所当然。但是也有人认为，冒用学籍是当时历史情况导致，重点是成绩真实，没必要苛责。对待这样的报道，媒体最基本的就是客观中立把事实展现给大家，要采访这个事件的当事人，而不是带倾向性的评价。如何评判交给受众，而不是自己率先结论的引导受众。各级各类媒体本身就代表影响力和话语权，因此这样的不公正报道，会无意中伤害到他方，成为他人牟利的工具。因此无论任何事件，作为媒体，保持客观真实才是最重要的。

总之，新闻媒体要善于透过现象看本质，不被表象甚至假象所迷惑，在实践中要搞清楚个别真实还是总体真实，通过选择事实以及选择报道事实的角度，按照事实的内在逻辑和外部联系，准确恰当地描述事实，通过"用事实说话"，来体现观点、表明态度，引领导向，凝聚力量，在舆论场上发挥一锤定音的作用。

——摘自：郭克燕《浅析新闻报道中的实事求是原则》，《传播力研究》，2019 年第 3 期

三、问题与思考

1. 真实性对于新闻写作来说有什么样的重要性？

答：真实性就是要求新闻报道必须反映客观事物的原貌。它作为新闻的基本属性，是由新闻自身的规律所决定的，是广大读者的要求，也是报纸、广播、电视、网络等大众传媒取信于民的生命所系。首先，真实性是新闻存在的基本条件。整个新闻学在一定意义上讲，就是建立在真实性的基础之上。其次，真实性是新闻传媒必须遵循的原则。

2. 新闻写作对真实性的要求是什么？

答：新闻写作对真实性的要求分为浅和深两个层面。浅层面重在要求新闻报道中的具体事实必须真实真确，深层面重在要求新闻报道的整体概括与分析要符合客观实际。

3. 新闻报道的具体事实包括哪些内容？

答：①确有其事；②构成新闻的基本要求必须准确无误；③新闻中引用的各种资料必须准确无误；④新闻所反映事实的环境、过程、细节、人物的语言、动作必须真实；⑤新闻中涉及人物的思想认识和心理活动等，必须是当事人所述。

4. 新闻报道的真实性在深层次面上的要求具体是什么？

答：（1）要把握现象真实与本质真实的辩证统一。我们把感官可以直

接感受到的事实称为具体事实，而把感官不能直接感受到的事实称为概括事实。具体事实必须真实，它一般属于现象真实。概括事实也要能准确地概括具体事实的全貌，这属于本质真实。

（2）要把握微观真实与宏观真实的有机结合。报道个体事实要真实，它体现的是微观真实；报道总体事实也要真实，它体现的是宏观真实。

（3）要注意新闻报道的多层次真实。新闻的真实性是随着事实发展的真实，表现为一个认识的过程。有的达到现象层次的真实，有的达到初级本质层次的真实，有的达到二级本质层次的真实，有的达到核心本质层次的真实。这些层次只有深浅之分，没有真假之分。

5. 新闻报道失实的原因有哪些？

答：导致新闻失实的原因是复杂的，既有客观环境方面的原因，也有传播者主观方面的原因。

（1）体制性失实。它是指因某种价值观对新闻报道发生强烈作用时而造成的新闻失实。新闻传播活动总是在一定的政治环境中进行的，其真实性的实现不可能不受到政治环境的影响和制约。

（2）经济性失实。它是指金钱等经济利益对新闻报道发生强烈作用时所造成的新闻失实。在媒体走向产业化的时候，新闻这个专业面临的挑战就是商业化倾向。商人是逐利的，也就是说，假新闻背后都有经济利益的驱动。

（3）故意失实与非故意失实。故意失实是指媒体或新闻报道者事先明知报道内容不符合客观事实，具有虚假成分，却出于种种主客观因素的制约和影响，而有意为之所导致的新闻报道失实。非故意失实也叫业务性失实，它是指新闻报道者并无故意造成失实报道的动机，而是由于种种主客观条件的限制或影响，未能按照客观事实的本来面目如实做出报道所导致的新闻失实。一般来说，故意失实是与报道者的思想意识不端正和职业道德差有关，其危害性比较大。非故意失实从性质上来说虽然没有故意失实那么严重，但它出现频率高，所造成的危害也不能忽视。通常它的出现是由新闻报道者的思想方面片面，或者采写作风不严谨导致的。

6. 新闻写作如何避免失实？

答：（1）在确定主题和选择报道角度的时候要坚持独立思考。确定主题，选择报道角度，这时候很重要的一点就是能否真正尊重客观事实，一切从实际出发。在当前复杂多变的社会环境中，能否保持独立思考，坚持实事求是，不唯上，不唯钱，只唯实，是相当重要的。

（2）在谋篇布局的时候要避免片面性。要运用科学的方法，辩证地、全面地反映和报道事物，这是防止新闻失实的一个重要方面。

（3）在写情节细节的时候严禁想当然。要注意区别新闻写作与文学写作的区别，将推测、推论、合理想象等文学写作的手段拒于新闻写作的门外。

（4）培养质疑意识，注意核对引用资料。稿件中所引用的材料，包括采访中获取的各种素材、背景资料、史料，要通过不同的途径查询与核对；对被采访者的自述，即记者通过采访所获得的第一手材料，也要保持质疑意识，也要核对；要注意核对数字，一点之差，事实谬之千里。

（5）描写要有分寸感，这是体现新闻真实性的一个重要环节。新闻写作中要少用、慎用形容词。

（6）要注明新闻来源。在消息或者通讯写作中巧妙地交代新闻来源，做到笔笔都有依据，这是堵塞杜撰新闻的一条渠道，对维护新闻的真实性有重要意义。

（7）严格执行稿件送审制度。这个程序不仅有助于纠正稿件中的失实之处，而且在某种意义上相当于二次采访。有些重要稿件按规定还要送有关部门审稿，这个环节不应被忽略。

四、参考书目

1. 艾丰．新闻写作方法论（修订版）［M］．北京：人民日报出版社，2010.

2. 张俊德．新闻写作学［M］．北京：化学工业出版社，2010.

五、历年考研真题

1. 试述新闻客观性。（中国人民大学，2011）

2. 试论述虚假新闻的表现形式以及治理新闻失实的有效手段。（中国人民大学，2011）

3. 试述新闻客观性原则产生的历史背景及其演变。（北京大学，2012）

第三章 新闻写作的基本方法

一、重要概念阐释

1. “用事实说话”

新闻要用事实说话，有两种表述。一种说法是：通过客观地叙述新闻事实及其背景来体现观点、发表意见；另一种说法是：记者把思想观点藏在精心选择的某些事实里，让受众通过事实领悟其中的道理。

2. 新闻

新闻是新近发生（或发现）的事实的报道。

3. “再现场景”

“再现场景”就是把新闻事实的某些现场情景具体地描述出来。

4. 直接引语

直接引语是指记者通过采访得来的被采访者的原话。在报道中直接引用原话已经成为现代新闻写作中不可或缺的手法。

二、文选 · 导读

记者肩负着重要的社会责任，他们的报道日益成为人们认识世界、辨别真伪、判断是非、左右言行的重要依据。记者的价值判断潜移默化地影响着社会大众的思想意识，改变或重塑着人们的价值观。假如记者自身真伪混淆的话，就无法让受众明辨是非、褒荣贬耻，激浊扬清。因此，记者的首要职责是实事求是。实事求是的素养主要表现为具有锐利深邃的见识，能够在大千世界繁多纷乱的表象中洞察新闻事件背后所隐含的社会意义，另外就是应坚守职业道德职业精神，体现出对事业的充分尊重，既体现出不屈服于任何权威的勇敢和客观公正性，也要体现出对事业、真理的执着追求。

作为一名记者，他首先是一位社会的观察者。普利策曾经说过，“社会是航行在大海上的一艘大船，记者就是那船头的瞭望者。他要为社会守望，去发现大船在行进过程可能遇到的暗礁和险滩，并且要及时向船长报告，确保大船的安全。”换而言之，记者对于社会，就像啄木鸟对于大树一样，在观察中去不断发现社会肌体上的各种毛病，确保社会的健康发展。

记者作为党和国家的舆论喉舌，要勇于担当社会责任，对社会，行业要做到一个新闻人的监督责任，要针砭时弊，对群众进行正确的舆论引导，对国家和党的政策，要宣传的简单到位。他是个历史的记录者，看到这个词，很有历史上史官的意思，这也恰如其分地阐释了记者尊重历史真相、如实报道记载历史的一个重要责任和义务，无论是在极地高原，还是在戈壁沙漠；无论是在抗洪一线，还是在火灾现场……在所有重大的历史时刻，我们都能看到记者的身影，可以说记者为历史写下了最初的稿件。很多记者甚至为了保存历史珍贵的真实资料，甚至失去生命，但是作为记者，还原历史，记叙历史，传载历史，正是记者义不容辞的责任。毛主席曾经说过，共产党员就要秉承实事求是的工作作风，这也是新闻工作者的历史使命和从业宗旨。记者就是一群有着社会责任，有正义感，有担当，为了记载事件，还原事件真实，刚正不阿，秉持正义的一个工作群体，我为我是一名新闻工作者而感到自豪。

作为一名记者，他还应该是一名文化的传播者——传播文明。传播理性，传播亲情，传播关怀。社会总有各色群体，文化程度、思想意识的区别，使不同性格、群体的人对事情的看法是形形色色的，有人难免走极端，有人却会理性地分析。调和阶层矛盾，往往都是以新闻为导向，新闻舆论导向往往成了社会群众判断事件正确与否的标准和方向。这就要求新闻工作者有着正确的人生观，坚持说真话，讲真理，不做错误舆论误导，以事实为依据，有理有节，有章有据地进行真实的新闻报道。记者采写批评类稿件难免会遇到种种阻力，但是也应该据理力争，坚持摆事实，讲道理。要在批评报道中准确地报道事实，使稿件中的全部材料准确无误。如果报道不真实、不准确会使批评报道失去其原有的意义，可能还会触犯他人的合法权益。首先，分析事实必须做到客观、公正。客观既指出错误的严重性，又要分清它产生的主客观原因，辨析错误的性质和带来的危害。公正是要给双方平等表达的机会，一件事，新闻工作者不能因为一时的气愤使评议绝对化，以免做出不恰当的判断，特定的时空环境中，从多侧面、多角度进行观察和分析。另一方面，批评报道中会遇到很多阻力，这时新闻工作者不能无原则地放下批评的武器。应不怕威逼利诱，运用智谋和法律武器维护媒体的公信力和党的威信。除了批评还有自我批评，报道一旦批评错了就要敢于正视错误，这也是坚持实事求是的一种表现。具有实事求是道德品质的人也感到心情坦然，一旦自己产生了违背实事求是的念头就感到内疚和自责。坚持实事求是，就会以顽强的意志始终坚持正确的立场动机，同时需要养成坚持实事求是的优良作风，做到唯实求真，这是对新闻工作者起码的要求。可见，新闻工作者的态度与导向，起着至关重要的方向引导，我们向社会宣传了真善美，坚定了大家“社会上还是好人多”的信心。我们希望人人充满亲情和关爱的故事永在，我们更希望人世间的真情永在。

作为一名记者，他更应该是一名社会进步的推动者。随着商品化大潮的影响，需要重新唤起他们职业的忠诚感和自豪感。一是明确记者的权利与义务，记者是公共舆论的代言人，对全社会的贡献已普遍得到承认。为进一步加强新闻队伍建设，应更清晰地明确记者权利，规定他们所要履行的职责，不得滥用手中的权力。二是提高信息质量，在新闻传播的过程中，信息由传媒与记者主导，只有提高新闻信息的质量才能更好地削减媒体对新闻可能产生的负面影响。新闻记者更应明白责任之重大，他的报道将引导人们区分善恶、处理复杂的社会关系等，因此，他应时刻以对社会、历史负责的态度来传播文明、弘扬正气、鞭挞邪恶。时代的进步如同婴儿的成长，不同社会形态和社会制度、经济发展期都会有不同的负面与正面的意识形态并存，正面的有助于树立民众正确的人生观、价值观、从业道德；负面的也会深深地毒害社会，影响国家和经济的发展，充斥全国的假货、毒奶粉、金钱至上的思想观念，让很多人失去了道德底线，抛弃了诚信、艰苦奋斗的优良传统和亘古至今流传下来的精粹文化和道德观念。世界全球化，外来思想被很多人盲目崇拜向往，使我们国家部分人失去了正确的社会责任感和基本道德，此时新闻工作者作为社会进步推动者的意义就尤为重要，我们要给民众展示真实的国外文化，弘扬中国传统文化和道德素养。还有就是现在新闻监督的力量和作用越来越大，警察在执法的过程中更加文明，政府官员在行政过程中更加自律，我们很多的制度越来越关注人权，政府部门的行政效率在不断提高，这些是社会在进步，也是新闻监督实实在在的作用。在过去的时间里，我和我的同事们做了许许多多相关的监督和呼吁工作，这其中难免也得罪了许多人，可是我们无怨无悔，为了社会的进步、为了公平与正义，我们将会毫不犹豫、毫不退缩地冲在最前方。

新闻工作者关注的是一个又一个的具体事件，但是，通过这些具体事件，我们又推动了重大制度和政策的调整。当社会一天天进步的时候，当社会越来越文明的时候，作为一名记者，我为自己能贡献微薄力量而感到光荣和骄傲！

——摘自：高伟《记者的责任就是实事求是》，《新闻记者》，2017 年第 2 期（有删改）

三、问题与思考

1. 为什么要用事实说话？

答：新闻写作中不管是直接通过客观叙述来体现观点、发表意见，还是记者把观点思想隐藏起来让受众自己去领悟，其根本点就在于用事实说话。有以下几点。

（1）事实是新闻的本源。没有事实就没有新闻，事实是新闻的实体，也是新闻的存在形式。事实是第一性的，根本的。

（2）事实胜于雄辩。事实本身具有强大的说服力。让受众接受报道中的观点，最好的办法就是回到事实中去。从这个意义上说，我们讲新闻要坚持用事实说话，就是坚持按照人类的认识规律办事。

（3）事实最符合受众的需要。人们每天接触媒介，就是为了从媒介中获得感兴趣的信息，就是想知道一些具体的、客观的事实。从受众的心理分析，在阅读选择的时候，大多数人愿意接受记者提供的事实，相信通过自己的头脑对事实所做出的判断。此外，传播学的理论研究也告诉我们，最好的传播效果是劝服，而不是压服。

可以说，新闻写作的一切方法和技巧，都是运用事实的方法和技巧，起码都是建立在运用事实上的方法和技巧。没有过硬的事实，再有过硬的笔头也是白搭。

2. 有无纯客观的报道？是否所有的新闻报道都在说话？

答：这里所谓的“说话”，并不是日常生活中人们的聊天、谈话的意思，而是特指有目的地传递信息，通过报道表达某种意见、观点。如果从宏观的角度来定义，“说话”就是要达到某种传播目的，也就是我们常说的舆论导向。

（1）“纯客观”的报道是不存在的。

从内容上看，报道是记者主观的新闻写作，是对事实的选择和组合。实际上，任何新闻的报道，都是要受到规章制度等各方面的制约。

从形式上看，新闻报道，尤其是动态消息，并不是直接论述或呈明观点的，而是通过叙述和再现事实，运用事实本身的逻辑反映现实，通过字里行间无形地发表或亮明观点。

记者总是根据某个立场和观点来精心选择某些事实，在事实的叙述中表达意见，所以“纯客观”的报道是不存在的。

（2）所有的新闻报道都在说话。传播的目的就是说话，写新闻就是为了传播，而传播本身就含有一定的说话的意义。事实一旦被报道了，就变成了“被传播的事实”。

选择就是在说话。大千世界中有无数的事实客观存在着，为什么一个记者报道这个事实，而不是那个事实？这种选择都反映出了记者的倾向、记者的观点。每条新闻的呈现都是客观事实经过筛选、过滤、组合、再现的结果，也就是说它是主观的作品。

新闻与说话无法分家。从新闻写作的角度讲，写一篇报道，尤其是综合性消息和通讯，总要有个主题思想。而主题思想就是“说话”，是记者试图通过新闻报道有目的地传达信息、表达倾向性和观点。因此在新闻写作的实践过程中，新闻事实与说话是无法分家的。

综上所述，“事实”是客观存在的，“说话”是主观意图。主观和客观的对立统一形成了新闻写作的基本矛盾。“用事实说话”正是解决这对矛盾的方法。

3. 典型事实应具有哪些特点？

答：典型事实对于新闻报道来说相当重要。一个事实选择得好，它可能有以一当十的作用，反之，如果选择得不准，则可能起到更大反面作用。典型事实应该具备以下几方面特点。

（1）它必须是鲜活的读者所未知的事实，才能极大地满足读者的好奇心。

（2）它必须具有重要性而且是具体的事实。重要性的事实本身就能激发读者的欲知兴趣，同时，用具体的事实做细节补充，能起到双倍的作用。

（3）接近性可以强化典型事实。这是指主题、细节和意义都能够与读者有密切的联系。越是与读者的兴趣点接近，越能发挥典型事实的威力。

（4）有的放矢也是选择典型事实的一个标准。这里指的是典型事实的选择要有针对性。

总之，用典型事实说话就是选择最有新闻价值的事实说话。

4. 新闻写作是运用哪几种方法处理观点与材料的关系的？

答：新闻写作所要处理的是新闻事实与记者所要表达的观点之间的矛盾，解决这个矛盾的基本方法就是“用事实说话”。具体而言，有以下几种方法。

（1）选择典型事实说话。新闻报道中能正确、恰当地选择和使用典型事实，那么该则新闻的传播效果会达到最大化。典型事实的选择标准有：它必须是鲜活的读者所未知的事实，它必须具有重要性而且是具体的事实，接近性可以强化典型事实，有的放矢也是选择典型事实的一个标准。

（2）学会用再现场景说话。再现场景就是把新闻事实的某些现场情景具体地描述出来。新闻中的人和事，一般都是有形可感、有物可托的。俗话说“眼见为实”，把它们逼真地再现，使新闻报道做到有神、有形，使读者仿佛亲历其境、亲眼所见，这种方法自然会加强可信性和说服力。一般来说，可感性越强，可信性就越高。第一人称再现法，是由记者直接把读者带入现场，是“再现场景”常用的一种手法。此外，在批评类报道中，通过“场景再现”让事实说话，即记者目击，更是经常使用的一种方法。

（3）学会用背景材料说话。新闻报道中的背景材料，常被称为“新闻背后的新闻”。对它所下的最简单的定义是“用来说明新事实的旧事实”。由此可见，背景材料本身也是事实。使用背景材料的一个不可忽视的作用就是，通过灵活地使用背景材料，巧妙地表达记者的观点。运用背景材料说话，通过背景材料表达记者的倾向，是客观报道的主要手法之一。

① 善于联想。通过把所报道的新闻事实，与其他一件或几件事实关联起来陈述的方法，暗示与引导读者进行联想，从而得出结论。

② 善于对比。把两件事或者更多的事实放在一起对比，这有助于发现问题，认识事物的本质。

③ 不同的背景材料表达不同的观点。报道同一件新闻事实，由于选择和运用了不同的背景材料，从阅读的效果分析，会对读者的判断产生不同的影响；从用事实说话的写作方法分析，记者可以表现不同的倾向性和观点。

④ 综合立体地使用背景材料加大说话的深度和力度。同一个新闻事实，由于运用的背景材料不同，记者所表达的意见、看法就有了很大的差别。

（4）借助直接引语说话。直接引语是指记者通过采访得来的被采访者的原话，它有以下几个作用。

① 直接引语是新闻报道中不同身份、不同个性人物所说的话，不拘一格地引用它们，可以使报道具有现场感，富有变化和人情味，有助于克服新闻写作中容易出现的单调乏味与概念化。

② 直接引语一般都有出处，即消息来源，有助于提高新闻的真实性。如果直接引语来自重要人物或重要机构，还有助于提高新闻的权威性。

③ 直接引语的特殊作用是“借助直接引语说话”，记者可借新闻报道中的人物之口，讲出自己希望说出但又不便直接出面说的话。这样的报道看起来更客观，加强了说服力。

在报道中直接引用原话已经成为现代新闻写作不可或缺的手法，西方新闻教科书把它称为“新闻写作不可分割的组成部分之一”。

四、参考书目

1. 彭家发．新闻客观性原理［M］．中国台北：三民书局出版社，1994.

2. 吴飞．新闻专业主义研究［M］．北京：中国人民大学出版社，2009.

五、历年考研真题

1. 用事实说话（暨南大学，2011；辽宁大学，2010、2007）

2. 新闻背景（南京大学，2007；中央民族大学，2006；上海交通大学，2005）

3. “根据事实来描述事实”（中国人民大学，2005）

4. 为什么说用事实说话是新闻写作的基本规律？试结合实例说明用事实说话的常用手法。（南京大学，2006、2007；中国传媒大学2005）

5. 简述“用事实说话”的方式。（华中科技大学，2011）

6. 简述直接引语在新闻写作中的作用。（湖北大学，2007）

第四章　新闻写作的基本要求

一、重要概念阐释

1. 传播产品

传播产品是指新闻作品的功能在于传播。具体地说，它是向大众传播新闻的产品。

2. 读者观念

办报纸是办给读者看的，新闻报道是写给读者看的。新闻从业人员必须树立读者观念，它要求我们的工作必须从读者读报的特点入手，来分析读者对新闻报道有什么要求。

3. 硬新闻

硬新闻通常是一种强调时间性和重要性的动态新闻形式，重在迅速传递消息。在写作方法上，硬新闻基本上是倒金字塔结构。

4. 软新闻

软新闻是简明软消息和特写，是一种注重引起读者兴趣的新闻形式，重在引起受众的情感呼应，更多地强调人类的兴趣，强调娱乐。在写作方法上，软新闻的文体相对自由，没有限制，可以不拘一格。

5. “一次性消费”

“一次性消费”是指新闻的主要价值和功能在于解决受众“不知道”的问题。一旦人们知道了，新闻的作用也就消失了，而这个“知道”一般情况下是一次性，有时甚至在很短的时间里，甚至是在一瞬间完成的。

6. “排他性”

“排他性”是指同样内容的新闻，哪一条先到受众那里，解决了他的

"不知道"，后续而来的那一条，就不再起什么作用了。

7. "DEE"结构

"DEE"结构又称"华尔街日报体"。这种结构比较多地使用于非事件性消息。其基本特征是，从描写具体的某个人入手，通过进一步解释事实和恰当地分析背景，进而显示整体、点明主题、引入结论，或者通过集中描绘整体事实中的一部分，进而说明与展示整体。

8. "第二种翻译"

"第二种翻译"是指用浅显的文字、生动的比喻或者老百姓熟悉的语言来讲述、表达或说明新闻报道中的内容。

二、文选·导读

这一讲主要谈消息写作的基本要求，适合于各种消息的写作。有的同志会说："写消息很简单，找几个例子，再加上个帽子（指导语）就成了，用不着下什么功夫。"其实，这个看法是对消息写作的基本要求不甚了了。严格地说，对新闻写作还未入门，说的是一句外行话。即使是一条三五百字的短消息，写作上最根本的要求也必须具备。否则，就不成为消息了。所以，消息写作虽然没有一定的框框，更不应有什么模式，但根据消息这个文体的特点，在写作上还是有它一些基本要求的。

其一，应具有新闻的要素。

所谓新闻的要素，一般是指"五要素"，即在一条消息里应写出何时、何地、何人、何事和为什么，这样才能把报道的事实交代清楚。读者看到它便明白新闻发生的时间、地点、人物、事情和为什么。这五要素的每个英文单词，都以英文字母W开始，因此在西方新闻学上又称它为"五个W"。早在1945年的战争年代，我们党中央的报纸——延安《解放日报》曾以《从五个W说起》为题发表过一篇社论。那篇社论专门论述消息写作中五要素的作用，认为这五要素"犹之乎人的头脸必须有耳、目、口、鼻一样。缺少了一件，就会不成样子。"尽管近几年我国新闻界有人认为"五个W"没有揭示新闻的个性与特征，不能说是新闻的要素。有的同志还说，现在西方新闻写作也在改革，一条消息不一定具备"五个W"。这也是事实。有些简讯或短消息，省略个别"W"

的情况是有的，但是消息写作最根本的要素，如时间、地点、人物或事情总得有。不然，就说不清事实，传达不明信息，使读者疑窦丛生，这是消息写作上最大的失败。正如延安《解放日报》那篇社论所指出的："五个 W 是把事实弄清楚的最起码条件，是走向精确的初步阶梯。"可是，现在有的记者或通讯员对此缺乏正确的认识，写出的消息甚至以"缺鼻子少眼睛"为荣，还说什么一个"W"没有，也可写成消息。针对断闻写作中出现的这种现象，1984 年 3 月，一位中央领导同志语重心长地说，我们写新闻已经有几十年了，从延安时期算起也不止四十年了。但是至今我们有些新闻仍然不像新闻。这个问题年年讲，提出讨论，希望改进，但老是改不了。新闻不是起码要有"五个 W"吗？但有的一个"W"也没有。新闻记者不像新闻记者，缺少起码的条件。这个中肯的批评，指明一条消息起码要有上述那些新闻最根本的要索。应当看到，"五个 W"是把报道的事实最大限度地浓缩起来的办法，又是把事实精确分解的基本元素。试想一下，要在最短的时间里用最简洁的文字，把一件复杂的事实写清楚，而且使谈者一目了然，一条消息中应有上述"五个 W"不是基本的要求吗？诚然，简讯或"一句话新闻"，只具有其中的两三个或三四个"W"，这是另一种情况。至于有的人写消息连一个"W"也没有，这是对消息写作基本要求无知的表现。

其二，客观地叙述事实。消息写作的一个特点，一般是报道新闻事件成新闻人物的活动，要用事实说话。换句话说，要客观地叙述事实，让事实本身说明问题。这里不妨举一例，前几年《北京日报》刊登一条《北京人的寿命有多长》的消息，报道北京人的平均寿命，比中华人民共和国成立初期延长了近20 岁。这条消息不是空泛的议论和干巴巴的说教，而是从就业人口、抚养系数、副食供应、医疗卫生和保健条件、婴儿死亡率等方面，摆出了一系列的数字和变化的情况，用扎扎实实的材料、鲜明的对比说明问题，让读者自作结论或找答案。读者从叙述的事实中自然体会到社会主义制度的优越性，以及计划生育非搞不可的道理。所以说，事实是客观的、权威的、最有说服力的。但是，消息写作要客观地叙述事实，并非排斥对事实的选择。这就是说，消息写作要用事实说话，绝对不是没有立场、观点的客观主义。一个记者或通讯员采写稿件时，选择什么样的事实和怎样处理事实都是在“表达”一定的观点，反映出一定的立场。胡乔木同志在《人人要学会写新闻》一文中说得好：“学写新闻还叫我们会用叙述事实来发表意见。我们往常都会发表有形的意见，新闻（即指消息）却是一种无形的意见。从文字上看去，说话的人，只要客观地、忠实地、朴素地叙述他所见所闻的事实。但是因为每个叙述总是根据着一定的观点，接受事实的读者也就会接受叙述中的观点。”实践证明，愈是高明的记者或通讯员，就愈是善于用客观地叙述事实的手法，“无形”地宣传自己的观点。这也说明，写消息要善于客观地叙述事实，并不像小学生“描红”那样简单。

其三，主题集中，中心突出。

……

其四，行文要简洁，选材要精粹。

……

实践证明，要写出简洁精粹的消息，很需要提倡这种“浓缩”精神。现在有些消息写得不够简洁精粹，其主要毛病有二：一是行文中用空话、套语多。二是写过程，琐碎的细节多。消息要写得简洁精粹，除了精选材料之外，还需在一条消息的组织结构、遣词造句等一系列环节上下功夫。当前尤其是应注意改进新闻语言，要做到“惜墨如金”仍有很大的意义。

——摘自：孙世恺《消息写作的基本要求》（上），《新闻与写作》，1985 年第 5 期（有删改）

三、问题与思考

1. 新闻写作的基本要求是什么？提出这些要求的依据是什么？

答：新闻写作的基本要求有以下几点。

（1）时效性：新鲜、快速、简短。

（2）可读性：具体、生动、通俗。

（3）针对性：加大信息量、知识含量，挖掘思想深度。

提出新闻写作基本要求的依据主要是：新闻写作是一种受限制的写作，它在传播产品与读者观念、组合产品与版面观念上对新闻写作有一定的影响。

（1）传播产品与读者观念。传播是新闻生命力的体现，也是新闻得以生存的形式。一篇新闻报道只有传播出去，进入读者市场，才可能发挥作用。有多少读者阅读了新闻报道，阅读后的反映是什么，都决定这篇稿件传播面的宽窄以及传播力的强弱。因此，要树立读者观念。

（2）组合产品与版面观念。组合产品是指每一篇新闻报道都是编辑、记者的集体劳动，而且发表时必然以组合的方式出现，这种组合的具体体现就是版面，由此带来版面观念。版面对新闻写作的影响主要是：版面在空间上并不是无限的，它一般有固定的字数；在时间上也不是无限的，每天有一定的截稿时间；此外，版面在组合上是“配套”的，从内容、角度、新闻文体等，都要服从整体策划。

因此，记者必须首先为版面写作，使报道作品适合版面的需要。记者工作永远要受到这方面的制约。

2. 在新闻写作中如何体现时效性?

答：新闻报道是时间性极强的文字作品，各种媒体的竞争，实质上是对新闻时效性的竞争。怎样才能在新闻写作中体现时效性，做法有三。

（1）首先要做到新鲜。

① 要加强今日新闻的采写。把新闻事实发生的时间与报道的时间两者之间的时间差尽量缩小，越新鲜就越受读者的欢迎。

② 学会在报道中把最新鲜、最精彩的信息内容“拎出来”，用最明显的形式摆在读者的面前。

③ 寻找新闻的最近点，尽可能地找出某件新闻事实在今天的依据。

（2）其次要快速、快速、再快速。为了让自己写得更快，记者应该加强以下方面的学习。

① 学会集中精神，不受外界干扰，在不同的工作条件下能迅速地投入写作状态中。

② 学会和养成打腹稿的习惯。

③ 熟练掌握新闻各种文体的写作要领，特别要得心应手地运用消息写作的技巧和方法。

④ 善于准备好各种写作素材，灵活地组成“预制构件”，随时可以根

据报道的需要进行拼接与组装。

⑤ 注意培养自己口述新闻的能力。

（3）新闻报道，无论是消息还是通讯都要写得简短些、精粹些。篇幅短了，在有限的版面和时间里，可以多发新闻报道，传递更多的消息。简短也有助于突出新鲜的内容，长篇大论很容易把新闻湮没掉。新闻报道要想简短、精粹，就必须做到以下几点。

① 坚持一事一报。

② 要注意把主题破小，把角度选小，把架子搭小，突出最有新闻价值的事实。

③ 化整为零，可以多一些滚动报道、组合报道或连续报道。

④ 挤掉水分，只讲事实。新闻写作只能采用“浓缩法”，不要用“稀释法”。

3. 在新闻写作中如何增加信息量?

答：总的来说，一是要在比较中选择信息量较大的新闻事实加以报道；二是要把选定的新闻事实中固有的信息量充分地反映出来。因此，需要做到以下几点。

（1）学会多侧面地进行报道。

（2）学会抓特点，并在新闻写作中力求充分地将其特点与差异表现出来。

（3）学会使用新闻背景。只有充分挖掘新闻背景，无论是事件本身的直接背景还是与事件有关的间接背景，都能够有效地加大新闻报道的信息量。

（4）用尽可能少的信息符号传递尽可能多的新闻信息。

4. 如何加强新闻报道的针对性?

答：针对性有两层意思：第一是指在进行新闻写作时，要了解传播对象，第二要明确传播目的。新闻写作的针对性有两个特点，一方面这是一个灵活的概念，它的精髓在于“具体问题具体分析”，另一方面新闻写作的针对性又是一个动态的概念，它不是一成不变的。要加强报道的针对性，应当从以下几个方面入手。

（1）加大信息量。总体而言，一要在比较中选择信息量较大的新闻事实加以报道；二是要把选定的新闻事实中固有的信息量充分地反映出来。

① 学会多侧面地进行报道。多侧面报道要求客观地按照事物的本来面目，透过多种角度，运用多种手段进行综合报道，避免“只取所需”地报道事实的某一个侧面。

② 学会抓特点。信息在本源上是客观事物的特征和事物之间的差异。特点越鲜明，差异越显著，其信息量越大。没有特点，流于一般，则没有新意，信息量就小。因此要选择那些特点鲜明、差异显著的新闻事实，并在新闻写作中力求充分地将其特点与差异表现出来。

③ 学会使用新闻背景。充分挖掘新闻背景，无论是事件本身的直接背景还是与事件有关的间接背景，都能够有效地加大新闻报道的信息量。

④ 用尽可能少的信息符号传递尽可能多的新闻信息。对纸介媒体而言，新闻信息通过语言文字传递给读者，因此要学会用精练的文字浓缩信息，以传递更多的内容。

（2）加大知识含量。新闻报道的内容里要加大知识的含量，这既是读者的需要，也是媒介引导的需要。新闻写作如何加大知识的含量？

① 知识是人类认识自然、认识社会、认识自身的经验总结，它最大的特点是科学性。因此，从一定的意义而言，加大新闻报道中的知识含量，既要讲究科学性，更要注意挖掘和展示信息背后的某种客观规律。

② 这种增加，不仅是简单的数量增加，更重要的是在质量上的增加，即在报道的选材、角度上都要比单纯信息的报道更深入一步。

（3）挖掘思想深度。读者不仅要知道发生了什么事，还要了解发生的原因，甚至不仅要了解原因，而且要理解事实的“意义”。于是，能够给读者提供一定思想深度的新闻报道，其现实的针对性也越强，新闻报道的影响力也越大。新闻传播的思想性又叫指导性，是新闻传媒的重要功能。它的指导性是柔性协调，或者隐性协调，它需要通过挖掘事实本身内在的逻辑性，挖掘内含的思想深度实现舆论导向。记者要将主观与客观相结合，从事实中提炼新闻主题，锻炼洞察力和深刻分析事物本质的能力。

四、参考书目

1. 江爱民，寒天．国际新闻的采访与写作［M］．北京：中国广播电视出版社，2005.

2. 康文久．实用新闻写作［M］．北京：新华出版社，2002.

五、历年考研真题

1. 什么是新闻写作的针对性？新闻写作的针对性有哪些特点？（湘潭大学，2009）

2. 如何做到独家新闻，谈谈你的看法？（上海交通大学，2012）

3. 什么是“抢新闻”，在写作时要注意什么？（华中科技大学，2007）

4. 论新闻写作的基本要求。（中央民族大学，2003）

第五章 新闻角度

一、重要概念阐释

1. 新闻角度

新闻角度指记者发现事实、挖掘事实、表现事实的着眼点或入手处。

2. 逆向思维

它是指遇到一些事，可以倒过来想一想，在这种类似“反思”的过程中寻找新闻角度。

3. 虚中觅实

虚中觅实主要指对一些抽象性、概念性强的事实材料，要尽量寻找其中所包含的实在而具体的内容，从这个角度入手表现整个事实的新闻价值。

4. 发散式思维

发散式思维是美国心理学家查尔福斯提出来的。这种思维方式运用在新闻写作中，即要求以一个新闻目标为中心，把思路向四面扩散，沿着不同的方向、不同的角度思考问题，从多方面寻找解决问题的答案。

5. 统摄思维

统摄思维又叫聚拢思维。与发散思维呈扩散式相反，这种思维的态势是向心的，思维的方向是向着一个点或几个点集中，以求得对新闻事实更深刻的认识。

6. 全局高度

全局高度也就是宏观高度和大局意识。记者在选择角度的时候应该以社会为大的背景，具有宏观与全局的眼光，这样在选择、掂量某一件具体的新闻事实时，就会把握时代脉搏的最佳角度。

二、文选·导读

鱼缸赏鱼和峰岭效应

十几年前，意大利蒙扎市议会通过了一项法案，禁止市民将金鱼养在圆形鱼缸里观赏。这个故事提出了一个有趣的哲学问题：我们怎么知道我们感知到的“现实”是真实的？金鱼看见的世界与我们所谓的“现实”不同，但我们怎么能肯定它看到的就不如我们真实？这个相似的问题同样困扰了900多年前的一位中国诗人。不过，与意大利蒙扎市议会不同的是，这位聪明的宋代诗人并没有请求朝廷颁布禁止法案，而是借景说理，娓娓道来，用中国艺术家擅长的一首七言绝句《题西林壁》，成功地启迪了人们为人处事的一个哲理：横看成岭侧成峰，远近高低各不同。不识庐山真面目，只缘身在此山中。苏轼清楚地认识到，之所以不能辨认庐山的真实面目，是因为自己身在庐山之中，视野为庐山的峰峦所局限，看到的只是庐山的局部，这必然具有片面性。于是，苏轼借景说理，指出观察问题应客观全面，如果主观片面，就不会得出正确结论。也就是说，只有远离庐山，跳出庐山的遮蔽，才能全面把握庐山的全貌。游山所见如此，观察世上事物也常如此。

从传播学的角度来看，鱼缸效应与峰岭效应有着异曲同工之妙。眼睛是观察“现实”世界最主要的工具，观察角度不同会产生不同的“现实”视点。就新闻而言，任何报道都只是对事实一种简约的、一定程度上割断的、扬弃的、概括性的报道，不可能完全将事实原原本本地展现出来。再先进的媒介或手段，最终也要通过语言和文字来描述（多数画面也要通过语言才能帮助理解）外部世界，即使报道者要真诚地报道外部世界，但是任何语言和文字都不可能完完全全地将心里所思、所构的图景描述出来。毛泽东在《实践论》中指出，要完全地反映整个事物，反映事物的本质，反映事物的规律性，就必须经过思考作用，将丰富的感觉材料加以去粗取精、去伪存真、由此及彼、由表及里地改造制作，要形成概念和理论的系统，就必须从感性认识跃进到理性认识。

同样的客观“现实”有不同的描述

还有一个发生在真实世界里的著名例子，同样说明对“现实”可以有不同的描述，那就是托勒密的地心说和哥白尼的日心说之争。尽管人们通常都说，哥白尼证明了托勒密是错的，但事实并非如此。哥白尼和托勒密就好比我们和金鱼，选择任何一种描述作为宇宙模型都可以，因为无论假设是地球不动还是太阳不动，我们都能很好地解释我们观察到的天象变化。抛开哥白尼的日心说在有关宇宙本质的哲学争论上所起的作用不论，它的真正优势只不过在于运动方程在太阳静止不动的参考系中更为简洁而已。任何语言都有经验背景，而不同文化下的语言背景是有差异的。同样一条新闻，不同的受众可能会得到不同的甚至相反的理解。例如，关于美国总统里根的儿子失业的消息，有人读了以后认为美国人人平等，总统的儿子也会失业；也有人认为，你看，美国的经济状况多么糟糕，连总统的儿子都失业了。

2011 年 11 月 10 日早晨，来自江西的农民工姚慧芬和上小学的儿子、女儿煤气中毒在家。7 时 30 分，浙江省衢州市衢江区第四小学老师在晨检时发现姐弟俩缺课，一路追查到家，及时发现了煤气中毒的一家三口，挽救了他们的生命。10 日下午，该校一位老师将此事当作好人好事报料给衢州的新闻媒体。这条线索先后在 4 名记者中流传。第一位教育线的记者没有采访，认为和教育的关系不大，转给了第二位记者；第二位记者觉得这条新闻更适合卫生线的记者报道，卫生线的记者以为初冬时节煤气中毒不算新闻，仍然没有进行采访，而是作为一般的社会新闻线索转告给了衢州晚报记者。强烈的职业敏感和高度的责任心让记者掂出了其中爱心、责任心的重大分量，于是衢州晚报记者迅速与报料老师取得联系，马上赶到学校、医院采访，并连夜写稿。

11 月 11 日早上，笔者得知教师救人的信息后，联想到广东佛山“小悦悦事件”刚刚发生，当即判断这是一条弘扬社会正气，彰显普通人爱心，体现社会主义核心价值观的好稿，签发上了《衢州晚报》的头版头条。衢州晚报全国首发《女班主任救下三条命》之后，新华社、央视、光明日报多次报道最美老师新闻，中央、省、市三级领导先后对最美教师事迹作出批示，此稿获得了浙江省新闻奖一等奖。

又如，衢州日报摄影记者汪加干和襄樊日报摄影记者张楠楠，分别在浙江、湖北两省抓拍了《视而不见》和《冷漠》，之后分别荣获了中国新闻奖三等奖。这两件作品反映的是公交车上不给老年人让座这一司空见惯的社会现象，不仅拍摄地点、题材相同，《视而不见》《冷漠》被当地同行认可的程度与评奖经历也惊人地相似：同样推荐浙江省（湖北省）新闻奖评选，同样名落孙山，同样幸运参加中国新闻奖角逐，同样受到评委们的一致好评。可见，中国新闻奖评委和地方新闻奖评委的不同角度和视野，造成了对同一新闻作品价值判断的截然不同，这种差异的结果使《视而不见》《冷漠》这两部作品差一点被同行冷漠和视而不见。

高度决定新闻报道的深度

习近平总书记对贯彻党的新闻舆论工作基本方针提出了明确要求。无论什么时代，新闻工作者都必须按照新闻传播规律办事，根据事实来描述事实，既准确报道个别事实，又从宏观上把握和反映事件或事物的全貌。要防止主观、片面现象的发生，必须从狭小的范围中跳出来，站在全局的高度看清事物的本质，把握本质上的真实。这就像炮兵侦察员的位置，就像排球场上裁判员的位置，只有抽离事件本身才能明察秋毫，才能以超然的态度发现问题，并客观地进行报道。

在重大主题报道中，媒体的高度往往决定着新闻报道的深度。几年前，衢州晚报与衢州日报同步组织“奔跑起来吧，我的衢州”大讨论，除了共同刊出同类稿件外，专门开辟了“穿越十五年比快慢”专栏，重新刊登2000年发表在衢州晚报上的特稿《落后了，城里人！思进吧，衢州人！》，并请这组文章的作者介绍大讨论的背景和采写过程。当年在衢州晚报参加讨论的有100多位读者，记者深入企业、社区、家庭进行采访，请他们回望15年的变化，谈快与慢的成因和展望，使《奔跑起来吧，我的衢州！》成为衢州晚报对15年前报道的一次深度延续，报道时间跨度超过半年，以《街头巷尾晒幸福》《未来15年我干啥》等多个主题栏目，将“奔跑”大讨论层层推进。

由于人们不可能在事物一发生就立即认识到它的本质，而新闻的一个显著特点是它的时效性，它要求迅速、及时地报道现实生活中发生的具有新闻价值的事件。这就要求新闻工作者必须努力学习，深入实际调查研究，善于从总体上牢牢把握住时代的趋势，这样才有可能在瞬息变化的社会现象中去把握事物的本质。

——摘自：范列《从“现实”视点差异看新闻报道角度》，《中国报业》，2018 年第 12 期

三、问题与思考

1. 为什么要寻找新闻角度？

答：新闻角度是指记者发现事实、挖掘事实、表现事实的着眼点或入手处。新闻角度的选择，直接关系到记者从什么方向、在哪个立足点上、用什么视角，或者通过什么突破口去透视、寻找、挖掘、选择和表现新闻事实，以更充分地、更鲜明地体现其新闻价值和思想性。

（1）角度选择是否得当与新闻价值的大小直接相关。新闻角度选得准，新闻价值倍增。反之，选得不准，报道老一套、一般化，就会削弱新闻价值。角度选准了，入手便能抓住事物的特征，容易表现其新闻价值。

（2）不同的角度讲不同的话，有不同的报道效果。由于事实本身具有多面性，因此对同一件新闻事实，可以从不同的角度报道它。角度不同，新闻价值可能不同，因此表达的思想意义也不同。

（3）角度选得好可以出独家新闻。当今在新闻时效性的激烈竞争中，通过打时间差获取独家新闻变得越来越困难。因此，独辟蹊径，从一个新的角度、一个别人所未走过的路径，发掘出事实的新的新闻价值。获取非时间差独家新闻，便成为记者们努力的方向。

2. 什么是最佳新闻角度？

答：在新闻报道中常见的有以下几种角度：领导角度与群众角度、工作角度与生活角度、表扬角度与批评角度等。什么是最佳角度？《新闻文体与写作技巧》一书中提出，最佳角度的标准有：一是能突出新闻的个性特征，二是能体现事物的本质，三是有生动活泼的内容，四是有新颖巧妙

的形式。西方记者认为最佳新闻角度的选择标准是：切中要害，最能说明问题的角度，最能引起人们兴趣的角度，读者最易接受的角度，读者最关心的角度，时空距离读者最近的角度，最有人情味的角度。从一定意义上说，读者的需要就是最佳角度。

3. 在实际工作中，怎样选择最佳报道角度？

答：（1）根据不同读者群的定位寻找最佳报道角度。不同的传媒面对不同的读者，承担着不同的宣传任务，发挥着不同的传播功能，各有侧重、各有分工。记者在面对一大堆新闻素材动手写作之前，首先要了解你的受众是谁，明确你要写给谁看，同时根据你所在传媒的舆论导向来选择最佳新闻角度。

（2）根据“接近性”原理选择最佳报道角度。“靠读者近些”是我国新闻界多年来的追求。在选择新闻角度时，要学会充分利用新闻价值学说中的“接近性”原理，寻找所报道的事实与读者在时间、地点、心理或者利益上的接近点。接近的因素越强，读者的阅读愿望也越大。从读者的关切点上找角度，回答读者普遍关心的问题，解答读者想知而未知的问题，一般而言，这是最佳的新闻角度。

4. 选择新闻角度有哪几种方法？

答：（1）以旧见新找角度。以旧见新找角度，是要求记者在报道老题材、老话题时，要善于将过去的报道与今天的现实联系起来，从旧闻中发现新闻，推陈出新。

（2）以小见大找角度。这是指表现大主题可以选择小角度，即“寓大于小”，大处着眼，小处着手。从某种意义上看，以小见大由新闻的特点决定。任何新闻都不可能面面俱到，它是经过选择的事实的一个“剖面”，一个“片段”。具体到这个“剖面”，也还有报道的角度问题。若摆开架势，把角度放得很大，只能蜻蜓点水，不利于主题的深化。而选好个小角度，像钉子一样，入口小、钻得深，容易把握，并能够写得具体。

（3）虚中觅实找角度。虚中觅实，主要指对一些抽象性、概念性强的事实材料要尽量寻找其中所包含的实在而具体的内容，从这个角度入手表现整个事实的新闻价值。

（4）逆向思维找角度。逆向思维，是指遇到有些事，可倒过来想，在这种类似“反思”的过程中寻找新闻角度。逆向思维可以帮助我们摆脱困境，突破老一套的模式。

（5）发散思维找角度。发散式思维运用在新闻写作中，即要求以一个新闻目标（或一个新闻事物）为中心，把思路向四面扩散，沿着不同的方向、不同的角度思考问题，从多方面寻找解决问题的答案。在思考时，思路要具有流畅性、变通性、独特性。这种思维方式符合绝大多数事物的多因多果的客观实际。运用发散式思维可帮助记者发现和挖掘事物更多的角度与侧面。

（6）统摄思维找角度。统摄思维又称聚拢思维，与发散思维呈扩散式相反，这种思维的态势是向心的，思维的方向是向着一个点或几个点集中，以求得对新闻事实更深刻的认识。一般而言，这种统摄首先要把采访所得的具体新闻素材和具体观点聚拢，然后把这些事实与事实的意义向一个点或几个点集中，并进行深度挖掘以接近事实的新闻内核，聚焦点越来越小，越来越集中，最后就可能找出一个最佳聚拢点，这是报道这件事实的新闻角度。

（7）全局高度找角度。全局高度，是指宏观高度和大局意识。如果一个记者能够以全国的形势、情况、问题、动向以及经验作为社会大背景，具有宏观与全局的眼光，那么他在选择、掂量某一件具体的新闻事实时，会找到把握时代脉搏的最佳角度。而一些地方新闻要想提升其新闻价值，也首先要“吃透上头”，即明确中央的精神，把本地新闻与具有全国意义的普遍问题联系起来，其新闻价值自然升值，针对性大大提高。

四、参考书目

1. 梁衡．新闻原理的思考［M］．北京：中国人民大学出版社，2018.

2. 徐汉雄．视角的力量：新闻评论的六大思维角度［M］．北京：中国发展出版社，2019.

3. 费伟伟．人民日报记者说：好稿是怎么“修炼”成的［M］．北京：人民日报出版社，2018.

4. 中国新闻奖评选委员会办公室．中国新闻奖作品选［M］．北京：新华出版社，2019.

五、历年考研真题

1. 新闻角度（陕西师范大学，2005）

2. 简述新闻角度的定义及其选择时的注意事项。（复旦大学，2010）

3. “横看成岭侧成峰，远近高低各不同”对寻找新闻角度有哪些启迪意义？（中国社会科学院，2007）

第六章　新闻跳笔

一、重要概念阐释

1. 新闻跳笔

新闻跳笔是一种在文体结构上采用多段体，在行文叙述上采用跳跃式的新闻写作笔法。与一般文字作品所要求的注意上下衔接、具有连贯性、讲究起承转合等笔法不同，它主张“跳”，在句子与句子之间，段落与段落之间，可以甚至必须有较大的跳跃。

2. 断裂行文

断裂行文是指段落之间不按照时间的顺序，或者事实的原始过程从头排列，不面面俱到，不平铺直叙，不必顾及程序、顺序或者层层推理的逻辑，而是打破时间与空间的限制，只着力突出读者最感兴趣的新闻事实，把它们用跳跃的方式组织起来。

3. “蒙太奇”

“蒙太奇”是一种电影手法，指镜头的组合和连接，通过不同的组合连接，产生不同的艺术表达效果，如进行对比、引起联想等。

二、文选·导读

新闻跳笔是新闻写作中特有的行文方法，它有两个特点：一是在文体结构上它是多段体；二是叙事不要求起承转合，它主张“跳”，在句子与句子之间、段落与段落之间要“跳”着写，行文过程要“跳”着“跑”。

连“跳”带“跑”地写

我国著名记艾丰曾经说：“新闻写作的艺术在某种意义上说是‘舞蹈艺术’，它是讲求跳的，跳得好，就成了高超的写作技巧。”

请看人民日报记者郭玲春的通讯《一颗燃烧的心——访作家巴金》中的一段文字，凡是用跳笔的地方，我们都用*标出来：

且莫担忧，亿生命的源泉并未枯竭，一本《往事与回想》足可以证明。*这本译作动笔的日期是1973年夏天，他失去妻子之后的几个月。*30年代，他翻译的赫尔岑回忆录片段曾在鲁迅主编的刊物上发表，他告诉过鲁迅先生，要将那篇大部头作品“啃下来”。*或许，这个诺言现在可以兑现。*他攀上原先是汽车房的狭小顶楼，那里太阳西晒，但毕竟安静些。*老作家手边缺少资料，幸好，走廊上遗留下几本没有封存的书籍、词典、借着从窗户透进的一丝弱光，他将眼睛几乎贴到了书本上。*他忘掉了四面的墙，进入到十九世纪黑暗的俄国，有时，思路又把他拉回到现实中来，猛然感到“四人帮”的恶行与沙皇专制统治何等相似。*他相信，谁违逆历史的潮流横行，日子必不长久。*译完的章节，他都一一校阅了，用工整的小字抄在普通方格纸上。*他知道，巴金的一个字、一片纸，当时是没有出版社敢于问津的。他只期望把世界文学的宝藏留给后人，哪怕在图书馆里作为一份资料，日后自会有人去开采、发掘。

这篇通讯的行文中，有由远到近或者由近到远的时间与空间跨越；有概述到细节的粗与细、简与繁的跨越；还有倒叙、插叙、比喻等笔法的跳跃。我们细数一下，不长的一段文字，记者共跳了九次。通过这种灵活的跳跃，记者多角度、多侧面地提供了丰富的信息，并以简洁的文字完成了生动的描写。

从以上的例子中，我们不难看出新闻跳笔的运用的必要性。记者运用跳笔时，不必为文章的“承转起合”而费心，他只需集中那些最有新闻价值的新闻事实，一路跳着写来，而没有新闻价值的都可省略，无须过渡与连接，跳跃性地报道一件事实，当然比按部就班地叙述快得多。再者，跳笔增加了信息量，运用一个跳笔，就意味着选择了一个侧面的事实，这样由多个侧面事实的变换和组合，便形成了立体感强的一个信息总汇，并使多侧面传递出的信息富有一定的辐射感。

连“拆”带“卸”地合

段落是区分内容和层次的重要手段。运用跳笔提行分段是新闻写作中的一个重要特点。艾丰有一个很形象的说法，他认为人们在形容大部头难读的文章时，往往用“难啃”这个词。要使新闻报道可读性强，就要把“啃”变成“咬”、变成吃、变成“嚼”。那么，新闻报道作品必须比较“碎”，“碎”才好嚼。

解决的办法就是多分段、短段落，将比较复杂的新闻事实大卸八块，然后按照新闻价值分类，制作成一个一个的“预制构件”，写作时只需将这些“预制构件”按照一定的内在逻辑组合起来，揉入各个段落，每一段用一个事实，每段突出一个特点，采用断裂行文的办法，不按照时间顺序从头排列，不顾及程序、顺序或者层次推理的逻辑，无须过分地注意文字的连贯性和上下文的过渡与联系。而是打破时间与空间的限制，只突出读者最感兴趣的新闻事实，把它们用跳跃的方式组织起来。如：

本报讯　黄河流域从今年起正式启动中游林业生态治理工程。30 年后，这里将新增 8 万平方公里森林，两岸宜林地全部披上绿装。

记者从日前召开的黄河经济协作区负责人第 11 次会议获悉，一份关于加强黄河沿岸生态工程建设和滩区开发的意见已经出台。

与会代表达成共识，在加强协作发展经济的同时，组成生态环境建设的共同体，联手治理这条中国第二大河面临的“沙患”“水患”和中下游频频出现的“水荒”。

黄河流经的省区包括青海、甘肃、宁夏、内蒙古、陕西、山西、河南……

上文从表面形态看，全文是散的，段落之间也呈断裂状，但新闻事实有一个内在逻辑在串联着，零散的材料服从连贯的思想，其神并不散。

“小跳”“大跳”一起跳

跳笔有的跳得猛一些，有的跳得平缓些。我们且称之为“大跳”与“小跳”。在句子跳笔的应用上，我们应加大句子与句子之间的跨度，提倡多种多样的“跳”和“跨”，提倡“大跳”“小跳”一起跳。如：《文汇报》1999 年一条体育新闻的导语：

尘封了 18 年之久的女子 100 米蝶泳世界纪录昨日终于作古。曾五夺奥运会冠军、今年 26 岁的美国名将汤普森在悉尼举行的泛太平洋游泳锦标赛上，以 57 秒 88 的优异成绩，打破了她的同胞玛丽·马尔于 1981 年 8 月 6 日创下的 57 秒 93 的该项目世界纪录。

在这段文字的叙述中，新闻事实的“主体”发生了变化，第一句讲的是世界纪录，第二句讲的是游泳运动员。“大跳”了一下，又“小跳”了一下。

“蒙太奇”是一种电影手法，指镜头通过不同的组合连接，产生不同的艺术的表达效果，如果我们把通讯中的某些情节、场面、细节写成镜头感很强的段落，然后在这些段落之间，运用跳笔省略过程的叙述，突出事物的主要特征，就成了“蒙太奇”跳笔。

相对句子跳笔而言，“蒙太奇”跳笔总体上“跳”得平缓些，但它依然是“大跳”与“小跳”的结合体。《工人日报》1996 年刊发的长篇通讯《北京有个李素丽》，就是一篇运用“蒙太奇”跳笔的佳作，我们选取一节来看看：

北京。西直门站。

大雨滂沱。一幢幢巍峨的高楼隐现在一片烟雨朦胧之中。

雨幕中，挂有“工人先锋号”标志的 1333 号公共汽车缓慢进站。

乘客朝汽车蜂拥而去。男的、女的、老的、少的，有的扛着行李，有的拎着提包，争先恐后，步履匆忙。在各种各样的雨伞下、雨衣里藏着一张张焦虑的面孔。

“哗啦”一声，车门打开了，紧靠车门的窗口探出女售票员半截身子，她打开一把花格伞，遮在车门口。

雨点如断线的珠子砸在雨伞上，她的脸上、胳膊上都溅上雨水。她招呼乘客们上车。

拥挤的人群变得更加有序了：她们一个个在雨伞下跺脚，脱下雨衣，折好雨伞，抖去雨水，依次上车……

她就是李素丽。中等身材，30 多岁。海蓝色的套装整洁可体，淡妆轻抹的脸上，闪动着一双笑眼。

记者挑选最有说服力的事例，写成了现场感很强的 8 个文字镜头，层层拉近，用“大跳”连“小跳”的办法结构画面，自成故事，彼此之间没有任何文字的衔接与过渡，跳得干净利落。表面上显得不连贯，但有一条内在的逻辑线引领着读者认识着李素丽的精神世界。

——摘自：钟改清《新闻跳笔的运用技巧》，《中国地市报人》，2016 年第 6 期

三、问题与思考

1. 为什么新闻写作要用“跳笔”？

答：第一，吸引读者并适合读者快速阅读的习惯。

（1）跳笔要求段落短，而且每段讲清楚一件事实。

（2）长篇大论很容易引起读者的阅读疲劳。

（3）运用跳笔写作的新闻报道，排在报纸的版面上黑白相间，疏密有致，容易让读者“一见钟情”。

第二，便于记者快速写作并形成明快的新闻文风。

（1）记者运用跳笔写作时，不必为文章的“起承转合”费心，只要集中最有新闻价值的事实，一段一段来写就可以。

（2）以这样的行文结构叙述事实，在段与段之间实现了跳跃式的推进，文章自然波澜起伏，有一种动感，体现出新闻报道作品明快的文风。

第三，加大新闻信息量的一个重要手段。

（1）运用跳笔，每写一个段落，就提供了一个分角度或者一个侧面的事实。这样由多个分角度的变换和组合，便形成了立体感强的信息总汇。

（2）句与句之间，段落与段落之间的跳跃，留下了空间，留下了停顿。这给读者留下了想象和思考的空间，有利于读者对新闻信息的理解。

2. 如何运用新闻跳笔？

答：第一，短段落，多分段。段落是区分内容和层次的手段。跳笔在提行分段上的一个特点，或者说它的核心就是多分自然段，并且每段补偿，用短段落来划分内容与层次。

第二，断裂行文。段落之间不按照时间的顺序，或者事实的原始过程从头排列，不面面俱到，不平铺直叙，不必顾及程序、顺序或者层层推理的逻辑，而是打破时间与空间的限制，只着力突出读者最感兴趣的新闻事实，把它们用跳跃的方式组织起来。换句话说，段落之间可以彼此没有联系，无须过分地注意文字的连贯性和上下文的过渡与衔接。

第三，借用电影的“蒙太奇”结构。它与新闻的跳笔有异曲同工之妙。蒙太奇是电影词汇在镜头之间跳，新闻跳笔则是文字词汇在句与句、段与段之间跳。如果我们把通讯中的某些情节、场面、细节写成镜头感很强的段落，然后在这样一些段落之间，运用跳笔省略过程的叙述，突出事物的主要特征，按照类似电影镜头推拉摇移，把它们连接起来就是蒙太奇的手法。

第四，加大句与句之间的跨度。在通讯写作中，跳笔使用更加灵活。在行文中，可能有由远到近或者由近到远的时间与空间的跳跃；可能有概述到细节的粗与细、简与繁的跨越；还有各种笔法，如倒叙、插叙、比喻、排比等之间的跨越。

四、参考书目

1. 刘建华．一本书学会新闻写作［M］．北京：人民日报出版社，2011.

2. 武斌．新闻写作案例教程［M］．广州：南方日报出版社，2014.

3. 樊凡．拓展新闻写作研究的思维空间［M］．北京：科学出版社，2018.

五、历年考研真题

如何运用新闻跳笔？（中国青年政治学院，2010）

第七章　新闻语言

一、重要概念阐释

1. 新闻语言

根据新闻学原理，新闻语言是指通过新闻媒介，向受众报道新近发生的事实，传播具有新闻价值的信息时所使用的文字语言；根据大众传播学原理，新闻语言是媒介与广泛、分散、隐匿的受众为传递最新的、真实的信息而进行的“对话”。这种“对话”，按照传播学的术语即编码、解码的互动，必须遵从合作的原则，使受众在解码时尽可能多地还原出传者的意图，这种文字符号的编码方式即新闻语言。

2. “白描”式语言

“白描”原指中国绘画中的一种传统技法，在作画时只用墨线勾描物象，不用颜色渲染。“白描”式语言是指文字描写的具体方法，即不尚修饰，不用或少用形容渲染，以质朴的文笔，力避浮华、做作，简练而直接地勾勒出事物的特征。

二、文选 · 导读

县城—溧下—泥洋—白洋，往返 100 公里。这里不是湖区，更不是海边，而是一峰淡似一峰的山水，一程高于一程的山道，一弯急过一弯的朝天路。

有这样一位女子，19 岁登上高山白云的讲台，就一直没有下来。37 年，她坚守在这座名叫泥洋的山岭。可她，并非山人，她还把家安在了山上。

37 年，她绚烂了两代人的童年，花白了自己的麻花辫。37 年，她用山区教师微薄的力量，高高举起了“感动中国”沉甸甸的奖杯。她，56 岁的奉新县白洋教学点教师——支月英。

连峰路朝天

春寒料峭。

远远地，她大步走来，影映晨晖。矫健、高挑、粲焕，让人想到《女篮五号》。眼前的她，干练的挑眉、淡淡的腮红，两条浅棕麻花辫。一开口，声音响亮：“唉！昨天可是丢大丑了，在两千多人的报告会上居然又流了眼泪，斗大的字都看不清，弄得还离位去取老花镜！”这股精气神，让人似乎感受到了，20 世纪 80 年代她在泥洋山区刮起的旋风。1980 年，因为奉新冶城共大的同窗男友，她远离家乡进贤县经招考到了泥洋小学，成为山区民办教师。

泥洋山，海拔 1333 米，距奉新县城 50 余公里。泥洋村，海拔约 700 米。白洋村，海拔近 800 米。澡下、泥洋、白洋，山脚、山腰、山肩。

澡下有中心学校，泥洋曾经有“完小”，白洋现在是教学点。

从县城到澡下，近 20 公里。从澡下去泥洋，约 40 公里，以前是黄泥路、砂石路，至今，班车也还是仅通到中段的观下村，后面约 10 公里的山路只有步行。从泥洋到白洋，还有 8 公里的山路，在崇山峻岭间盘旋的水泥路近年才修竣。

如今，从澡下镇驱车至泥洋山肩上的白洋教学点，需一个半小时。若从奉新县城去往白洋，搭乘班车，再爬山路，单程就要半天。

进山。雨水后的山岭，依旧水瘦山寒，色彩沉郁。水蓝的天空有云雾升腾，粗干峨冠的阔叶林，成队成群地在溪边伸展着光秃的枝干。乱石的溪谷溅起银白的水花，如韭的菖蒲点缀着浑圆的涧石。偶有一两株白的粉的细密野桃花，如云似霞般铺陈在灰褐的山野。想象着，那一派春风十里的山地，该是如何的生机浩荡、摇人心旌？那秋阳浸染的层林，又会是怎样的色彩斑斓、美不胜收？

爬山。青山簇拥的老愚公水库，野鸭悠游，峰峦耸峙。仰望高山，泥洋在哪？山民们手指天际线："翻过这一座座的山，那朝着天边的方向！"

她怎能忘怀？37 年前从县城坐了两小时班车，再走两小时山路，挑着行李去泥洋小学报到的委屈和心中涌起的悔意。她早已记不清，在这条仅过得一人的山径上，她肩挑手提了多少课本、教具、试卷；在那段近似天梯的捷径，她连人带书不知滚落了几多回。头几年，她总是落在本地教师的后面，脚起泡，跟不上。后来，"走着走着，我也成了山里人！"泥洋小学规模最大时有五个年级、百余学生。村民说，泥洋小学，是支老师用扁担挑起的学校。

她历历在目的，是那次背着女儿手提课外书、腕挎猪油篮、脖挂大布兜的艰辛。实在是爬不动了，母女俩瘫在了翠竹掩映的山坡，"哪怕她能走几步，我也可以喘口气"。岂料，一松绑带，脚才落地，女儿就转身往坡下踮去。她气得狠狠地揪了小屁股。女儿疼得哇哇直哭，她也累得放声大哭，母女俩伤心的号哭，在山谷里回荡。擦干眼泪，"既然来了，就到这里吧！"再累也不能停歇太久，若太阳下山，就危险了。

夜路，她是害怕的，尽管包里备了手电筒。身为校长的她，下山听课、开会、取试卷，回家半路已天黑是难控的。月出惊山鸟，风动啸林海。一人疾行在黑黢黢的山岭，突然，一队灰黑的野猪从眼前穿过；几只脱兔在月下扑跳；一头黄麂慌张地跑蹿……心一紧，冷汗冒。幸亏不是吃人的豹子、吞人的蟒蛇，她每每这样平抚蹦出的心脏。第一次，她被吓得尖叫；第二次，她就暗示自己："不要怕，它不会伤害我，因为我是来这里传道授业解惑的。"每次挤在上山的班车上，她总是东张西望地找泥洋的人，若有伴，她吊着的心就轻松下来。

班车一天仅一趟，清晨七点多下山，傍晚五点半到岭上。天没亮就下山去开会，要走近一小时的山路去追班车，若错过，就只有高价请摩托车了。三十多年前是这样，现在依然如此。那个春日，不想麻烦别人的她，悄悄地冲破浓雾从白洋下山。左边竹山静谧如画，右边清溪琮铮跌宕。糟糕！一匹大马"一夫当关"把守着山道，左右无源，真是心急如焚啊！"马儿，你快点走开好吗？我要去赶班车，要去开一个重要的会。求求你了！"马儿无动于衷。班车走了，坐"摩的"追到乡镇，那车刚刚开……

"要是自己有个车，就好了！"20 世纪 90 年代中期，她用了一年的工资花600元与人合买了一辆“雄狮”，用脚发动、男款的“150”摩托车。从此，身材高大、有运动基础的她，骑着大摩托车，一趟一趟地运送着三校的课本、教具。

“支老师，你真厉害，我们是扶都扶不动哟!”

“我要是不骑摩托，就只有靠两条腿、一双手了。”

“你哪是个女人？比男人胆子还大哟!”

“我的胆子是吓大的!”

在坑洼颠簸的山间砂石路、林间黄泥路上，她顶风、冒雨、飞泥、碾雪，足有十余年，常常是晴天满身灰、雨天全身湿、夏夜虫钻眼、暑日腿烫皮。若是车子半路罢工，要么弃车步行，要么无助哭泣。那辆二手“雅马哈”，可把她害苦了。不过，胆大能干的她自有办法，找到坡地，跨上溜行发动；若无斜坡，就站在路边静等人来，帮助推行而启动。

这蔗林般丛丛枯黄的茅草，这小块梯田里躺卧的岩石，你们可记得在山路上那个风驰电掣的摩托女子？还有，她撞得从车上甩下被石头磕得头破血流以及人车都被货车的毛竹杪扫至水田的无助？这夜幕上满天的星斗，你们可曾欣赏过这位夜行摩托女子给自己壮胆的现代京剧、流行歌曲？

这种爬山赶路的苦，山里人可能体会得都不及她深，因为他们有伴、有家人，也不需要赶时间。是什么，让她如此坚韧？

春夜清寒。远眺春山灯火，她坚毅地感慨：“真的好累好怕！我都不敢相信自己能挺过来。我时常敲打自己，山里人的苦，我这个山村教师为什么就扛不住？也总是想，以后会好起来的，这不，泥巴路变成了砂石路，现在是水泥路。”

高树悦鸟鸣

春雨无声。

泥洋小学，紧贴路边在山坡上开挖出来的学校，没有校门，没有操场，2012年，因生源过少而被撤销。在这幢麻石垒筑、修修补补的两层危房，她与学生晨读晚习、挑灯批红；为住宿生涂药掖被、蒸饭洗衣……

整整32个春秋，她欢送了千余名学生，告别了多位一转正就下山的同事，而她，却从“支姐姐”变成了“支妈妈”，一人撑起了泥洋小学以及稍低处的清潭和更高处的白洋的教学管理。泥洋有多难走？奉新人都害怕，在昌铜高速公路开通前，司机们都说：“爬一次泥洋，不如让我跑一趟南昌。”泥洋有多闭塞？她订的报刊从来就没收到过。可她，为了大山的孩子，为了家庭的完整，1990 年竟动员丈夫从澡下林场场部调到泥洋山，当了一名野外作业的护林员。5 年后，她成了留在泥洋小学唯一的公办教师。

“想过下山吗?”

“当然想过。可是，我很快就说服了自己——这里的孩子需要我，我不能打退堂鼓。山区孩子也要上学，为什么留下来的不能是我呢?”

37 年前的 9 月，当风华正茂的她满怀憧憬地爬了 10 公里山路，攀到这座山壁小学时，迎来的却是村干部冷淡的表情和同事怀疑的目光。在教舍二层安顿后，躺在简易木床上，她久不能眠。“如果你去了，我就不认你这个女儿!”屋内，母亲的狠话在耳边轰响；屋外，一门之隔的深山老林，飞禽怪叫、走兽嚎啸，那猫头鹰、麂子的凄凄哀号，一声声撕扯着她懊悔的心房。

咕–咕–咕、啾–啾–啾–啾、叽–叽–叽–叽、嘟–嘟，或长调或小令，或急促或舒缓，多么美妙的百鸟朝凤！还不时有鸟儿振翅、轻落枝头的摇响。一缕晨光，穿透窗棂，这里面一定有喜鹊！循着歌吟，她去寻找喜鹊黑白的娇影。太壮观了！居然有这么多这么大的树！她被屋后山上、崖边一株株高大的乔木深深震撼了，那褐干青针的劲松，要双臂才可环抱，那么挺拔伟岸，那么气宇轩昂！是它，为鸟儿们奉献了欢愉歌唱的高台。

铃声响了，孩子们看到美丽端庄、梳着麻花辫的新老师，个个满心欢喜。她笑了。课间，有小女生采了几支淡紫的幽兰送到她面前，“老师，你就像这花一样漂亮!”她心花也开了。下午上课前，有小男生捧了大把的乌饭、猕猴桃塞到她怀里，“老师，这是我们山上最好吃的野果!”她的眼窝湿润了。抬眼望，劲松摇曳，斑驳的树影在廊道上跳动，有鸟儿欢唱，她的心泉汩汩潺湲——“好大一棵树，绿色的祝福……撒给大地多少绿荫，那是爱的音符。”

听孩子说学校来了好看的新老师，家长送来了自制的粿子、美味的菜肴，年轻的母亲还抱来薄被，轮流与她做伴。她这才明白报到时遭冷遇的缘由，这里新学期常有新老师，可是一年两年就走了。“你一个外乡人，这么年轻，这么漂亮，自然是难留下的。”她沉默了，但在心里立誓：我就要好好干下去！让他们瞧瞧。

她一丝不苟地备课、生动活泼地讲课、认真仔细地批改作业。不但教语文、数学，还教学生们唱歌、画画、识简谱。她带着孩子们跳沙坑、做俯卧撑、玩老鹰抓小鸡的游戏。课堂课外，山野林间，她与孩子们一起长大。她喜欢学校后山的每一棵树、每一枝竹、每一种花。惊蛰的雷声响过，她会和孩子们一道，欣欣然地去看雨后春笋的蹿高、听它噌噌拔节的声音。她希望孩子们像春笋一样成长、像翠竹一样虚怀、像林木一样成材。“老师，你想吃笋吗？我去给你挖！”“老师，映山红的花瓣好吃，我们去尝尝?”“老师，我们可以叫你支姐姐吗?”身材高大的她，一把搂住了这些质朴的山里娃。

山区多雨，山洪易发。高山寒冷，冰雪难化。每遇恶劣天气，她都要把路远的孩子一一送回家。家住白洋、现为村干部的廖作春，至今难忘支姐姐冒雨把他们几个住校生背过水库小水坝的温暖，还有支姐姐为他冻得开裂的脚后跟敷药的翼翼小心，他吃过支姐姐炒的菜、穿过支姐姐洗的衣。即使是正常天气，住在更高处的孩子，她也是要送一程的，因为有一段陡壁悬崖。

别人教不了的课，她顶上；他人不愿带的班，她接手。她的教学水平遥遥领先，她的亲和力号召力最强。不到两年时间，这位二十出头的外地女子，就成为一校之长。

从此，她不让一个适龄儿童辍学。20 世纪 80 年代，还有重男轻女的观念，不少女孩因贫困不能上学。她挨家挨户、苦口婆心地做工作，每月 28 元的工资也常悄悄垫付了学费。而为了补贴日常家用，为了给学生多买几本课外书，星期天安顿好女儿后，她就戴着手套、披着工作衣，上到高处的林场去给大卡车装毛竹。一车三毛钱，她个子高、力气大、能吃苦，一天能装三车。新闻学硕士毕业、在广州某媒体工作的彭小红，至今珍藏着支老师送给她的作文书，正是这些书籍让她深深地爱上了写作。

从此，她把学校当成了自己的家。在墙上糊层厚水泥制成黑板，在窗上贴块塑料膜抵挡寒风；与师生们从沟谷捡来石头搭成乒乓球台、砍根毛竹杈当篮球架；电路出故障了，她来检修；引水竹筒堵塞了，她去清理；给食堂砍柴、种菜……她，如燕子衔泥般，想尽一切办法为山区孩子创造学习条件。

她后来住进的与教学楼并排的林场平房，也成为教师、住校生的“食堂”。“她两口子都好热情啊！我们那时经常端着饭去她家吃菜。”曾经的代课教师刘伦霞有每月一痛的毛病，不但得到支校长“特休”的照顾，还总是喝着她送来的红糖水。家里备用的吃完了，她就去老乡家里讨要。

在平房一人拉扯女儿的那些年，可谓苦不堪言。狂风若是刮倒木头电线杆，停电有时长达半个月。房子背山朝路，泥巴地，架了椽梁的天花板。穷尽办法堵死房洞，还是躲不过老鼠夜夜天花板上练兵、灰尘落眼的烦扰。那个夏夜，熄灯躺下的她，只听得塑料袋簌簌直响，她本能地抓起床头预备的小木棍，在地上重重敲了几下。响声照旧。拉开灯，天啦！一条如笋壳花斑的烙铁头毒蛇，正在装着衣服的塑料袋上蠕动。尖叫声，穿透山扃寂夜。那个秋夜，闭门熟睡的她右耳奇痛无比。滴酒精、照电筒，用尽一切办法，最后爬出一只小甲壳虫。从此，她的右耳听觉受损。

右耳失聪、右眼失明。不敢相信，外表如“女汉子”的她几年前已是残疾人。2000 年，其他教师都逃离了，一所小学、两个教学点的教学和管理工作，全部压在她一人身上。她如魔术师般在复式班里穿行，她用动静结合的理念掌控多班教学，她在“连峰路朝天”的泥洋山上飞驰奔走。她是铁女人，可她是人，不是铁。甲状腺功能减退、胆结石手术；高血压引起视网膜出血，导致右眼失明；声带结节，不能喝凉开水；双腿静脉曲张，动了 14 刀，走路不能快。这其中，有的是职业病，有的是她长期一人执守高山讲台而延误诊治所致。

为了不耽误教学，有公费医疗的她却去私人诊所看病。几次不得不住院时，她就自费请代课教师去执教。“孩子们的学习，耽误不起啊！”

无语凝咽。眼看着妻子身体每况愈下，2007 年，心如刀割的丈夫偷偷托关系把她调下山。她的泪水断了线："我就这样下山吗？泥洋的孩子怎么办？"她舍不得懂事的孩子们啊！她讲不出话，有同学会举起手说："老师，你给我们布置点作业写吧？"她晕倒在讲台，孩子们紧急去请家长。她手术住院，稚嫩的问候电话一个接一个。"不是我不想下山，是没有老师上去啊！现在，比溧下高一点的清潭都没人去。有时候，我真的是希望我的行动能够感染他人！"她哽咽了。

春雨如酥，鸟鸣山涧。即使有丝丝细雨的阻滞，她也能分辨出那是喜鹊、布谷、画眉、百灵、啄木鸟……山泉叮咚，如鸣佩环。凝望着后山上那株高大的苍松，她的心泉又在喷涌——"好大一棵树，任你狂风呼……你的胸怀在蓝天，深情藏沃土。"她觉得，自己就像崖畔的那棵大树，孩子们就是她身边叽叽喳喳的快乐小鸟。眼波穿透蒙蒙雨雾，她坚定道："我愿意做一棵绿色的大树，坚守在高山的沃土，让山区的孩子站在我的肩上，放飞金色的梦想。"

白云动心波

春雪飞花。

山麓只是雪霰敲窗，而泥洋山肩、坐拥山坞的白洋，却裹在厚厚的棉絮里。白洋，一个把山峰削平的客家村落。悬在耸起山台的篮球场，披雪覆被；百年罗汉松坠着冰凌，映衬在流云高天。隔空略低的山台，遥望升着国旗的就是白洋教学点。一栋粉红的工字形二层教舍，院内一角有旋转滑梯、标准的乒乓球桌。这里，是她 5 年的心血结晶、汗水铸造。

"人家都削尖脑袋下山，你已经被组织安排到溧下了，还要去更高更偏的白洋？你真是蠢到家了！"丈夫郁积的心火腾地点燃。"我以前的学生联名请我去。否则，那些小孩就要到 6 里外的仰山乡开蒙，有的孩子可能就会辍学。"她心平气和地答。"你是九头驴都拉不回的！你去吧！我也管不了！"砰！门关上了。提着行李，她只身去了白洋。从此，她住白洋，他在泥洋，县城那套2004 年为女儿上高中、在弟妹支援下咬牙买的小两居室，就成了一个落脚点。

那是一个怎样的小学啊？与现在校舍两旁的土坯房一模一样。那次暴雨后，丈夫开着破面包车送她回校。一开灯，两人都呆了。床上明晃晃泛着光，棉被上的积水简直可以养鱼。她清晰地记得，走之前自己是移好了木床位置，并在漏雨点下放了多个脸盆接雨的。原来，是狂风把房顶瓦片掀动打破了。

“还睡什么？我把新被子都给了你！走！跟我下去！”

“我答应了他们，学生怎么办？”

“你是名人，我配不上你！”丈夫咆哮了，抱起湿被，狠狠地丢在了泥水里。那个淅沥的雨夜，她在村民家辗转难寐，不为自己，想的是明天的教室会是怎样的狼藉。之后，校舍引起各级重视，在原址两度重建，从两间平房到两层小楼。

“那两年真是把我累垮了！”她声音沙哑了。一边是借在村民家上课，一边是工程施工，在山上，她一待就是几个月。村民家的房子，泥地、小窗，一到课间，学生就追追打打像操练，踏得尘土飞扬。一下课，她就赶到工地监管，不但监工，而且做饭，甚至挑桶搬砖。“与其站在那里看着，还不如帮帮他们，这样进度可以快些。”她笑言，“力气去了，还会来。”教舍竣工了，教室装修好了，她却倒在了课堂上，餐前血糖达正常值的2.5倍——糖尿病。

她住的房间，是二楼的一间教室，南北有多个窗户，地砖地面，似乎四面透风，雪后更是寒气逼人。在这里，因腿部手术后血流不畅而特别怕冷的她，三九夜，只有坐在铺着电热毯的床上驱寒取暖；白天，穿了厚羽绒衣还手脚冰凉，再加一件大棉袄。在校舍设计时，她主动提出不要做居住房，多建几间教室以备生源增多之需。

春雪铺天盖地，春雪转瞬即逝。白洋的冬天若是来场大雪，可能一个月都化不了。前年雪大，竹子倒伏，山道堵了，只有下车摇冰穿过或是挥刀砍竹。那回傍晚雪中下山，为加大摩擦系数，两人硬是在山边搬捡了两百多公斤的鹅卵石，压在“长安”车上，一路蛇扭摇到家。只要下雨，白洋就在云里雾里，连日大雨后，山体塌方、路面打滑，丈夫的独眼面包车让她提心吊胆。这些年，为了妻子少吃些苦，车技好、能力强的他，放弃了山下赚钱发展的机会，到泥洋挣着每月千元的护林工资。原想着只要她下山，他就到外面去工作，可是，她竟又上到了白洋！

她在白洋，可他没在白洋住过。在山上，他就住在泥洋那间老旧公房里，喂喂鸡、理理菜园、整整果木。攒了一小盒蛋、摘了园里的时蔬，他就开着面包车给她送去。开春了，两人培植的金钱柳萌芽展叶，他制成茶，留给她泡水喝。她说，喝了他的金钱柳茶，血压趋稳了。3月，门前的老桃树扬花了，他要守着为它们授粉，这株嫁接了五种桃子的桃树，总是挂果累累；5月熟透时，他要拣出她最爱吃的品种装箱上山……

行驶了8年的老爷车，跑白洋一个来回耗油就要上百元。可他心疼她赶班车的苦，每逢星期五，在山下做兼职的他，就打电话问："要下山来看病吗？我去接你！"到了周日下午，又说要送她上山。可她，却在担心他的安全："不用了！我不下山。""我没带什么东西，我想坐班车爬爬山锻炼身体。"而实际上，她哪次上山不是大包小包地买东西。

这大包小裹里，是新学期白洋教学点所有学生的新书包、新文具，还有留守儿童的新衣服；平时，有玩具、棒棒糖、课外书，甚至还有给大人们的小礼物。今年春节县里送给她的两千元慰问金，她全部花在了孩子们身上。她到白洋的第二个学期，学生增至二十多人，不少是从外面转回来的。

十岁的李洪先，是跟着奶奶长大的贫困留守儿童。虽然右眼因幼时走路被踏起的树枝戳伤而失明，但他勤奋、聪明、懂事。她想资助他，一直到大学。去年，她一次就奖励他一千元。

"这个ɑ、o、e的ɑ不是这样写的，首先要写下边的半圆……看，现在就漂亮了！""大家课文背得好棒，但是没有读出感情来，要抑扬顿挫有节奏地朗读，来，跟着老师读……"她的课，如流水潺潺。

在一、二年级的四人复式班里，居然还坐着两个脸朝窗户、开心欢笑的幼儿。考虑到白洋的特殊情况，她破了五岁入学前班的规定。麻烦，也多起来。听不懂普通话，于是，她开始跟村民们学着说"NILI NALI"的客家话，课堂上两种语言翻译着解释，孩子们常常笑得前仰后合。

九岁男孩洪涛，皮肤黑黑的，长得精实，家在三里之外。单亲的他，以前自己带午饭，冬天也是冷着吃。她发现后，立即找到他母亲：“以后就跟我一起吃中饭，免费。有我吃的，就有他的。你安心去做事。”这里的孩子，几乎都在她这吃过饭，有时碗筷都不够用。

“支老师，中午到我家来吃艾饼！”“支老师，晚上去我家吃散灯面！”一家家都来“抢”支老师了。谁家有喜事，都要请支老师去当“支客”。“没见过这么好的人，我家建房子她会去帮着捡砖；她一大早会在村路上扫马粪牛粪，搞卫生。”“以前我小孩是满口脏话，上学后变文明了好多。”在白洋，初中毕业的家长都没几个。教育学生的同时，她也在示范家长。孩子的成长，学校、家庭，教育同样重要。

那个不爱吃饭、不写作业、“一根线头玩一天、一张纸折一堂课”的顽童，听到支老师的声音就赶紧吃饭、写作业了；那个跟着爷爷生活、早晨赖床不起的小男生，在支老师无数次的唤醒声中，已能按时到校上课了；那个一年四季鼻涕流进嘴的男孩，在支老师的关心下也慢慢治好了……

雪后初霁。山台上，一群孩子正骑在百年罗汉松上，高声呼唤着头顶的蓝天白云，枝上的冰花应声颤落。这让她想起那句名言：“教育就是一棵树摇动另一棵树，一朵云推动另一朵云，一个灵魂召唤另一个灵魂。”深情地望着这动人的画面，她娓娓而谈——我愿意做天空的一朵白云，萌动孩子们纯真的心灵，拨动人们情感的心波。

——摘自：柳易江《高山仰止》，《江西日报》，2017 年 3 月 10 日，《井冈山》B3 版（有删改）

三、问题与思考

1. 新闻语言的特色是什么？

答：（1）准确、简洁、鲜明、生动。新闻写作中所需要的语言，应是传播信息的语言、报道事实的语言、解释问题的语言、快速交流的语言。根据新闻写作的基本要求，新闻语言是时效性（新鲜、快速、简短）与可读性（具体、生动、通俗）强的语言。

（2）新闻语言要有时代感，新闻语言生命力的一个重要特征是要有时代气息。

① 新闻语言是社会语汇最直接、最真实、最迅速、最广泛的反映，称它“领导时代新潮流”也不为过。

② 新闻报道的时效性与新鲜感，在一定程度上也需要通过有时代气息，包括传递出社会上最新流行的一些语言。

（3）新闻语言有不同的风格。新闻语言在符合总体要求，即准确、简洁、鲜明、生动的基础上，针对不同的报道、不同的作者应该有不同的语言要求，或可写出不同的风格。

① 消息与通讯对于语言的要求有所不同。消息的语言是一种具体陈述与抽象概括相结合的语言。通讯可以也必须更多地调动各种修辞手法，更多地借鉴文学写作的技巧。通讯的语言比消息更形象、更丰富、有更多的感情色彩。

② 新闻语言风格取决于新闻事件本身的基调。不同内容、不同题材的新闻事实，基调是不同的。在新闻报道中，有的题材或严肃或活泼，有的题材或华丽或平实，有的题材或欢快或凝重等。分清题材的基调，对准确地把握新闻事实，在写作中选用恰如其分的语言表现新闻事实有着重要的意义。

③ 新闻语言风格还取决于人物报道中被采访者的语言个性。

（4）“白描”是新闻语言的主要特征。白描虽是描写，但从形式上看，它与直接叙述没有很大的区别。白描是直接叙述和描写的高度统一，它洗尽铅华、质朴平实、透明度高，有利于把复杂的问题用简单的方法来处理，进而突出事物的特征，即突出新闻价值，便于受众在快速交流中接受。

2. 为什么白描是新闻语言的主要特色？

答：（1）新闻语言本质上应该是传播信息、报道事实、解释问题、快速交流的语言，这决定了它是一种白描性的语言。白描虽然是描写，但从形式上看，与直接叙述没有什么很大的区别，白描是直接叙述和描写的高度统一，符合新闻具体陈述事实的需要。

（2）“白描”式的语言洗尽铅华、质朴平实，透明度高，有利于把复杂的问题用简单的方法来处理，进而突出事物的特征，即突出新闻价值，便于受众在快速交流中接受。

四、参考书目

1. 刘建华．一本书学会新闻写作［M］．北京：人民日报出版社，2011.

2. 费伟伟．人民日报记者说：好稿是怎样“修炼”成的［M］．北京：人民日报出版社，2018.

五、历年考研真题

1. “新闻语言”（复旦大学，2018）

2. “新闻腔”（湘潭大学，2009）

第八章　消息是新闻报道的主要体裁

一、重要概念阐释

1. 消息

消息是各种新闻体裁中用得最多、最活跃的一种体裁，在新闻报道中占有重要地位，人们又称它为新闻报道的主角。

2. 倒金字塔结构

消息的结构是倒叙，即俗称的倒金字塔结构，它有一个与众不同的导语，导语可将新闻事件的结果、新闻事实的精要，首先呈现给读者。它以事实的重要性程度或受众关心程度依次递减的次序，先主后次地安排消息中的各项事实内容。

二、文选·导读

消息是以简要的语言文字迅速传播新近发生的事实的新闻体裁，它主要告诉人们发生了什么事情，往往只报道事情的概貌而不讲详细的经过和情节，是最广泛、最经常采用的新闻基本体裁。

然而在实践中，很多记者把消息“报道事情的概貌而不讲详细的经过和情节”这一特点等同于“报道事情的概念而不讲具体的内容”，从而使很多消息读起来空洞乏味，让读者望而生厌，难以取得良好的传播效果。

好的消息应包含四类事实

2013 年9 月，上海自由贸易试验区正式挂牌，成为当年经济领域的一个重要新闻。如何报道这一事件？我们看到一些媒体的消息基本上都是以下的样子。

中国（上海）自由贸易试验区正式挂牌

某网上海9月29日电（记者×××） 中国（上海）自由贸易试验区29日举行挂牌仪式，中共中央政治局委员、上海市委书记韩正出席仪式，并为“中国（上海）自由贸易试验区”挂牌。

中国商务部部长高虎城和中共上海市委副书记、市长杨雄共同为“中国（上海）自由贸易试验区管委会”挂牌。

“中国（上海）自由贸易试验区”和“中国（上海）自由贸易试验区管委会”的挂牌，标志着中国（上海）自由贸易试验区正式启动运作，将促进政府职能转变，积极探索管理模式创新，形成可复制、可推广的经验，更好地服务全国发展。

当天，国家有关部门及上海市领导还为第一批入驻自贸试验区的企业和金融机构代表颁发了证照，挂牌仪式由上海市委常委、副市长艾宝俊主持。

据了解，当天挂牌仪式的金融类颁证项目包括中国工商银行中国（上海）自由贸易试验区分行、交银金融租赁公司中国（上海）自由贸易试验区专业子公司等9家中资金融机构，以及花旗银行（中国）有限公司中国（上海）自由贸易试验区支行、星展银行（中国）有限公司中国（上海）自由贸易试验区支行这2家外资金融机构。(462字)

在这样的消息中，记者选择的新闻事实都是比较概括的，虽然可以概述事物的面貌、反映事物的轮廓，但让人感觉到像一具骨架一样缺乏生命力和活性，可读性不强，信息量不大。

应该说，这类概括性的事实是消息报道的框架，消息需要有这些内容来呈现最核心的情况，提纲挈领地明确报道的主旨，但好的消息写作光有框架是不够的，还应该加入其他的几类事实才能让消息有血有肉，更加立体化，更有可读性。

请看下面一篇报道，同样是上海自贸区揭牌，这篇报道的内容更为丰富。

上海自贸区挂牌——中国打造改革开放新“模板”

新华网北京9月29日电（记者韩淼 许晓青 张祎） 29日10时

许，在毗邻长江口的上海浦东外高桥，微软全球资深副总裁、大中华区董事长贺乐赋从上海市委书记韩正手中接过合资企业营业执照，双方满面笑容。

“001号”，微软与百视通合资成立的“上海百家合信息技术发展有限公司”，成为首家入驻中国（上海）自由贸易试验区的企业。

这是始自1978年的中国改革开放迎来的又一个历史性时刻：2013年9月29日，中国（上海）自由贸易试验区诞生。

中共中央政治局委员、上海市委书记韩正为试验区揭牌。商务部部长高虎城、上海市市长杨雄为试验区管理委员会挂牌。

仪式现场中外记者云集，一些记者提前两小时来占位。仪式不过短短15分钟，但舆论普遍认为上海自贸试验区意义非凡，堪比90年代中国建立上海浦东新区。

《华尔街日报》称，上海自贸试验区有潜力成为中国的“规则改变者”。

两天前，国务院印发了《中国（上海）自由贸易试验区总体方案》，画定了“以开放促改革、促发展”蓝图。

29日下午，自贸区举办发布会，宣布了管理办法、投资和海关等监管方案以及投资领域“负面清单”。

这意味着，自贸区覆盖的上海浦东近29平方公里土地，将成为未来中国改革开放的新地标和“试验田”。

35年改革开放，中国创造了经济奇迹，但原有发展模式难以为继，推进新的改革开放势在必行。

7月23日，习近平总书记在武汉强调，必须以更大的政治勇气和智慧，不失时机深化重要领域改革。

9月11日，李克强总理在大连夏季达沃斯上表示，中国经济发展的奇迹已进入提质增效的“第二季”，并特别提及在上海建立自由贸易试验区。

上海自贸区的主要任务是“按照先行先试、风险可控、分步推进、逐步完善的方式，形成与国际投资、贸易通行规则相衔接的基本制度框架”，涉及加快政府职能转变、扩大投资领域开放、推进贸易发展方式转变、深化金融领域的开放创新、完善法制领域的制度保障等五方面。

国务院发展研究中心党组成员隆国强说，自贸区虽然设在上海，却顶着“中国”头衔，凸显其“国家战略”的地位。

复旦大学经济学院院长袁志刚认为，上海自贸区推进贸易和投资便利化，意义不亚于2001年中国加入世界贸易组织，是获取开放新红利的“再入世”。

将于今年11月举行的中共十八届三中全会，被认为将从“顶层设计”高度出台全面深化改革和扩大开放的路线图。

国际间分析机构注意到，上海自贸区与未来中国改革突破点的多个领域密切相关，自贸区的试验能否成功，将决定相关改革会否在全国铺开。(共1006字)

此消息比上面一个消息增加了以下几方面的事实：

具体事实。具体事实是消息的展开性材料，是对概括性的主干事实的具体化，包含着丰富的信息量。如第一条消息中提到上海自贸区成立的意义时这样表述：“标志着中国（上海）自由贸易试验区正式启动运作，将促进政府职能转变，积极探索管理模式创新，形成可复制、可推广的经验，更好地服务全国”；而第二条消息则把意义部分具体化为华尔街日报的评价、国务院发展研究中心党组成员隆国强的采访、复旦大学经济学院院长袁志刚的采访以及国际分析机构的看法，避免了大而化之、没有出处、有自我吹嘘之嫌的空洞表述，而通过引用权威媒体、机构及专家的分析让对上海自贸区成立意义的传达更为生动并且客观。

在消息中使用具体的事实时，最重要的是避免以抽象的概念和空洞的议论来代替对事实的报道。如记者在观察一个网购兴起后对实体商店的冲击时，不要写成：“商店里十分萧条，导购员人浮于事，百无聊赖”，而要写成“在这个面积200平方米的服装店里只有一名顾客在一名导购的引领下挑选衣服，其余十多位导购员都站在靠边的位置，有人在玩手机，有人在左顾右盼”。

相关背景。新闻的发生、新闻人物的出现都不是偶然、孤立的现象，有它产生的环境和条件，发展变化的原因。在消息写作中，也应该注意表现那些能够帮助受众更好地理解报道、明白其意义的事实，这类原因、条件、对比、解释、说明等方面的事实就属于相关背景材料。如第一条消息没有任何背景材料，只是孤立地报道上海自贸区揭牌这一事件；而第二条消息则引入了多个背景材料，如“这是始自1978年的中国改革开放迎来的又一个历史性时刻”，“舆论普遍认为上海自贸试验区意义非凡，堪比90年代中国建立上海浦东新区”等，把上海自贸区置于历史的背景下进行解读；而习近平总书记当年在武汉的讲话、李克强总理当年在大连夏季达沃斯上的发言以及当年11月将举行的中共十八届三中全会等背景的引入，则把上海自贸区放在现实的情况下观察，赋予其“实验田”的意义。

通过历史和现实的背景材料交织，有助于我们在消息中立体地表现事件的价值所在，加深读者对新闻事实的意义的理解。

因此，在消息中应当适度地呈现相关背景材料，主要包括纵向背景（事物的内部联系，事件发展的来龙去脉等等）和横向背景（事物的外部联系，与周围事物的关系等等），有助于阐述事物的特征和意义，丰富新闻报道的内容，增加报道的知识性和可读性。

典型事例和细节。典型事例是指最有代表性、最能说明事物特点、揭示事物和问题的实质的事实或个案，具有很强的感染力和说服力。在消息写作中，要善于用能够代表一般情况的典型例子来说明问题，这往往能起到令受众直观清晰地感受新闻的效果。如第一条消息中提到“当天，国家有关部门及上海市领导还为第一批入驻自贸试验区的企业和金融机构代表颁发了证照”，却没有典型的企业亮相，是非常遗憾的；而第二条消息上来就写道“29日10时许，在毗邻长江口的上海浦东外高桥，微软全球资深副总裁、大中华区董事长贺乐赋从上海市委书记韩正手中接过合资企业营业执照，双方满面笑容”，就非常有现场感。另外这“001号”“首家入驻中国（上海）自由贸易试验区的企业”也非常有代表性，这一家企业的颁证过程，可以起到以少胜多、以一当十的作用，让报道更加具体、生动。

细节指新闻事件中那些细微又含义深刻的小地方，如果在消息中穿插一些与新闻事件相关的场面、环境、人物语言、动作等细小的内容描写，能让报道生动逼真，富有实感和情趣。

一个好的消息报道应该涉及四类事实，除了一般记者都能把握的概括性事实外，要想使消息更有可读性，还应该引入具体事实、背景材料以及典型事例和细节。概括性事实可以支撑起报道的骨干，具体事实可以丰富报道的主体和血肉，典型情况和细节可以使报道更吸引人、更生动，而背景材料则让报道更容易理解。四类事实共同作用，才能起到比较好的传播效果。

也许有人认为消息短小精干，没必要写那么多内容。的确，从上面的两条消息来看，后者的篇幅是前者的一倍多。但从传递的信息量来看，后者的信息量远超前者的一倍多。换句话说，后者的信息密度要高得多，它也因为出色的写作在2014年获得第二十四届中国新闻奖的二等奖。

笔者认为，新闻写作是一种意在传播的写作，要全面把握新闻的传播需要，以事实为本的同时，应该力求新意、争取时效，并考虑公开传播的效果，讲究事实的反映艺术，善于表现事实的社会价值，把新闻写得更有吸引力和说服力。

“通而乐受”才是有效传播

新闻传播可以分为三种类型。第一类是传播渠道畅通，受众对新闻信息乐于接受，即所谓“通而乐受”。传“通”是因为既不存在传者和媒介方面所设置的障碍，又不存在受者所设置的障碍；“乐受”是因为新闻信息从内容到形式都受到受众欢迎。第二类是传播渠道畅通，但受众对新闻信息并不认同和接受，即所谓“通而不受”。应当说，在传播的通道上并不存在什么障碍。受众对新闻信息不认同、不接受，原因较为复杂，但概括起来不外乎两个方面：一是受众的是非判断和价值判断与传者存在着很大差异；二是新闻信息的表现形式与受众乐于接受的方式之间存在着不小的差距。第三类是传播渠道不畅通，当然接受问题无从谈起。此所谓“传而不通”。

其中，第一类，属于有效传播；第二、三类，属无效传播。但是不少人却将第二种类型误认为有效传播，于是，在我们的一些媒体中能看到高高在上的报道、假模假式的报道、满篇术语的报道等报道形式。这类报道其实是对媒体资源与受众注意力资源的一种浪费。

应该说，受众的接受是新闻作品价值实现的最重要环节，也是新闻传播过程的最后完成。其实，新闻作品的价值，并不是在记者手里实现的，虽然记者为了发现和表现新闻价值做出了很多努力；也不是媒介加以传播以后就一定能实现的。只有在受众接受了新闻所传递的信息，并且认同了新闻作品所蕴含的价值观和导向以后，新闻作品的价值才最终得到了实现。相反，新闻作品在传播以后无人问津，或者它所包含的价值观和导向受到受众的抵制，那么它的价值并没有实现。

为此，在新闻写作中，记者应该增加信息的价值含量，删除冗余信息和重复信息；在有限的篇幅内加大信息量，满足受众的多元信息需求，并采用受众乐于接受的方式传播新闻，以获取新闻传播的最佳效果。

——摘自：许颖《消息写作如何“有血有肉”》，《新闻与写作》，2015 年 3 月 5 日（有删改）

三、问题与思考

1. 消息这一新闻体裁的最重要特点是什么？

答：(1) 简要、概括地反映新闻事实，是消息有别于其他新闻体裁的本质特点。

(2) 更加注重用事实说话。消息这种体裁一般不提倡记者直接抒情或议论，虽然它并非绝对排斥抒情或议论，但要求尽可能地减少主观色彩。

(3) 有特殊的结构方式。消息的结构是倒叙，即俗称的“倒金字塔结构”。

(4) 消息有自己的外在标志。消息的外在标志是电头或“本报讯”，总称为“消息头”。

2. 如何认识消息体裁的优势？

答：(1) 消息适应范围广，多用消息，可以增加媒体的信息承载量。消息是简括的报道，它往往省去新闻事实中的细枝末节，不赘述新闻事件的发展过程。这样，它可不受新闻题材的限制。媒体刊登的消息越多，其总体上传播的信息量也越大。

(2) 消息发稿速度快，是一种灵活迅捷的新闻体裁。由于文章内容简括，不必照顾事件的过程或细节，消息可及时地用滚动传播的方式报道突发事件、正在进展之中的事件。消息篇幅短小，写作、编发稿件都可节省时间，从而有条件使它冲在前面，担任“第一报”的任务。

（3）消息易为不同的读者所接受。消息的“外包装”是“客观性”，它靠事实说话，提供给读者的是事实。即使宗教信仰、政治见解以及文化背景等方面存在差异，不愿接受传播者的观点，却不能不正视事实。在世界范围内，通讯社的新闻稿更易被各国媒体所采用，原因就在于通讯社新闻总汇的稿件，更注重掩饰观点，更善于用事实表达意见。

（4）消息的新闻冲击力更强。与通讯或长篇报道相比，消息是浓缩了的新闻，它可让信息毫无阻拦地直接进入人们的视野，对读者，对各类传媒的接受者，造成很强的心理冲击。

四、参考书目

1. 人民日报社地方部．人民日报70年消息选［M］．北京：人民日报出版社，2018.

2. 刘梓良．中国百年新闻经典——消息卷：修订版［M］．北京：人民出版社，2016.

五、历年考研真题

1. “消息”（中南财经大学，2007）

2. **根据材料，改写600字消息，并拟写标题。**（中国人民大学，2018，有删改）

2017年8月31日，在陕西省榆林市第一医院绥德院区住院部，产妇马某某坠楼身亡。有媒体报道称，原计划顺产的产妇马某某曾多次提出剖宫产的请求，均未获得同意，因疼痛难忍跳楼坠亡。

对于产妇坠楼的原因，产妇家属和医院各执一词，争执不下。

前述榆林市第一医院消息称，“生产期间，产妇因疼痛烦躁不安，多次强行离开待产室，向家属要求剖宫产，主管医生、助产士、科主任也向家属提出剖宫产建议，均被家属拒绝。最终产妇因难忍疼痛，导致情绪失控跳楼。”

马某的丈夫延先生在接受北京青年报采访时，对于医院发布的声明表示不认可。延先生表示，他曾主动向医生提出，“她疼的话咱们就剖宫产。但是医生回复说，检查后产妇一切正常，快要生了，不用剖宫产。”

9月10日，榆林市卫计局发出“榆林坠亡孕妇”调查通报。

通报称，8月31日，绥德孕妇马茸茸在榆林市第一医院绥德院区妇产科二病区待产期间坠楼身亡事件发生后，榆林市委、市政府和陕西省卫计委高度重视，成立了榆林市绥德“8.31”孕妇坠楼事件调查处置领导小组，在初步调查了解的基础上，于9月7日晚对外公布了孕妇坠楼事件初步调查结果，回应了社会和网络媒体的关切。随即，榆林市卫计、公安部门又成立了专门的调查组对坠楼事件展开深入调查，认为医院产房结构及其防护符合公共场所安全和消防要求，医院对孕妇的检查结果符合自然分娩规律指征，并履行了常规告知、家属签字同意选择自然分娩的相关手续，医院急诊科在孕妇坠楼后的抢救措施符合诊疗规范。

通报内容显示，经过认真分析，调查组认为这次孕妇坠楼事件主观上反映出医院对孕妇的人文关怀和周到服务不够，另一方面客观上也反映出了医院在管理上存在一定的疏漏，主要有：一是未能落实紧急情况下的人员调配制度，医护人员的配备不能满足紧急情况下的工作需要；二是监护存在漏洞，医护人员对孕妇观察不够细致，病程记录不够完整，对孕妇的整体评估不够全面，与患者沟通交流不够；三是医疗安全管理上存在薄弱环节，如门禁制度、患者安全管理制度和孕妇安全制度落实不到位。

为了强化医院管理，9月10日晚，榆林市卫计局已决定对榆林一院绥德院区主要负责人和妇产科主任停职，责成医院即刻对存在的问题和薄弱环节进行整改。与此同时，北青报记者了解到，院方已和家属方达成赔偿协议，但具体赔偿金额暂未透露。

第九章　消息写作的重要环节（一）——导语

一、重要概念阐释

1. 导语

导语是消息开头用来提示新闻要点与精华、发挥导读作用的段落。导语这一概念，有几点是不容忽视的：它是消息体裁所特有的，它处于文章的开头部位，它是新闻事件或问题的结果、提要或高潮。

2. 概述型导语

以概括的、直接陈述的方式写作的导语是概述型导语。这是用得最多，也较易把握的一类导语，其优点是事实、信息的传递最为简洁明了，可谓“直线交流”，极易为读者所理解。

3. 描述型导语

亦描亦述、描述兼有的导语，是描述型导语。这类导语的特点是，消息的开头即出现画面，出现镜头，具有可视可感的效果。

4. 评述型导语

夹叙夹议、有述有评的导语，称评述型导语。评述型导语中的评，可发挥“勾玄”的作用，可使读者一接触新闻就获得某种启迪，从而对消息全文产生兴趣；评述型导语可以直截了当地发表意见，能够直接影响舆论。

5. 橱窗式导语

犹如橱窗展示样品，由典型事例构成的导语，称橱窗式导语。橱窗式导语不是靠描写或议论，而是靠讲故事吸引读者。通过讲典型事例，读者可了解事物的细微部分，获得具体的印象，受到感染、为之感动、产生兴趣，进而由感性认识转入理性思考。

二、文选·导读

港珠澳大桥海底隧道工程近日完成“最终接头”的安装，已经可以步行穿越了。昨天，记者来到这条世界最长的海底隧道采访，除了兴奋之外，还得到了一个令人震惊的消息：在“最终接头”成功安装后，还进行了一次耗时34小时“返工”式的精密调整，最终误差缩小到了“毫米”，建设者们说：“我们没留遗憾。”

——摘自：陈新年、廖明山《创造港珠澳大桥的“极致”》，《珠江晚报》，2017年5月11日

“美丽的大渔湾，终于能留给子孙后代了！”这些天，随着苍南县叫停大渔湾围垦工程，这一消息在当地不胫而走。

——摘自：沈建波、施力维、胡丹《苍南叫停大渔湾围垦工程》，《浙江日报》，2017年12月18日

4月9日，迎着蒙蒙雨雾，石台县七都镇河口村贫困户钱泽民开始了一天的采茶工作。“以前收入只能靠茶叶，现在还有光伏扶贫、大棚蘑菇。今年脱贫不成问题，但我还想致富，希望能继续得到第一书记的帮扶。”老钱在茶园里跟记者聊起了心里话。

——摘自：夏海军《35名贫困村第一书记申请留任》，《安徽日报》，2017年4月10日

近日，一位外国科学家走进上海市出入境管理局，办理了永久居留身份证申请手续，市出入境管理局、市张江高新区管委会、华东理工大学的工作人员全程陪同。他就是诺贝尔化学奖得主、华东理工大学客座教授伯纳德·费林加。预计下月，他将与上海科技大学特聘教授库尔特·维特里希一起，成为首批来沪工作并拥有“中国绿卡”的诺奖得主。

——摘自：俞陶然《两位诺奖得主将在沪拿“中国绿卡”》，《解放日报》，2017年11月24日

一边是政府部门一个月内连下6份责令停止违法行为通知书，一边却是违法别墅项目还是“老样子”，甚至还有新的违建野蛮生长。这是《工人日报》记者日前在河南荥阳市采访时了解到的该城市发展中的尴尬一幕。

——摘自：胡小峰、余嘉熙《6张“停工通知书”咋管不住1个违法项目?》，《工人日报》，2017年3月27日

三、问题与思考

1. 怎样认识导语在消息中的地位?

答：导语是消息开头用来提示新闻要点与精华、发挥导读作用的段落。在消息中，导语肩负着十分重要的任务，起着举足轻重的作用。导语重要性主要体现在以下方面。

（1）开门见山，尽快地报告新闻事实，传递最新信息，使人“一眼便知”。读者接触媒体，尤其是接触传统的印刷媒体——报纸，首先是为获取新闻，了解新的信息，而且他们的阅读行为匆忙，他们总是希望在有限的时间之内，立即抓住新闻中的要害。

（2）吸引读者，使人“一见钟情”。记者辛苦采集的信息能否为读者所接受，关键在于能否让读者将新闻作品读完，而导语是吸引读者的关键。导语精彩、内容与形式俱佳，可引导读者耐心地甚至兴味盎然地接着读，否则他们会另择所爱。

（3）导语为全篇定音。导语为一篇之首，它确定写作重点，抓住材料的要害，材料的取舍便有依据、准绳。导语决定消息的基调，消息的主体部分应按这个基调展开叙述。

2. 导语写作的基本要求有哪些？提出这一要求的理由是什么?

答：（1）导语写作的基本要求有如下几点。

① 导语必须有实质性内容，不能虚晃一枪、空泛无物。实质性内容是指新闻事实，或者事实中的要点，如某人讲话中特别值得关注的部分等。既然导语的任务是开门见山，报告新闻事实、吸引读者，它就不能不按照这个要求来写，否则，读者从导语中一无所获，甚至感到莫名其妙，便会

对整篇消息失去兴趣。

② 将最具新闻价值、最有吸引力的事实写进导语。导语写作仅有明确、具体的事实还不够，记者必须将新闻事实中的精华挑选出来，写入导语。

③ 炼字炼句，力求简短。导语不可太长，字数过多，一会淹没“亮点”、冲淡趣味性，二会导致沉重，令读者失去耐心。为了保证导语的鲜明性和可读性，要尽可能把字数限制在30至50个（英文）字以内。长导语占的报纸栏目太多，往往行不通。

④ 力求优美生动。导语应给人以美感，这是导语吸引读者的又一手段，也是导语写作的更高追求。导语的美，来源于两个方面：一是开掘、反映出新闻事实内在的美；二是讲究文采，做到语言美。

（2）提出导语写作基本要求的理由如下。

对导语写作提出上述基本要求，是由导语在消息中的地位和任务所决定。

① 导语是消息的生命所在，位于消息的开头，是新闻的结果、提要和高潮，提示新闻精华，发挥着导读作用。

② 导语的任务举足轻重。人们之所以重视消息的导语，是因为导语肩负着十分重要的任务，起着举足轻重的作用。导语的任务主要有以下几项。

a. 导语开门见山，尽快地报告新闻事实，传递最新信息，使人“一眼便知”。

b. 吸引读者，使人“一见钟情”，导语的首要目的就是吸引读者。

c. 导语为全篇定音，导语确定了写作重点，明确了主题，决定了消息的基调。

四、参考书目

武斌．新闻写作案例教程——范例、思路与技巧［M］．广州：广东南方日报出版社，2014.

五、历年考研真题

1. 直接性导语（四川大学，2010）

2. 全型导语（上海大学，2013）

3. 新闻导语（华东师范大学，2018）

4. 为下面这篇报道拟写一个新的导语。（中山大学，2012）

“香港角色”国际研讨会广州举行南沙扩容受关注

中新社广州10月14日电（记者杨薇）　“全球化与国家发展策略中的香港角色”国际研讨会14日在此间中山大学举行，广州南沙扩容一事备受专家关注。

本次大会由教育部人文社会科学重点研究基地、中山大学港澳珠江三角洲研究中心、悉尼理工大学中国研究中心、香港浸会大学社会科学院联合举办。会议邀请了澳大利亚、英国、美国、加拿大、日本等海外的知名学者。

中山大学港澳珠三角研究中心主任陈广汉表示，经过30多年发展，珠三角和港澳地区的经济已经融为一体，而港澳因素仍具有促进珠三角发展的独特优势。因而广东进一步开放市场，降低港澳资本和服务业进入的门槛是推进和深化粤港澳合作的重点，今后三地经济将进行第二次服务业为核心的结构调整，而南沙的扩容正是迎合了这一趋势。

在他看来，这也将使得粤港澳合作从“前店后厂”模式转向“共同市场”，并从以制造业为主体的合作向以服务业为主体的合作转变。

如今，前海和横琴已升级成为国家级新区，而南沙也正拟扩容按照国家“十二五”规划打造“中华民族精神家园”。

为此，香港中文大学地理与资源管理系教授沈建法认为，前海和横琴毕竟土地资源有限，因而与港澳的合作空间受到一定的约束。“而南沙扩容后，能有效进行资源配置和土地规划，这对香港澳门来说更有吸引力。”沈建法表示，南沙加强与港澳合作的关键在于定位要清晰，这也是港澳一直在期待的答案。

据悉，南沙拟将合并番禺三镇使得占地面积从500多平方公里扩大至800平方公里，其发展规划将高于深圳前海和珠海横琴，广州市政府已向广东省提出，南沙新区将谋求后两者享有国家目前赋予的所有优惠政策。

第十章 消息写作的重要环节（二）——主体与结尾

一、重要概念阐释

1. 消息主体

消息导语之后的部分称为主体，也有人称之为主干、正文。形象的说法是，如果将导语比做“头”，主体便是“躯干”。消息要有一个精彩的导语，以便吸引读者；然而，精彩的导语之后，还必须有一个丰满的、文字讲究的主体，否则同样不能算作合格的消息。记者要呕心沥血锤炼导语，同时，也要精益求精地写作主体。主体必须紧扣导语做文章，不能转向，这是主体写作的大原则。

2. 消息结尾

消息结尾是指为深化新闻主题、强化新闻价值或扩大消息的信息容量，记者根据新闻内容，精心设计的消息的收结部分。它通常是消息的最后一段或最后一句话。消息的结尾方法有其特殊性，它的特点是以事实结尾，即事实该讲到哪里，消息就在哪里结尾，戛然而止，无须再加。

二、文选·导读

7 月 30 日上午，在庆祝中国人民解放军建军 90 周年阅兵中，中共中央总书记、国家主席、中央军委主席习近平发出新形势下的强军号令——把英雄的人民军队建设成为世界一流军队。

这次以庆祝建军 90 周年为主题的阅兵，是习近平首次在野战化条件下沙场阅兵，也是解放军整体性、革命性改革重塑后的全新亮相。在朱日和训练基地参加实战化训练的 1.2 万名官兵，走下训练场、即上阅兵场，以战斗姿态接受检阅。

9 时整，检阅式开始。雄壮的阅兵曲中，习近平乘坐野战检阅车，依次检阅地面方队和人员方阵。

“同志们好——”“主席好！”“同志们辛苦了——”“为人民服务！”习近平的亲切问候振奋军心，受阅官兵的响亮回答声震长空。

这次阅兵打破以往礼仪式阅兵惯例，不安排徒步方队和正步行进，不安排军乐团、合唱队，没有群众性观摩，所有装备不作装饰，体现出浓浓的“野味”“战味”。

沙场阅兵是解放军贯彻实战要求、聚焦备战打仗的体现。2013 年，习近平鲜明提出：“建设一支听党指挥、能打胜仗、作风优良的人民军队，是党在新形势下的强军目标。”习近平对军队反复强调要能打仗、打胜仗。

9 时 30 分，200 余名官兵护卫着党旗、国旗、军旗通过检阅台，拉开分列式序幕。17 架直升机组成“八一”标识，24 架直升机汇成“90”字样飞过天空。陆上作战、信息作战、特种作战、防空反导、海上作战、空中作战、综合保障、反恐维稳、战略打击 9 个作战群，按作战编组、以空地一体的形式依次通过检阅台，接受检阅。

这次阅兵，600 余台（套）受阅装备近一半为首次公开展示，多种新型作战力量登场亮相。今天，解放军已从过去的单一军种发展成为诸军兵种联合、具有一定现代化水平并加快向信息化迈进的强大军队。

10 时许，习近平发表重要讲话。他指出，我们比历史上任何时期都更接近中华民族伟大复兴的目标，比历史上任何时期都更需要建设一支强大的人民军队。

习近平号召全军官兵，深入贯彻党的强军思想，坚定不移走中国特色强军之路，努力实现党在新形势下的强军目标，把我们这支英雄的人民军队建设成为世界一流军队。

讲话结束时，全场响起热烈掌声，经久不息。灼灼烈日下，装甲铁阵昂首挺立，蓄势待发。

历经 90 载风雨征程的解放军，开启了迈向世界一流军队的新征程。

——摘自：李宣良、王玉山《习近平首次沙场阅兵　号令解放军向世界一流军队进发》，新华通讯社，2017年7月30日

12月16日上午，四川省图书馆三楼。69岁的巴中老人陈光伟再次摸摸手中的古籍，脸上满是欣慰的笑容。这天，他把收藏多年的1000余册明清古籍，无偿捐献给省图书馆。这些包括字典、医书等珍贵文献的泛黄图书，饱含着他的心血，也承载着他的心愿。“我想让人知道，无论这个社会怎样喧嚣，也还有我愿意做‘傻’事。”

戴着眼镜的陈光伟是巴中市恩阳区的一名拾荒老人，他做了怎样的“傻”事？陈光伟只有小学文化，他身边的庄稼人大多目不识丁。出于对知识的渴求，从20世纪80年代开始，在走乡串户收荒的过程中，陈光伟便有意识地将他认为有价值的废旧书报留下。白天，他收荒养家糊口；晚上，便捧着淘来的书报学习。日积月累，仅读书笔记就记了几十本，在床头堆了1尺多高。渐渐地，陈光伟成了乡邻眼里有名的“文化人”。

30多年来，陈光伟凭借一己之力收藏了5万余册图书。而随着自己知识的增加，陈光伟也常常想，“最好能建个图书馆，让更多的人有书看。”1997年，他将开在恩阳场镇上的废品收购站挤出一间门面，建起“光伟图书馆”，供居民免费借阅。附近恩阳中学的师生和街上的邻居，时常来图书馆畅游书海，打开观察世界的另一扇窗口。

为办好图书馆，陈光伟下了大本钱。他一件棉服可穿十几年，如今租住的阁楼只有十几平方米，夏热冬冷。30多年来，收荒赚来的钱除养活一家老小外，几乎全用于收集和购买图书。此次捐赠的清代典籍等书籍，是他专门到仪陇等邻近县，多次找藏书人求购的。“30多年花在买书、建图书馆上的钱，有上百万元。”

然而，包括家人在内的很多人不理解他的行为，说他“不晓得图个啥子”。有一年，他的一个儿子见劝说无效，一时气急提起汽油桶扬言要烧掉图书馆。随着时光流逝，孩子们渐渐接受了父亲的选择。一些曾在图书馆受益的学生和被陈光伟感动的社会人士也先后捐赠图书，充实馆藏。

2014年，因为房租涨价，陈光伟的废品收购站关门，5万余册图书只能堆积在儿子家的阁楼里。即使如此，他仍从每月1100元的社保金中挤出

钱来继续添置图书。今年11月，为购买《20世纪四川全纪录》等书，陈光伟又向其兄借款1000元。

陈光伟还在期待着把图书馆重新开起的那一天，在他心里，“图书馆开起，知识才能继续传递”。

——摘自：吴晓铃《36年“捡”出一座图书馆》，《四川日报》，2016年12月17日

三、问题与思考

1. 主体与导语是怎样一种关系？如何理解主体的任务？

答：（1）主体与导语的关系如下：消息导语之后的部分称为主体，也有人称之为主干、正文。如果将导语比做“头”，主体便是“躯干”。消息要有一个精彩的导语，以便吸引读者；导语之后，还必须有一个丰满的、文字讲究的主体，否则，同样不能算作合格的消息。主体必须紧扣导语做文章，不能转向，这是主体写作的大原则。

（2）主体的任务如下。

① 展开导语，使之具体化。为简洁突出事实中最具吸引力的内容，现代导语往往省略一些新闻要素，对事实的叙述也取概括的方式，难以揭示新闻主题。因此，还必须在导语之后，通过主体对新闻事实作出进一步的交代，通常包括两种情况：一是补足导语中尚未出现的新闻要素，二是将导语中高度概括的事实具体化。

② 补充导语，令主体更丰满。即在导语所概括的新闻事实之外，增补新的内容，用来扩充新闻的信息量，扩大读者的视野，用来提升新闻主题的高度。主体主要应注意包括以下两方面内容：一是补充带有因果性质的材料，二是在导语限定的事实之外，补充一些暗示性的情况。

③ 回答读者提出的问题。一篇合格的新闻作品，应能解疑释惑，清楚地回答读者渴望了解的问题。这个任务也只能由主体部分来承担。

④ 添加“作料”，令读者兴味不减。导语有导读的作用，主要通过新鲜、重要的内容，简洁生动的语言，引起读者阅读全文的兴趣。主体则应尽可能不断地提供“亮点”，仿佛曲径通幽，让人感到总有一景在里头。

一是运用“色彩”。新闻的“色彩”是指在简单事实之外，补充台前幕后鲜为人知、富有故事性和人情味的事实。

二是“戏中戏”。例如，报道某篇文章、某部戏剧或电影获奖，报道某部小说将被改编成电影或电视剧之类的新闻，读者不仅对获奖一事感兴趣，也想知道这些获奖作品的内容是什么。

2. 写好消息主体需注意哪些问题？

答：（1）根据消息的题材安排合适的结构，围绕一个主题取材。

（2）叙事要尽量具体、充实，使读者对新闻人物和事件有较为完整而真切的了解，叙述要生动，行文有波澜，保持读者的兴趣。

（3）层次和段落要分明，起承转合要自然。

（4）提倡多段落，每段字数要少，段落尽可能短，熟练运用新闻跳笔的手法。

四、参考书目

1. ［美］威廉·E. 布隆代尔．《华尔街日报》是如何讲故事的［M］．北京：华夏出版社，2017.

2. 刘保全．新闻精品是这样采写成的［M］．北京：新华出版社，2017.

五、历年考研真题

1. 简述综合消息写作的主要结构。（暨南大学，2014）

2. 下面这篇报道采用了什么结构、什么导语？（中国青年政治学院，2009）

路透社曼谷11月25日电据电视画面显示，封锁通往曼谷旧机场高速公路的泰国反政府抗议者向一群政府支持者开火，并导致至少11人受伤。

据电视画面显示，至少有两名来自反政府的人民民主联盟的警卫用手枪向政府支持者发射了6发子弹。

此外，据泰国电视3台报道，人民民主联盟的抗议者还封锁了通往素瓦那普新机场的高速公路上的多条车道，抗议者只留出一条车道供车辆通行。

第十一章　消息写作的重要环节（三）——新闻背景

一、重要概念阐释

新闻背景，从事物的产生与发展的宏观层面而言，其是对人物和事件起作用的历史情况或现实环境；在消息写作的范畴内，新闻背景是指新闻事实之外，对新闻事实或新闻事实的某一部分进行解释、补充、烘托的材料。

二、文选·导读

记者金振娅23日从中国疾病预防控制中心获悉，该中心传染病所研究员张永振的团队在病毒起源和进化的研究中取得重大突破——发现了1445种全新的病毒科，极大丰富了RNA病毒的多样性，并从遗传进化的角度揭示了RNA病毒发生和进化上的基本规律，其中一些病毒与现有已知病毒的差异性之大，以至于需要重新被定义为新的病毒科。

据张永振介绍，新发现的这些病毒填补了RNA病毒进化上的主要空缺，并揭示了一个以宿主转换和共进化为特征的病毒进化史。总的来说，这些数据呈现了一个比目前的分类系统所描绘的亲缘进化关系更复杂且基因组多样性更丰富的病毒圈，从而为病毒的生态和进化研究提供了更坚实的基础。同时，这项突破也改变了病毒学的传统观念，为认识生命的起源和进化提供了新的基础。

RNA病毒是生物病毒的一种。常见的RNA病毒中就有公众很熟悉又避之不及的，诸如艾滋病病毒、“非典”病毒、埃博拉病毒、禽流感病毒等。其在病毒复制过程中变异很快，所以很难研制出相应的疫苗。据介绍，全新病毒的发现也揭示病毒基因组具有极其巨大的灵活性，包括频繁的重组、病毒和宿主间的水平基因转移、基因的获得和丢失以及复杂的基因组重排。

“进一步解析新发现病毒与已知病原体间的关系，揭示其传播规律及其对人的致病性将有助于我国新发突发传染病的防控做到‘早识别、早预警、精准防控’。未知病毒的检测与筛查体系也有助于提高我国由不明原因引起的传染病临床诊断能力，确认病原体，从而做到针对性治疗。”张永振介绍。

在长达数年的科研攻关中，该团队针对9个动物门、超过220种无脊椎动物标本进行了宏转录组测序，这种测序是以特定样品中微生物群落的全部RNA为研究对象，从转录水平上分析微生物群落中活跃菌种的组成及其相关情况。

据悉，研究成果即将在国际顶尖科学杂志《自然》上发表。鉴于该研究成果的重大生物学意义，《自然》总部决定在论文上线前，于美国东部时间23日13时召开新闻发布会，向全球介绍这一重大成果。

——摘自：金振娅《1445种全新病毒科被发现》，《光明日报》，2016年11月24日

“这两年，别人想在我们村寨娶走个媳妇都难。”3月25日，记者在阿坝州若尔盖县求吉乡采访时，噶哇村村委会主任仁卓的一句感慨引起了记者的注意。为何难？原来，村里年轻人不少都出门上大学去了。全乡共629户人，近7年间已有235人从大学毕业，还有124名大学生在读。

求吉乡地处若尔盖县和甘肃省迭部县交界处，只有7个村、21个自然寨，却是全县走出大学生最多的乡镇。乡党委书记张建荣说：“乡里不少学生考进了中央民族大学、四川大学等知名大学，还出了全县第一个留学生。”

一个偏远的藏区乡，为啥能培养出这么多大学生？

张建荣介绍，20世纪末，求吉乡村民组建了潘州物流车队，走南闯北跑运输。眼界打开后，不少村民才发现，由于自己文化程度低，做事受限，于是空前地重视起子女教育问题来。

下黄寨村村民尼美多吉开货车已有20年，“我小学二年级都没读完，好多路牌认不到，找路很不方便”。同村的巴千学不认识几个字，跑运输时要记录饭店电话，就在电话本上画个碗和筷子，再记上数字。尼美多吉一家省吃俭用，支持独生女儿罗措考入了阿坝师范学院。巴千学的儿子多吉扎西已大学毕业，正在自己创业搞现代农业。

近年来，对国家和省里的“两免一补”、“9+3”免费职业教育等政策，求吉乡党委、政府大力宣传，让家家知晓。每年6月1日，乡上召开群众大会，以藏族的最高礼仪，给尊师重教的好家长和爱岗敬业的好老师献上哈达，给品学兼优的好学生发放学习用品。连续多年，求吉乡的入学率、巩固率、升学率均保持在100%。

求吉乡并不富裕，村民们千方百计筹措教育费用，有的不惜卖掉家中全部牦牛。

去年夏天，上黄寨村召开了一次村民会议，议题是：把重视教育列入村规民约。原来，比起邻近的苟哇村、下黄寨村，上黄寨村的大学生较少。村民们商定，凡是有人考上大学，村上给予1000元奖励，每户村民还要各凑一两百元给他们当学费。

社会各界也伸出援手。由退休干部牵头成立的求吉乡教育助学协会，募集爱心资金70余万元，已对全乡所有在校大学生进行了资助。

据初步统计，求吉乡的大学生毕业后，少数去了成都等大城市，约90%的人回到了阿坝州工作，成为教师、医生、公务员、技术员，其中科级干部已近百人，求吉乡成为阿坝州双语干部的一个摇篮。

29岁的更巴措是苟哇村人，她从绵阳师范学院毕业后主动回乡当了一名小学语文老师，“希望帮助更多孩子走出藏寨”。

——摘自：徐中成《629户人的藏乡走出359名大学生》，《四川日报》，2015年3月26日

三、问题与思考

1. 何谓新闻背景？消息为什么要加背景？

答：（1）新闻背景的含义有广义和狭义之分。广义的新闻背景是指对

人物和事件起作用的历史情况或现实环境；狭义的新闻背景是指新闻事实之外，对新闻事实或新闻事实的某一部分进行解释、补充、烘托的材料。

（2）消息添加背景的原因有如下几点。

① 交代新闻背景，是消息写作中一个不可忽视的环节。消息，尤其是动态消息，往往是一事一报，如果不交代必要的背景，只孤立地反映事实，有时很难说明问题。一篇新闻作品能否成功，一半取决于新闻背景交代得是否充分、其安排穿插是否巧妙。消息主体的任务在很大程度上要由背景材料协助完成。

② 新闻背景在阐明新闻事实、传递信息、揭示新闻主题等方面发挥着重要作用。

a. 运用新闻背景说明、解释对象，令新闻通俗易懂。

b. 运用背景材料揭示事物的意义，唤起社会关注。

c. 用背景进行对比衬托，突出事物特点、显示变化过程。

d. 以背景语言暗示某种不便明言的观点。

e. 借背景为新闻注入知识性、趣味性内涵，增加可读性。

f. 用背景材料介绍新闻中的人物，满足读者好奇心、阐释人物行为的合理性。

g. 累加同类事实，开阔读者视野。

2. 消息的背景大体有哪些类型，各自的作用是什么？

答：（1）衬托对比性材料。衬托对比性材料可凸显消息的新闻性，衬托对比性材料可给新闻报道带来一些戏剧性效果，从而增加新闻报道的可读性。

（2）注释说明性材料。注释说明性背景材料往往用点明新闻事实产生的原因、条件和环境，通过横向或纵向的联系，把事情的来龙去脉、因果关系交代清楚，有助于读者对新闻的理解，同时其可以暗示记者的观点。这种技巧在报道一些微妙的政治、外交新闻或进行批评报道的时候，特别有用。

（3）分析解释性材料。有一些新闻报道所涉及的问题错综复杂，非一般读者所能通晓明了，这时需有一些分析解释性背景材料来指点迷津，其作用是能化难为易，使所报道的内容明白显豁、易为人理解。

3. 怎样才能写好新闻背景？

答：能否写好背景，第一取决于材料，第二有赖于技巧。总体而言，背景写作应当遵循为主题服务、少而精的原则，文字也需力求简洁生动。

（1）要精选背景材料。背景材料与新闻事实有关，是可以用来为新闻事实服务的形形色色的实有之事。选择背景材料时应注意以下问题。

① 明确目的，抓住重点。决定背景选材的主要因素是事实本身的“疑点”、读者兴趣、新闻主题。新闻背景在新闻作品中的任务与作用是多种多样的。即使在同一篇新闻中，有时也要调动各种不同的背景材料说明和烘托新闻事实。这样，记者在选择背景材料时，一定要明确目的，分清主次，抓住重点，以免出现漏洞。

② 注意背景材料的广泛性、多样性。新闻的本源——社会生活具有无限的丰富性，用来说明新闻事件的背景性材料也是如此。为把新闻写得多姿多彩，增强背景的帮衬效果，记者在选择背景材料时应当不拘一格，旁征博引。

③ 借用新闻价值标准精选背景材料。背景虽非新闻事实，但也应该具有说服力并能调动读者的兴趣，应以新闻价值标准——新鲜、重要、著名、接近、情操、进展等诸要素为条件，来挑选可作背景的材料。

（2）对新闻背景要进行巧妙穿插。背景写作并无固定格式，由新闻事实和新闻主题调遣。巧妙穿插是背景写作的基本特点。常见的穿插方式大致有以下几种。

① 插入导语。导语提倡文字简练，开门见山，一般不加或少加背景，但有这样几种情况可以在导语中插入背景：背景本身为一典型实例，插入导语可以用来吸引读者，用来帮助“说话”；背景材料极具吸引力，将其作为定语，用来修饰导语中的事实或人物，为新闻事实的出场鸣锣开路；用历史性背景与新闻事实对比，在导语中造成新旧反差，引起读者注意。

② 导语之后接背景段。导语之后紧接背景段，是一种常见的写法，但不能说是最好的写法，更不能成为套路。背景穿插何处，应视需要而定。

③ 分散插入主体之中。常见的写法有两种：主体中分散穿插独立的背景段；将背景材料化作句子的某种成分糅进主体，使其黏着在新闻事实之上，让读者看不出背景与新闻事实的界限。

4. 简要说明下面这条短消息是否缺少新闻背景？缺少什么样的背景？

南宁出现“光化学烟雾”

专家呼吁治理机动车尾气刻不容缓

本报南宁专讯27日上午11时左右，在南宁市的朝阳路、新民路、兴宁路、民族大道等主要街道，人们感到眼睛刺痛、喉咙发痒、气味难闻。抬头看天，只见一层淡蓝色的烟雾在空中弥漫……环保人士惊呼：“这是光化学烟雾！”据自治区和南宁市两级环保科研部门的专家介绍，前天的南宁市内，气温高、湿度低且阳光灿烂，这为光化学烟雾的产生提供了条件。早上，许多市民上班时就感觉到天空中雾气腾腾，到11时左右达到高峰，不少人流泪、咳嗽。这层蓝色的烟雾直至下午3时左右才慢慢消失。

有资料表明，南宁市的机动车有近30万辆，其中摩托车就有20多万辆，而一辆两冲程摩托车的污染量是轿车的4倍。由于南宁市机动车的尾气污染至今没有采取有效的治理措施，因此，造成的危害也就越来越严重了。时至今日，发生这样的光化学烟雾也就不奇怪了。

专家们呼吁：南宁市的机动车尾气已到了非治理不可的地步！

答：这则消息缺少新闻背景。由于“光化学烟雾”对于大部分读者而言，是一个比较陌生的专业词汇，记者需要在消息中更清晰、全面地解释何为“光化学烟雾”，它是如何形成的，有何危害，如何治理等问题。

四、参考书目

1. 梁衡．记者札记：没有新闻的角落［M］．北京：中国人民大学出版社，2018.

2. ［美］纳维德·萨利赫．新闻写作的艺术［M］．北京：中国人民大学出版社，2017.

五、历年考研真题

1. 新闻背景材料运用时的注意事项是什么？（复旦大学，2008）

2. 简述新闻背景的作用。（暨南大学，2011）

3. “新闻背景”　（云南大学，2018；清华大学，2013；山东大学，2011）

第十二章　事件性消息

一、重要概念阐释

1. 事件性消息

事件通常有两种，一种是突发性事件，是指在社会生活中出人意料的、突然发生的事件，如战争、海啸。另一种是非突发性事件，是指在人为安排下发生的事件，如体育比赛、科学试验、重要会议等。事件本身具有明显的“变”——变动的特点容易引起受众的关注；事件本身程度不同地具有典型性的特点，具有典型示范、典型示警的作用；凡事件都具有原始的戏剧性，对受众充满吸引力。所以，各类媒体都必须把“事件”作为自己报道的重要内容。而消息体裁具有广泛的适用性，制作和传播过程具有“短”“平”“快”的特点，是报道事件的最佳体裁。

2. 动态消息

动态消息是对新近发生或变动中的新闻事实，作出及时报道的消息类型，其特点包括：内容单一、一事一报；突出事实的重要性和新鲜性；客观报告事实，语言简洁，表达直接；篇幅简短，一般三五百字；时效性很强，多为当日新闻。

3. 简讯

简讯又称短讯、简明新闻、新闻摘要、快讯等，它们中大多属于动态消息。它是以最简短的文字，尽快地对最新发生的事实或事实的最新状态作简明扼要的报道的一种消息类型。这种类型的消息以“简”“快”为突出特点，即以最快捷的速率、以极少的文字、简洁地报道当时、当日发生的特大新闻或重大突发事件。

二、文选·导读

“医生，我妻子晕倒了，快来！”前晚10时54分，长沙市第四医院急救站医生李良义，接到长沙市“120”急救指挥中心转来的呼救信息：岳麓区王家湾桃花锦绣安置小区有患者出现意识障碍。可急救车赶到现场时，对方电话却无人接听。医生挨户敲门寻找，终于救下煤气中毒的夫妇。

前晚，接到呼救信息后，李良义一边拨打呼救市民的电话，一边登车出发。对方手机信号不好，隐约听到一名男子说了两句话后，就挂断了。很快，急救车驶到小区楼下，李良义再次拨打对方电话时却无人接听。司机任艺拉响急救车警笛，也不见居民接应。

是有人故意骚扰“120”，还是患者病情好转，暂时不需要急救车了？有10多年院前急救经验的李良义分析：患者和家属可能遇上突发情况，导致无法接听电话。

“我们挨家挨户找！”凡是窗口亮灯的房间，李良义和任艺一家一户敲门询问。深夜，隔着防盗门，李良义和任艺一一说明来意后，居民纷纷开门并互相打听，但都说没打过“120”。

初冬的夜晚，下着雨，寒意逼人。李良义和任艺把整栋楼亮灯的房间问遍，仍没有消息。不愿放弃的两人在小区里商量对策，此时，他们突然发现西南角还有一个小房间亮着灯，走近后，隐约听到有电视传出的声响，敲门，无人应答。“莫非就是这一家？”李良义赶紧拨通那个呼救电话，屋里手机响了，却无人接听。

“没错，就是这一家！”李良义马上拨打“110”报警，民警迅速赶到现场。

门打开后，只见一男一女晕倒在床上，男子手里握着手机。急救车载上两人后，拉响警笛，直奔医院。昨日零时10分，急救车赶到医院急诊科。经医生检查，确诊杨军（化名）夫妻俩为一氧化碳中毒。

“幸亏医生没有放弃，挨家挨户寻找，否则后果难料！”杨军说。由于抢救及时，昨日下午，杨军和妻子均已脱离生命危险，转往该院中医科进行后续治疗。据了解，当晚杨军洗澡时没有开窗户，可能是煤气泄漏导致中毒。

对话李良义

记者：如果没找到患者，这么晚了，你们还会继续找吗？

李良义：一旦接报，决不言放弃，否则对不起自己的良心。

记者：院前急救工作很辛苦，有获得感吗？

李良义：我非常热爱这份工作，因为能够实实在在帮助到别人。每当有人在我手里获救，那种满足感是外人不能体会的。

——摘自：彭放　杨芳《深夜挨户敲门寻找　救下昏迷夫妇》，《长沙晚报》，2016 年 11 月 17 日

一桥连三地，天堑变通途。港珠澳大桥开通仪式 23 日上午在广东省珠海市举行。中共中央总书记、国家主席、中央军委主席习近平出席仪式，宣布大桥正式开通并巡览大桥，代表党中央向参与大桥设计、建设、管理的广大人员表示衷心的感谢、致以诚挚的问候。

中共中央政治局常委、国务院副总理韩正出席仪式并致辞。

港珠澳大桥跨越伶仃洋，东接香港特别行政区，西接广东省珠海市和澳门特别行政区，总长约 55 公里，是“一国两制”下粤港澳三地首次合作共建的超大型跨海交通工程。大桥开通对推进粤港澳大湾区建设具有重大意义。

开通仪式在珠海口岸旅检大楼出境大厅举行。9 时 30 分，伴随着欢快的迎宾曲，习近平等步入仪式现场，全场起立鼓掌。

在观看了反映大桥建设情况视频后，中共中央政治局委员、广东省委书记李希，香港特别行政区行政长官林郑月娥，澳门特别行政区行政长官崔世安和韩正先后致辞。

10 时许，习近平走上主席台，宣布：“港珠澳大桥正式开通！”全场响起热烈掌声。

开通仪式结束后，习近平等乘车从珠海口岸旅检大楼出发巡览港珠澳

大桥。伶仃洋上，云开日出、烟波浩渺，海天一色、清风徐来，港珠澳大桥如同一条巨龙飞腾在湛蓝的大海之上。

东人工岛位于港珠澳大桥水上桥梁和水下隧道的衔接部分，是大桥建设中的关键节点工程。习近平等乘车来到这里，登上西侧平台眺望大桥，结合图片、模型详细了解大桥建设情况，并会见了大桥管理和施工等方面的代表，同他们一一握手、亲切交谈。他指出，港珠澳大桥是国家工程、国之重器。你们参与了大桥的设计、建设、运维，发挥聪明才智，克服了许多世界级难题，集成了世界上最先进的管理技术和经验，保质保量完成了任务，我为你们的成就感到自豪，希望你们重整行装再出发，继续攀登新的高峰。

习近平强调，港珠澳大桥的建设创下多项世界之最，非常了不起，体现了一个国家逢山开路、遇水架桥的奋斗精神，体现了我国综合国力、自主创新能力，体现了勇创世界一流的民族志气。这是一座圆梦桥、同心桥、自信桥、复兴桥。大桥建成通车，进一步坚定了我们对中国特色社会主义的道路自信、理论自信、制度自信、文化自信，充分说明社会主义是干出来的，新时代也是干出来的！对港珠澳大桥这样的重大工程，既要高质量建设好，全力打造精品工程、样板工程、平安工程、廉洁工程，又要用好管好大桥，为粤港澳大湾区建设发挥重要作用。

韩正在开通仪式致辞中表示，推进粤港澳大湾区建设是习近平总书记亲自谋划、亲自部署、亲自推动的重大国家战略。港珠澳大桥建成开通，有利于三地人员交流和经贸往来，有利于促进粤港澳大湾区发展，有利于提升珠三角地区综合竞争力，对于支持香港、澳门融入国家发展大局，全面推进内地、香港、澳门互利合作具有重大意义。要坚持以人民为中心的发展思想，在一流桥梁、一流口岸基础上提供一流运营服务，将港珠澳大桥打造成为联结粤港澳三地的“民心桥”。要进一步简化审批流程、缩短通关时间，将港珠澳大桥打造成为香港、澳门和内地协同创新、融合发展的纽带。要把工程建设关键技术转化为行业标准和规范，将港珠澳大桥打造成为中国桥梁“走出去”的亮丽名片。

丁薛祥、刘鹤参加上述活动。董建华、何厚铧、梁振英参加开通仪式。何立峰主持开通仪式。

中央和国家机关有关部门、广东省、香港特别行政区、澳门特别行政区有关负责人员，以及粤港澳三方参建部门，港珠澳大桥管理局，大桥设计、监理、施工单位代表等参加开通仪式。

据了解，2009 年 12 月 15 日，港珠澳大桥工程开工建设。2017 年 7 月 7 日，主体工程全线贯通。大桥在设计理念、建造技术、施工组织、管理模式等方面进行一系列创新，标志着我国隧岛桥设计施工管理水平走在了世界前列。大桥将于 10 月 24 日 9 时正式通车运营。

——摘自：霍小光、张晓松、高强《习近平出席开通仪式并宣布港珠澳大桥正式开通》，《人民日报》，2018 年 10 月 23 日

三、问题与思考

1. 怎样认识事件性消息在新闻报道中的地位？

答：事件性消息是消息的“正宗”。

（1）新闻报道必然追逐事件。人类自有传播活动起，尤其是自从商业性报纸诞生之后，事件始终是传播者猎获的目标。

（2）消息是报道事件的首选体裁。所有的（具备新闻价值的）事件都可以写成消息，消息的广泛适应性和制作、传播过程的“短”“平”“快”特点，为报道事件创造了条件，特别是面对突发性事件，消息无疑是最佳报道体裁。

2. 报道事件需要注意哪些问题？

答：（1）事实要交代得一清二楚。报道事件的内容是事件性新闻的重点，清楚明了地记事是事件性消息写作的第一要求。事实交代不清楚主要有以下几种情况。

① 缺少新闻要素，事情的轮廓不清楚。

② 忽略某些必须交代的细微部分，令事件模糊不清。

③ 事实的具体内容、事件的来龙去脉交代得不够具体。

（2）勿做表面文章。事件性消息的采访与写作，容易为眼前纷乱的表象所迷惑，写作中容易使消息显得很浅。记者应是观察家与思想家，能够

透过事件的表面现象看到其深层的含义，预见到它的影响，并用准确的语言将事件的意义、自己的发现告诉读者，这样消息才会有思想、有深度。

（3）见事见人。读者关注事件，实质上也是关注人，采写事件性新闻，不应忽视人的要素。事件性新闻写人，大体有以下几种情况。

① 以人的命运为焦点报道事件。

② 关照事件结果对人可能产生的影响。

③ 反映人在事件中的活动、心态，丰富事件性新闻的内涵。

（4）慎重报道恶性事件。灾祸、犯罪等对社会造成危害的事件属恶性事件，在写作中应十分谨慎。应注意以下方面。

① 不要煽情。

② 不要无意中传播作案手段、泄露破案方法。

③ 注意保护当事人的名誉权、隐私权。

④ 关注事件成因。

3. 怎样写好动态消息？

答：（1）善于捕捉动态新闻的报道题材。动态新闻的一事一报，首先要求记者要有一双慧眼，能够发现具有传播价值的新的事实、新的信息，并立即采取行动。

（2）客观记述，增强可信度。动态新闻对“客观笔法”有更为严格的要求。写作动态新闻，要尽可能采用客观记述的方式，压低主观色彩，以增强说服力。

（3）传达现场气氛，使新闻更具动感。动感是读者借助文字可以领略到的对事物变动的感觉，是动态新闻写作应当追求的一种境界。动感的妙处在于，它可以将读者带入其中，令读者感同身受，增强读者对事件的兴趣，或者提升读者对事件的关心程度。

（4）连续报道，确保时效。时效是动态新闻的生命。动态新闻保证时效的方法之一是“化整为零”，以确保即时发稿。突发事件或其他时效性很强的事件，一般不待事情全部结束，或有了结论之后再报，而是跟踪事件进展，随时发出消息。

4. 媒体为什么需要简讯？简讯写作的要义是什么？

答：（1）无论是印刷媒体还是电子媒体，都少不了简讯。简讯是新闻和信息传播的重要手段之一。随着信息时代的到来，随着网络媒体的发展，使用简讯的频率还会加大，简讯将更加受到重视。媒体之所以需要简讯，由简讯的地位决定，具体原因如下。

① 简讯是传播信息的有效手段。简讯是简明信息的载体，大多数简讯由于删除许多具体的内容，使它变成较为单一的信息载体。而在这一点上，简略恰恰又造就它的直接与明快，成为它的一个优点。

② 简讯篇幅短小，可以发多稿，从总体上增加媒体的信息含量。

③ 多发简讯可以活跃报纸版面。简讯往往以“集纳”的形式出现在报纸上。一些报纸设有固定的简讯栏，如“中华大地”“天南地北”“简讯”等。这样刊登简讯，有助于防止版面呆板，使报纸面孔显得更为轻松。

④ 简讯栏是信息集中之地，它还可以为记者提供能够再利用的新闻线索。由于媒体的时空限制或编辑主观判断的差异，有些事件只能以简讯形式报道，但其背后往往还有不少有价值的东西可供挖掘。在这种情况下，以简讯为线索重新采访，有时甚至可以做出大文章。

（2）简讯写作的要义如下。

① 撮要。简讯是压缩的产物，取舍的问题至关重要，撮要是简讯写作的决定性环节。面对众多材料，选择的标准有两方面：构成事实的基本要素，提示新闻事实中最有价值的部分。

② 讲究文字。一方面简讯的文字能简则简，要力求一字不多；另一方面要有表现力，简讯应做到简短而不枯燥，文字不多，却要颇有读头。

四、参考书目

武和平．打开天窗说亮话：新闻发言人眼中的突发事件［M］．北京：人民出版社，2012.

五、历年考研真题

简述事件新闻的报道特点。（暨南大学，2011）

第十三章　非事件性消息

一、重要概念阐释

非事件性消息，与事件性新闻相对，非事件性消息关注事物的最新变动，突显“事件”。非事件性新闻报道的是社会问题、社会现象，或者某些可供参考的信息、方法。它们与事件不同，往往没有明确的行为主体，没有事件所具备的明晰的时间和空间界限，缺少具体的发生、发展过程。

二、文选·导读

美国股市2018年开局火爆。道琼斯工业平均指数、标准普尔500指数与纳斯达克综合指数分别突破了25000点、2700点与7000点，均创下历史新高。上述三大指数在2017年分别上涨了25%、19%与28%。而在过去9年内，上述三大指数分别上涨了195%、209%与356%。此外，英国、日本及一些新兴市场的股市表现也非常亮眼。

造就2017年美国股市牛市的主要因素如下：

第一，美国经济的持续复苏，令美国企业利润显著改善，这是美国股市表现火爆的微观基础。从失业率的走势来看，本轮美国经济复苏已经持续了99个月，是二战后美国经济复苏最长的时期。

第二，尽管美联储2017年3次加息，但美国国内流动性依然充裕，全球市场流动性更是处于非常宽松的状态，这是美国股市表现火爆的流动性基础。

第三，2017年底美国国会通过了税改方案，企业所得税税率显著下调，提振了市场对于上市公司税后利润增长的信心，这是美国股市表现火爆的预期基础。

最后，投资者的风险情绪高涨，追逐风险资产的积极性很高，这是美国股市火爆的情绪基础。例如，衡量美国股市波动性的芝加哥期权交易所波动率（VIX）指数（又名恐慌指数），在过去10年内的平均值为20，在美股近期频创新高的同时，VIX却不断下滑，2017年的平均值降至11，2018年年初则跌至10以下。这一状况在历史上非常少见，反映出投资者对未来股市的乐观情绪。

展望2018年，尽管美国股市上升的动能可能仍将持续，但出现整体20%左右下调的可能性是存在的。这是因为：

首先，当前美国股市的市盈率已经不低。例如，席勒周期性调整市盈率（利用过去10年经过通胀调整的盈利水平计算）今年初已达到33.38，仅次于2001年互联网泡沫破裂前的最高水平，超过了1929年股市泡沫破灭前的水平。这说明美国股市的稳定性相对不足。

其次，美国经济目前可能已处于本轮复苏的中晚期，未来增速进一步上升的概率不高，这可能会影响企业利润增速的进一步增长。事实上，美国目前的复苏主要由居民消费推动，而居民消费增长与股市上升的财富效应密不可分。一旦股市显著下跌，美国经济增速可能出现显著下滑。

再次，由于当前美国经济增速已持续超过其潜在增速，正向产出缺口可能推动通胀率显著上升，而一旦核心通胀率显著上升，美联储就可能加快货币紧缩的节奏。流动性收紧与融资成本的上升，有可能加剧美国股市的调整。

盛极必衰，规律使然。2018年美国股市走势具有很强的不确定性，投资者应警惕和防范风险。

——摘自：张明《美股，火爆背后有风险》，《人民日报》2018年1月11日

三、问题与思考

1. 怎样认识非事件性新闻的特殊价值？

答：（1）以消息体裁报道非事件性事物，可以进一步拓宽新闻的报

道面。

（2）非事件性消息有助于发挥媒体的“主体意识”。

（3）一些非事件性新闻具有“读物”的性质，有欣赏价值和“抚慰”作用。

（4）非事件性消息可以为媒体采制独家新闻创造条件。

2. 预测性消息的地位如何？采写预测性消息对记者提出了怎样的要求？

答：（1）预测性消息是报道尚未发生却有可能发生的“事情”、提供未来信息的消息，它所报道的事物带有不确定性。预测性消息的地位如下。

① 预测性消息使媒体突破“马后炮”式的思维模式，既重视“现在”，也关注“未来”，以防患于未然的姿态，在更加广阔的时空范围内探索和提供新闻信息，是媒体干预社会生活、影响社会进程的一个重要手段。

② 预测性消息有助于科学决策。上至国家领导机构，下至基层单位，社会各界，乃至每一个社会成员，在制定某个计划、采取某种行动之前，都有一个决策的问题。科学决策是成功的前提，国家大事尤其如此。

预测，无论是近期、中期，还是远期预测，都可以根据已知事实为决策者事先微缩一个未来世界、未来环境的蓝图，提前标示出暗礁，指出可行的航线，以利决策者倾听关于未来的警告和建议，少走弯路。

③ 预测性消息可以帮助治疗“近视症”。由于经济的、教育的以及管理上的种种因素，人类容易只顾眼前利益而忽视长远。在这种情况下，媒体的预测性报道就显得格外重要。

（2）预测消息的写作要求如下。

① 及早预测。记者要有忧患意识，经常关心、思考社会问题，及早发现隐患以及其他有关未来的信息，及早采写预测性新闻，以使这种新闻更好地发挥决策参谋和引导舆论的作用。

② 他人预测。预测性报道作为新闻，不能是记者出面预测。它是预测性活动的客观反映。

③ 权威预测。预测主体应当是专门的研究机构或者是具有权威性的人物，以保证预测的科学性和新闻的影响力。

④ 深度预测。一方面避免简单化，消息中不仅报道预测性结论，还要

反映预测者对问题的分析和做出这一预测的依据；另一方面预测到位，记者在采访阶段就应不断地探询“将会怎样”，使预测性意见直接同社会生活、同普通大众的切身利益联系起来。

⑤ 审慎发稿。

3. 写好服务性消息的关键何在?

答：(1) 服务性内容要新鲜、适时。同其他类型的消息一样，首先是内容决定服务性消息的优劣。服务性消息应当为读者报告新的、他们尚不知晓的而又切实可用的信息，传授新的方法。

(2) 着力写好实用部分，增强可操作性。服务性消息是生活参谋，因此，写作中应将方法、信息、忠告交代得明明白白。方法要具体，对所提忠告、建议，要做出说明，以便读者接受。

(3) 说明信息源的身份，增强可信性。为了让读者对服务性内容感到放心，服务性消息应将信息来源、忠告发出者的姓名，特别是身份写具体，以证明其观点、意见的科学性。

(4) 亲切、自然。服务性消息的热情多半表现在导语上，其导语最适合采用“直呼式”“谈话体”，宜用第二人称，以“你”或“您”开篇，从而给人以亲切自然的感觉。

四、参考文献

1. [美] 约翰·里德. 震撼世界的十天 [M]. 长春：时代文艺出版社，1999.

2. [白俄罗斯] S. A. 阿列克谢耶维奇. 二手时间 [M]. 北京：中信出版社，2016.

3. 梁鸿. 中国在梁庄 [M]. 北京：台海出版社，2016.

五、历年考研真题

1. 非事件性新闻（暨南大学，2011 年；北京大学，2006）

2. 非事件消息的特殊价值。(湖北大学，2007)

3. 非事件消息写作时的注意事项。(湖北大学，2007)

4. 简论预测性消息写作。(湘潭大学，2009)

第十四章　描写性消息

一、重要概念阐释

1. 描写性消息

以描写为基本手段写作的消息，是描写性消息。换言之，描写性消息的特点是“再现”，即是以文字重现新闻事件的现场情景。

2. 新闻素描

新闻素描又称特写性消息，即微型特写。它是以“再现”手法写作的新闻家族中的代表性成员。

二、文选·导读

“七月的艳阳照遍香港，回归的骄傲永刻在我心上”“长江长城，黄山黄河，在我心中重千斤。无论何时，无论何地，心中一样亲”“因此知道珍惜我的香港，因此懂得去欣赏我的香港”……精彩的回归组曲联唱，把观众带到欢快的喜庆氛围中。

6月的最后一晚，数千观众汇聚一堂，通过一场盛大的文艺晚会，一起庆祝香港回归祖国20周年，祝福香港明天会更好。

中共中央总书记、国家主席、中央军委主席习近平和夫人彭丽媛在香港特别行政区行政长官梁振英和夫人梁唐青仪的陪同下，步入晚会现场。全场观众起立长时间鼓掌，热烈欢迎习近平的到来。

晚会伊始，香港歌手林子祥、叶倩文及多位歌手，连同香港管弦乐团、香港中乐团、香港儿童合唱团与一众青少年制服团体登台。从《回归颂》《东方之珠》《我的中国心》，到《香港·我家》《友爱长存》，唱响了爱国爱港的主旋律。

在一阵动感激昂的鼓声中，由中华国术总会带来的洪拳表演吸引了众人目光。只见台上演员蹬腿、扣膝、转腰、出击，加上铿锵的“哼”“哈”，把虎形刚猛、鹤形轻而巧、龙形合刚化柔、蛇形气沉连绵展现得淋漓尽致，令在场观众啧啧称叹。

掀起晚会第一个高潮的，是由内地青年钢琴家郎朗和香港武打明星甄子丹、香港 11 岁小朋友梁俊晟联袂呈现的钢琴合奏——慷慨激昂、恢宏大气的《黄河钢琴协奏曲》之《黄河船夫曲》。随着乐音越来越急骤高亢，观众无不被感染，现场气氛热烈。

回归祖国 20 年来，香港的体育事业取得很大进步。欧咏芝、李慧诗、高礼泽等香港运动员来到晚会现场，与观众分享奋斗座右铭。香港歌手李克勤联手内地小提琴演奏家姚珏，带来一首活力十足、意蕴深长的 *Victory*，将运动员超越自我、努力拼搏的精神展现出来，引起掌声阵阵。

创意香港，魅力之都。随灯光转换，舞台顷刻间变成 T 台。数十位香港艺人身穿香港设计师的作品走上台，每一件服装都既有国际潮流元素，又有中华传统文化风韵。此刻的背景音乐，则是由香港歌星莫文蔚带来的中国传统民歌《茉莉花》。

热烈的掌声贯穿始终。当天不少节目都糅合了多种艺术形式，并由来自香港与内地的艺术家共同演绎。殷秀梅、莫华伦等联合香港管弦乐团和中国国家芭蕾舞团，带来一首《今夜无眠》。“心相连风雨并肩，未来不再遥远；情无限祝福永远，幸福岁岁年年”，寄托了香港和祖国心连心，共创未来的美好愿望；廖昌永、王祖蓝等联合香港儿童合唱团、星海音乐学院，演绎了一曲《天耀中华》，传递了中华儿女坚持梦想、不断奋进的共同心声。

700 多名来自香港和内地的演员、历时超过半年的筹备……由香港特区政府主办的这台晚会，围绕主题《心连心·创未来》，既展示了香港作为国际大都会的丰富文化色彩，更表达出香港愿与国家携手同创未来的期望。

舞台后的大型屏幕上，时而出现维港两岸的旖旎风光，时而是具有香港特色的赛龙舟、抢包山等传统节庆画面，时而呈现中环兰桂坊的热闹街景，时而又讲述香港普通百姓的动人故事，中华传统文化与香港现代气息融合交汇，通过舞美设计得以精妙传达。

晚会进入尾声，习近平同大家一起高唱《歌唱祖国》：“歌唱我们亲爱的祖国，从今走向繁荣富强……”经典的爱国主义歌曲引起全场共鸣，大家共同祝愿伟大祖国繁荣昌盛，祝福香港明天更美好。

“感动，震撼！香港回归祖国20年，对香港人来说是一件特别有意义的大喜事。我能真心感受香港与祖国的血脉联系，希望未来祖国和香港能越来越好！”刚看完晚会的香港市民梁先生激动不已。

仲夏夜，维多利亚港两岸海风轻拂，灯光璀璨。在国旗、区旗和紫荆花图案“灯光秀”的映衬下，在庆祝香港回归祖国20周年的热烈氛围中，“东方之珠”显得格外迷人。

——摘自：张晶《心连心，创未来——庆祝香港回归祖国二十周年文艺晚会侧记》，《中外文化交流》，2017年第7期（有删改）

三、问题与思考

1. 如何认识“再现”在新闻报道中的地位？

答：“再现”是以文字重现新闻事件的现场情景，是以描写为基本手段的描写性消息的特点。

（1）各类新闻体裁都可以采用描写的手法反映新闻事件或新闻人物的状貌，属通讯类的特写更是以描绘见长。消息与特写的不同之处在于，描写性消息不是细描，而是简笔勾勒。

（2）描写性消息包括新闻素描、现场短新闻、视觉新闻、情景新闻，以及散文式新闻等，它们强调的重点有所不同，但基本特征均为描写。

2. 新闻素描与花絮在写作方法上有何区别？

答：新闻素描也称特写性消息，实际上就是微型特写，它是以“再现”手法写作的新闻家族中的代表性成员。花絮可谓描写性消息中的“简讯”，“单细胞”的新闻特写。二者写作方法上的区别如下。

（1）新闻素描的写作方法：灵活安排文章结构，描写好典型细节，用自然、准确的文字再现事物本色。

（2）花絮的写作方法：小角度，大视野，轻松幽默、亦庄亦谐。

3. 以“再现”方式进行报道对记者有哪些要求？

答：（1）简笔描写。描写性消息应力求简括，用简洁的笔墨，概括地勾勒事件的现场情景、人物的活动以及非事件性新闻的某个场面，而不宜过多地描写细部。

（2）选择景物应有说话意识、信息意识。在有限的篇幅之内，记者描写的每一个景物、活动，都应是有丰富的内涵。也就是说，能以形象传达某种信息，帮助记者表达某种观点，如此，描写性消息才会有一定的思想性。

（3）描中有叙，叙描结合。描写性消息不排斥叙述，需要叙述来补充、说明、串联所描写的场景或人物活动。很多情况下，只有加入适当的叙述，事实才会得到清晰、完整的反映，记者的意见、思想观点才能明确体现。

四、参考书目

肖文健．通讯员写作精要与范例实用全书［M］．北京：中国华侨出版社，2012.

五、历年考研真题

1. 新闻素描（湘潭大学，2009；暨南大学，2008）
2. 现场报道（上海交通大学，2012；暨南大学，2009）

第十五章　分析性消息

一、重要概念阐释

1. 解释性消息

解释性消息也称背景新闻，它是典型的分析性新闻，也是典型的深度报道。

2. 新闻述评

新闻述评是一种有述有评、述评相间的报道式样。

二、文选·导读

美国政府不仅发动了对华贸易战，而且正在深度和广度上剧烈升级，并出现了超出贸易争端范畴的趋势，这给世界前景带来了越来越多的不确定性，成为威胁全球利益与人类福祉的一大祸根。

美国政府的对华经济关系思维和贸易霸凌行径，至少已经产生或正在产生五大世界性危害，影响着国际社会关于全球治理与发展走向的认知与理解。

重挫世界经济增长

贸易增长是推动全球经济增长的关键力量。然而，第一大经济体对第二大经济体发动贸易战和科技封锁，让原本处于艰难复苏中的世界经济，面临着重陷衰退的危机。

据联合国最新预测，2019 年世界经济增速将放缓至 2.7%，比年初预测值下调 0.3 个百分点。而经济合作与发展组织（OECD）也将 2019 年全球经济增速的预估值下调了 0.3 个百分点。

世界贸易组织（WTO）此前已将 2019 年全球贸易增长预期由此前的 3.7%下调至 2.6%。今年第二季度全球贸易景气指数已处于 2010 年 3 月以来的最低水平。

美国投行摩根士丹利警告称，如果美国对 2000 亿美元中国商品征收 25%的关税维持三四个月，那么全球经济增速可能会放缓约 50 个基点至 2.7%。

世界各国发挥比较优势、相互合作，构成了高效运转的全球产业链、供应链和价值链。美国实际上是对链条上的所有企业加税，会迫使企业家减少投资，致使经济增长动力被削弱。

据日本研究机构大和总研分析，日本企业将因中美经贸摩擦直接损失约 5 亿美元。法国财政部长布鲁诺·勒梅尔说：“中美经贸摩擦将直接导致货物流通减少，损害欧洲和法国的就业机会。”

由于世界经济环境恶化，一些国家将不得不放宽货币政策，刺激本国经济增长。而这会助长全球债务累积，提高中期金融风险，阻碍世界经济长期健康发展。

严重破坏国际经济秩序

美国是当今国际经济秩序和多边贸易体制的主要创立者。但是，如今它却成了破坏国际经济秩序、损害多边贸易体制、扰乱世界经济治理体系的一个主要因素。

二战以来，在全球范围内逐渐确立了以规则为基础的国际秩序、以联合国为核心的多边体系、以世贸组织为核心的多边贸易体制。在遵守国际政治经济秩序基本框架的前提下，各国开放合作，实现了共同发展。

然而，美国发动对华贸易战，煽动了经济民粹主义与逆全球化在全球蔓延，对国际经济秩序构成了颠覆性威胁。一旦国际经济秩序的根基被彻底破坏，将造成全球经济活动陷入动荡混乱，损害世界各国长远发展利益。

绕开 WTO 争端解决机制，根据国内法挑起经贸摩擦，未经 WTO 授权、违规对中国商品大规模加征关税——这显示了美国对多边贸易体制的无视，以及将一己私利凌驾于国际规则之上的妄为，使得国际经济秩序面临空前险境。

需要特别指出的是，自诩“完全市场经济”的美国，还公然动用国家权力、裹挟科技优势，以所谓“国家安全”名义对华为等中国科技公司实施科技禁运。这更是对市场经济原则和商业文明秩序的肆意践踏。

美国的行径已经让其他国家的一些科技企业感受到了寒流袭面的忧惧，对世界科技行业的发展造成了难以估量的直接和间接损害。

制造全球经济新失衡

美国发动对华贸易战的直接借口是“贸易失衡”。事实上，造成美国对华贸易逆差的根源是其消费太多、储蓄不足等结构性问题造成的。

如果美国不着眼于自身解决自身问题，反而对中国等其他国家的商品加征高额关税，结果只会适得其反。

更为严重的是，美国本身就是造成全球经济失衡的主因之一，其当前做法不仅无助于当前的全球经济再平衡，反而会制造新的全球经济结构性失衡。

美国的错误行径正将许多企业置于两难尴尬境地，特别是许多在华外企，如果继续留在中国，可能面临贸易战导致的成本上升，而选择离开则可能会长久失去中国市场，况且一些潜在转移国家虽然劳动力等成本更低，但基础设施、营商环境和产业链的完备性远远不如中国。

据欧盟商会的问卷调查显示，约三分之一的受访企业家认为中美经贸摩擦是其最大担忧，中美经贸关系的不确定性使得企业做出商业决策的难度增加，对业务增长带来了严重负面影响。

全球经济结构性失衡的一大根源是全球产业分工还不够合理所致。

处在价值链下游的一些发展中经济体从事的制造加工等环节由于进入壁垒较低，造成过度竞争和产能过剩。

而处在价值链高端的一些发达经济体，利用技术垄断优势和全球定价权，攫取过多的利益，并阻碍发展中经济体转型升级的进程。

美国对华贸易战以及部分科技禁运的直接影响和衍生影响，正在造成新的扭曲并产生新的世界经济结构性失衡。

“破坏性政府变量”

根据政治经济学常识，一国政府应当是处理不稳定因素的主体，而不应成为一个不稳定因素。遵守规则、重视承诺使得不同个人、群体和国家可以形成广泛的合作，更是人类进入文明社会的主要特征。

鉴于在世界经济中的占比和在国际政治经济治理体系中的话语权，美国本应该对世界的繁荣稳定做出积极贡献。然而，美国却不顾各国公认、普遍遵循的国际交往准则，采取了一系列失信行动，使得自身成为严重的“破坏性变量”。

美国政府反复无常、唯利是图的特征，在中美贸易谈判中暴露无遗，其制造传播的种种不确定性，严重扰乱了全球市场主体的预期和行为。

此前，从退出联合国教科文组织、联合国人权理事会等国际组织，到退出巴黎气候协定、伊朗核问题全面协议、中导条约等国际条约，“美国优先”导致的一系列破坏性行为，对世界和平发展的态势构成了严重冲击。

很显然，美国正在成为国际社会高度警惕的“黑天鹅”和严加防范的“灰犀牛”。

恣意侵犯别国经济主权

在谈判桌上，美国政府向中国提出了多项蛮横要求，其中包括限制国企经营发展等。显然，这超出了贸易谈判的领域和范畴，触及了中国的基本经济制度。

这表明，美国发动对华贸易战的背后，是试图侵犯中国经济主权，逼迫中国损害自身核心利益。

1974 年联合国通过的各国经济权利和义务宪章中，已经明确指出“每个国家对其全部财富、自然资源和经济活动享有充分的永久主权、包括拥有权、使用权和处置权在内，并能够自由行使此项主权”。

例如，二战后，美国牵头建立的国际贸易体系，鼓励发达经济体向发展中经济体进行技术转让以形成“技术外溢”效应，以适应自身经济社会变化，利用发展中国家的生产低成本优势，与自己的雄厚资本和先进技术优势形成强大互补。

而中国政府鼓励外商投资过程中基于自愿原则和商业规则开展技术合作，技术合作的条件由投资各方遵循公平原则平等协商确定。

由此可见，关于技术转让，中国政府并不存在强制性的制度和系统性行为，而是合理规范、符合市场经济的做法。

但是，美国却给中国扣上了“强制技术转让”的帽子，强迫中国改变相关发展路径。

其他国家也深受其害。美国政府频繁使用“长臂管辖权”，动辄要求其他国家的实体或个人必须服从其国内法，不然将受到被列入“实体清单”等处罚。

统计数据显示，仅仅截至去年 8 月，全球范围内被列入美国商务部“实体清单”的主体数量达到 1013 家。

这实际上就是美国侵犯他国经济主权的部分证据。

——摘自：周文其、王建华《美国发动对华贸易战的五大世界性危害》，新华网，2019 年 5 月 25 日

三、问题与思考

1. 信息时代分析性新闻有何重要意义？写好分析性新闻对记者提出了怎样的要求？

答：（1）分析性消息的重要意义如下。

① 分析性消息可以为读者提供多元的、深层次的信息服务。

② 分析性消息直接亮明观点、表达意见，有助于强化新闻和大众传媒的言论功能。

③ 分析性消息可以让受众直接听到记者的声音，实现“直接交流”。

（2）写好分析性新闻对记者提出的要求如下。

① 观点、见解——分析性消息的灵魂。分析性消息的成败，首先决定于它的观点、见解。好的分析性消息，应有鲜明的观点、新颖独到的见解。它应当能够透过事物的表面现象，洞察其底流，见人之所未见，言人

之所未言，读后让人感到很受启发。

② 分析性消息使消息更带新闻性与客观性。新闻性与客观性，是分析性消息吸引读者、说服读者的重要条件。

对分析性消息而言，新闻性的含义具体如下：

第一，它应当是对新近发生、发现的事件或问题的分析。

第二，它应当是讲究时效——动作较快，甚至是紧随其后的分析。

第三，它应当在分析中提供新的、读者尚不了解或尚未注意到的信息。

客观性则要求提供分析的依据，它们或者是“发言人”，或者是背景性事实。

2. 解释性新闻与新闻述评有何不同？写作中各应注意哪些问题？

答：(1) 解释性新闻与新闻述评的区别如下。

① 新闻述评中的评，是记者对事物的直接评判；解释是以充分的背景为依据的客观的加工过程，其中有一部分是评论，而发议论（述评）是一种受论点和感情影响的主观加工过程。

② 解释性新闻是运用事实表达观点；新闻述评则允许超越、跳出事实，直接说话，是署名言论。

③ 新闻述评对事实的要求更严格。一般的评论中，事实只是为论点服务的论据，未必是新近发生、发现的，也未必是完整的。分析性新闻虽然要以大量事实说明见解，但是，它的事实往往是多样的、可以任意调遣的材料；新闻述评因其兼有报道与评论两种职能，报道是手段，评论是目的，报道是评论的依托。总体而言，新闻述评不能不清晰地反映事实。

(2) 解释性消息的写作需要注意如下几点。

① 大背景意识。写作解释性消息，记者必须善于调遣和使用大背景，即将新闻事件放到一定的历史之中去观察、分析它产生的必然性，这是背景选材的大时空观。大背景即全局性背景，解释性新闻的背景性事实反客为主，用以诠释新闻事件的整体，焦点集中在背景分析上面。

② 用背景事实自身的逻辑力量说明新闻事件产生的必然性。解释性消息也应注意客观色彩，不提倡记者直接发表议论，要求用背景性事实及事实自身所显示出来的逻辑关系来说明问题。

③ 巧妙开篇，引人入胜。解释性消息的基本特点是提出问题、回答问

题。开头的切入方式具体如下：第一，立即开讲，一开始就以解释的姿态切入；第二，提出问题，设置悬念；第三，先将奇异的场景再现出来，引起好奇，再进行解释；第四，以橱窗式导语开头。

（3）新闻述评的写作需要注意如下几点内容。

① 典型题材，全局观点。新闻述评中的评，应是站在全局的高度，提出全局性的论点，这就要求新闻述评所报道的事实具有典型性、代表性。

② 因事论理，理由事出。这是新闻述评的最佳写法，即让事实的叙述为论的出现铺路，使之水到渠成。这样才能使述评中的观点、意见言之有据，为读者喜闻乐见。

③ 借人之口，为评增加权威性。述评中的评，其方式是多种多样的。除记者直评之外，借人之口——引用有关权威人士的话进行评论是其技巧之一。“借人之口”不但可以增强言论的威力，引起读者的重视，而且使评论更具客观色彩。

在新闻改革的进程中，述评的外延不断扩大，记者所写的新闻性杂文也可列入述评之中。

四、参考书目

丁法章．新闻评论教程［M］．上海：复旦大学出版社，2008.

五、历年考研真题

1. 调查性报道（南开大学，2013；厦门大学，2010；北京大学，2008；南京大学，2005）

2. 解释性新闻（暨南大学，2008）

3. 新闻述评（暨南大学，2009）

4. 解释性新闻的写作重点是什么？（南开大学，2010）

5. 简述解释性报道的基本特征。（上海交通大学，2012；湖北大学，2005）

6. 什么是解释性报道？解释性报道与纯新闻有何不同？（陕西师范大学，2005）

第十六章　通讯的基本特征

一、重要概念阐释

通讯，是一种详细、生动的新闻报道体裁。目前我们所称的“通讯”其实已经逐步演变为一个集合概念，一种广义的名称，是指报纸、刊物中运用的除消息以外包括各类通讯、特写、专访等所有详报型新闻体裁的总称。

二、文选·导读

荒芜的大漠戈壁、恶劣的气候、艰苦的生活条件……提起新疆，不少人脑海里浮现这样的景象。但是，一位来自上海的“白衣天使”，年近七十，却自愿来到新疆最艰苦的地区，用精湛的医护技术和军人的责任担当，在病房、在贫困山区播撒对病患的关爱。她就是姚梅芳，海军军医大学长海医院原护理部主任。

姚梅芳2002年退休后，没有让自己闲下来，参与各种志愿义诊活动成了她最大的乐趣。2009年，67岁的姚梅芳得知上海市老龄委在开展支援新疆的“银龄行动”，想到自己的专业能力仍能发挥余热，便满怀激情地报名参加……

“我虽然年纪大了，但脑子里还有边疆同胞们所需要的医护知识。我想多帮帮他们。”初到新疆，姚梅芳被派到库尔勒市第二人民医院；到了之后，她就马不停蹄地着手开展工作……

一天，医院送来一个早产儿，体重只有860克。因为体重太轻，婴儿连自身体温都无法维持，整个皮肤像纸一样，又薄又脆，一碰就破。医院的儿科大夫纷纷摇头，“这肯定是救不了了！”

可姚梅芳却不信：她先是仔细观察情况，根据患儿体温低、易感染的特点，将他送进暖箱；之后的日子里，姚梅芳每天带着其他护士对患儿进行特殊护理。孩子皮肤太薄，清洗身体的时候极容易弄破皮肤造成感染，她就用纱布一点一点把脏东西擦掉。患儿没法正常进食，姚梅芳就用滴管将营养液一滴一滴喂进婴儿的嘴里。等这一套工作做完，姚梅芳自己常常错过了吃饭时间……就这样，通过20多天的护理治疗，孩子终于出院了。孩子父母的一声“上海阿帕（妈妈）”，让姚梅芳觉得，“患者的健康是对我最好的奖励！”

在新疆，姚梅芳除了在医院指导，还常常到偏远的农村去进行健康教育和义诊。2009年到2013年，从南疆的喀什到北疆的克拉玛依，她走访数百个乡村，累计行程达8万公里。

“如果只是看病，我们走了之后，经验技术也留不下来。我们要努力‘传帮带’，争取服务更多病人。”本着这样的理念，姚梅芳在新疆各地手把手地将经验知识传授给当地医护人员，以“教学查房”的方式开展临床护理指导，通过深入病房、实地查看等形式指导护理人员查找工作中的薄弱环节，以点带面地带动当地医院开展工作。与此同时，姚梅芳在新疆期间，每周都要进行一次讲座授课，传授自己在急救、儿科护理等方面丰富的医疗护理经验。

在库尔勒期间，医院收治了一位被火车撞成重伤的病人，急救科的医生凭经验觉得肯定救不活了。一位医生想起了姚梅芳讲授过的内容，当即为病人建立静脉通道，然后计算输血量、插导尿管，为病人恢复系统循环，已滑向死亡线的病人被救了回来……“姚主任，按您教的方法，我救回了一条命，感觉真好！”听着这位医生的感叹，姚梅芳“传帮带”的决心更坚定了。

此后每次赴新疆，姚梅芳都为当地医院制定《护理工作绩效考核的方案》，细化了护理工作考核的标准、内容和分级，让自己的经验形成制度，优质的医疗形成常态。“这样，我们在新疆做好‘传帮带’，留下一支不走的医疗队。”姚梅芳骄傲地说。

姚梅芳支援新疆期间，不仅扮演好了“白衣天使”的角色，还做了一位“爱心奶奶”。她在喀什泽普县期间遇到两位贫困学生：一位叫杨静；另一位叫阿曼古丽。她们都考入了大学，可家庭十分贫困，无法承担读大学的费用。听说此事，姚梅芳郑重承诺，资助两位大学生每人每月 500 元生活费，直到大学毕业。

这之后，她常在电话里对两个年轻人说：“要在逆境中崛起，实现人生的自强、自尊。”这两名贫困生和姚梅芳成了“忘年交”，顺利大学毕业了。阿曼古丽还告诉姚梅芳：“我要回到新疆当一名老师，把您带给我的希望的种子，在广袤的大地上播撒得更广！”

因为身体原因，2014 年之后姚梅芳已不再前往新疆支援，但她并没有停止参与公益事业的脚步。当年，她被中宣部评为“最美老有所为人物”。现在，姚梅芳还经常参加宣讲，号召更多的军休干部投入支援新疆的事业中……

——摘自：金歆《“留下一支不走的医疗队”》，《人民日报》，2019 年 6 月 20 日

三、问题与思考

1. 通讯要如何做到符合新闻作品的内在规定性？

答：（1）通讯所报道的事实，无论大小，必须真实存在。

（2）通讯必须具有时效性。

（3）通讯所报道的内容必须有新闻价值。

2. 从文体特征看，通讯与消息的区别主要有哪些？

答：（1）通讯报道的事实比消息详细、完整、富于情节，可满足读者欲知详情的需要。

（2）通讯报道的事实往往比消息更形象、更生动，它以感性的素材还原生活的原生形态，使这种文体更具感染力。

（3）通讯文体比较自由。

（4）通讯的主题鲜明、结构完整。

（5）通讯体现出作者较强的主体意识和个人风格。

（6）消息多用概括性手法叙述事实，通讯则多用详述和描写手法表现事实。

（7）与消息相比，通讯时效性稍差。

四、参考书目

1. 刘保全. 获奖通讯赏析：兼论通讯的写作技巧［M］. 北京：人民日报出版社，2010.

2. 李从军. 如何采写通讯［M］. 北京：中国人民大学出版社，2015.

五、历年考研真题

1. 通讯（中央民族大学，2006）

2. 消息与通讯有哪些区别？（兰州大学，2002）

3. 谈谈你对非虚构性写作理念在新闻实践领域应用前景的看法。（清华大学，2018）

第十七章　通讯写作的基本环节（一）——通讯的主题

一、重要概念阐释

通讯的主题，指通讯要表现的中心思想，是通讯记者经过对社会现实的观察、体验、分析、研究，通过对通讯素材的提炼和组织，所表达的对客观世界的一种认识或一种思想观念。

二、文选·导读

今年6月23日，是李先念同志诞辰110周年。李先念同志是伟大的无产阶级革命家、政治家、军事家，坚定的马克思主义者，党和国家的卓越领导人。在60多年的革命生涯中，李先念同志以“先天下之忧而忧，念人间之乐而乐”的情怀，矢志为信仰奋斗探索，为民族独立、人民解放和国家富强、人民幸福作出了不可磨灭的贡献，赢得了全党全军全国各族人民的崇敬和爱戴。

人民军队的杰出将领

1909年6月23日，李先念同志出生于湖北黄安（今红安）一个贫苦农民家庭。他出生的时候，中国已在半殖民地半封建社会的道路上走过了半个多世纪。早年的贫困生活，让李先念同志难以忘怀。他曾回忆说：“我小时候家里总是糠菜半年粮，就着干锅菜，有时用块布蘸点油，放在锅里擦一擦，就算改善生活了。”为生计所迫，李先念同志少小离家到汉口学木工。从乡村到城市，他目睹帝国主义列强恣意横行和军阀混战、民不聊生的残酷现实，在国共合作的大革命影响下，誓言“给旧社会做棺材”，于1926年10月毅然回到家乡投身农民运动，从此走上救国救民的革命道路。

李先念同志渴求真理，酷爱学习，在从事工农运动过程中接触马克思主义，并在真理的感召下逐渐确立了人生信仰。面对大革命失败后的白色恐怖，李先念同志率领家乡农民参加著名的黄（安）麻（城）起义，并于1927年12月加入中国共产党。入党后，他先后在红军和地方从事革命工作。1931年10月，他率领300余名青年加入红军，任红四军第十一师三十三团政治委员。在创建鄂豫皖革命根据地和川陕革命根据地的斗争中，李先念同志参与组织和指挥一系列重大战役战斗，取得辉煌战绩，逐步成长为一名高级将领。1933年7月，年仅24岁的李先念同志任第三十军政治委员，成为红四方面军最年轻的军政委。长征途中，李先念同志率部迎接党中央和红一方面军，于1935年6月在懋功胜利会师。他向毛泽东同志详细汇报川西北形势和红四方面军情况，为党中央确定北上战略方针提供了重要依据。8月，参与指挥包座战斗，打开了红军北上的通道。

李先念同志在实践中认识到维护党的团结的重要性。在红四方面军南下川康边期间，他坚决支持朱德、刘伯承、徐向前等同志同张国焘分裂主义进行斗争。1936年10月红军三大主力会师后，中央军委命令红四方面军一部西渡黄河，执行宁夏战役计划。11月11日，党中央和中央军委决定渡河部队组成西路军。李先念同志指挥红三十军在极其困难的条件下连续奋战，重创敌军，对配合河东红军战略行动、推动西安事变和平解决起了重要作用。1937年3月西路军失败后，李先念同志受命于危难之际，担任西路军工作委员会委员，负责统一军事指挥，率领西路军余部翻越终年积雪的祁连山，穿越荒无人烟的戈壁滩，历尽千辛万苦到达新疆，为党和红军保存了一批骨干力量。对此，毛泽东同志高度评价说：“李先念是不下马的将军。”1937年底，李先念同志到达延安，先后在抗日军政大学、中共中央马列学院学习。

全国抗日战争时期，李先念同志在中原敌后坚持抗战，是鄂豫边区抗日根据地的主要创建者和新四军第五师的主要领导人。1938年党的六届六中全会后，李先念同志受党中央重托，前往战略地位十分重要的中原地区，开始创建鄂豫边区抗日根据地。他坚决执行抗日民族统一战线中的独立自主原则，鲜明树起新四军的旗帜，统一整编零散的武装力量，先后组建新四军豫鄂独立游击支队、豫鄂挺进纵队和第五师，大力开展敌后游击战争。华中局曾嘉奖第五师“发展工作第一，独立作战第一”。从1939年初到1945年抗战胜利，在党中央和毛泽东同志领导下，李先念同志依靠边区和五师党委的集体领导，广泛发动和依靠人民群众，领导创建了地处要冲、孤悬敌后的拥有1000多万人口的抗日根据地，建立了拥有5万余人正规军和30余万民兵的武装力量，从战略上配合了华北、华东解放区战场，支持了中原正面战场的作战，在中华民族抗战史上写下了光辉篇章。在1945年党的七大上，李先念同志当选为中央委员。

抗日战争胜利后，李先念同志担任中原军区司令员。他所领导的中原军区成为国民党军队发动全面进攻的首要目标。李先念同志坚决执行党中央的战略部署，指挥中原军区6万部队在中原解放区顽强坚持达10个月之久，牵制国民党军队30余万人，出色完成战略牵制任务。1946年6月26日，国民党军队悍然对中原解放区大举进攻，全面内战爆发。李先念同志按照中央指示，指挥中原军区部队突破国民党军队重围，拉开了全国解放战争的序幕。他亲率北路突围部队转战千里，在战略转移中创建了豫鄂陕边区根据地。中原突围战役，充分显示了李先念同志和中原军区部队高度的全局观念和大无畏的英雄气概，显示了他统帅大兵团同强大敌人作战的战略战术和指挥艺术。毛泽东同志曾评价说：“整个突围战役是胜利的”，“关系全局甚大”。此后，李先念同志参与中原局、晋冀鲁豫野战军、中原军区等的领导工作，与刘邓大军会师后参与重建大别山根据地的斗争，并参与领导淮海战役后勤保障工作。李先念同志为中国革命战争的胜利和中华人民共和国的成立，建立了不可磨灭的功勋。

新中国财经工作的卓越领导人

1949年5月，李先念同志主持湖北省党政军全面工作。他以“为人民服务当勤务员”自任，坚持走群众路线，以问题为导向，倾听人民呼声，不断探索地方执政经验。短短几年间，他领导湖北人民建立各级人民政权，开展剿匪反霸、镇压反革命、土地改革、抗美援朝、团结知识分子和各界人士等一系列工作，取得显著成绩。他结合湖北实际，坚持以稳定农村、发展农业为重点，兼顾城市，稳定物价，统一财经管理，稳步推进工业建设，使湖北的财政经济状况得到根本好转，为开展大规模经济建设打下了良好基础。

1954 年，李先念同志调到中央工作，不久担任国务院副总理兼财政部部长等职务，协助周恩来、陈云等同志领导经济建设。他深感责任重大，曾说："我这个人是打仗出身的，搞经济我没有把握，需要有人帮助。"他经常向同志们请教，并注重在实践中学习，很快成为领导经济建设的内行。陈云同志称赞说："他是将军管理经济，但他能很快精通当时的经济工作，这是十分难得的。"

第一个五年计划时期，李先念同志提倡增产节约、挖掘资金潜力、提高经济效益，实现财政、信贷收支平衡，确保国家重点建设资金需要。他高度重视发展城乡贸易，扩大商品流通，保护和调动农民的生产积极性，同时保障城市和工矿区的商品供应。他提出调整国家和企业、中央和地方的关系，适当扩大地方财政管理权限，调动各方面积极性。

在 1956 年党的八届一中全会上，李先念同志当选为中央政治局委员。八大前后，李先念同志支持周恩来、陈云同志提出的反对冒进的正确意见，强调"财政、信贷和物资三者必须统一平衡，是社会主义经济建设中必须遵循的一条客观规律"。在 1959 年庐山会议上，他指出国家经济生活中存在虚假现象和浮夸风，并提出了具体调整措施。在三年经济困难时期，他参与领导国民经济调整，提出许多切实可行的政策措施，并负责统一指挥全国粮棉油调运，对扭转困难局面发挥了重要作用。

"文化大革命"期间，李先念同志同林彪、江青反革命集团进行了坚决斗争，被诬为"二月逆流"成员受到错误批判。在极其艰难的情况下，他忍辱负重、顾全大局，努力协助周恩来同志维系国民经济运转，使一大批在建和新建项目得以建成或加快建设进度。在坚持自力更生方针的同时，他大力支持从外国进口成套设备和单机的方案，积极支持建设远洋船队。他积极配合和协助邓小平同志主持的全面整顿，为努力把国民经济搞上去付出大量心血。在粉碎江青反革命集团的斗争中，他作为主要决策人之一，为从危难中挽救党、挽救国家作出重大贡献。

粉碎“四人帮”后，李先念同志主持国务院日常工作，积极领导国民经济恢复和发展。他主张积极大胆引进外国先进技术和管理经验，指导上海宝山钢铁厂等重点项目的建设和技术设备的引进工作。他坚决支持关于真理标准问题的讨论，倡导解放思想，恢复党的实事求是的思想路线。

李先念同志担任国务院副总理26年，长期分管财政、金融、贸易等工作，是党和国家财经工作的卓越领导人，为确立社会主义基本经济制度、建立独立的比较完整的工业体系和国民经济体系做了大量卓有成效的工作，为探索社会主义经济建设规律倾注了大量心血。

中国特色社会主义道路的积极探索者

改革开放新时期，李先念同志先后担任中共中央副主席、中央政治局常委、国家主席、全国政协主席等重要领导职务，是以邓小平同志为核心的党的第二代中央领导集体的重要成员。他坚持解放思想、实事求是，积极探索中国特色社会主义道路。

党的十一届三中全会期间及其以后，李先念同志同其他老同志一起协助邓小平同志领导全党实现伟大历史转折，开创改革开放和社会主义现代化建设新局面。他积极推动拨乱反正、平反冤假错案、落实干部政策。他主张充分肯定毛泽东同志的历史地位和坚决维护毛泽东思想伟大旗帜。他为实行和推进改革开放做了大量开创性工作。

李先念同志深刻总结新中国成立以来经济建设的经验教训，强调“我们一定要从自己国家的实际出发，走出一条在社会主义制度下实现现代化的中国式的道路”。他坚持“一个中心、两个基本点”的基本路线，积极推动经济体制改革，认为“凡是束缚生产力，不利于生产发展的东西”，“要坚决地改，彻底地改”。他提出“市场是国民经济的寒暑表”，要“善于充分地和正确地运用社会主义商品生产和价值规律的力量”。他提出“一定要给予各企业以必要的独立地位”，强调在加强综合平衡的前提下，充分发挥部门、地方和企业的积极性。他强调在改革开放中要重视维护和发展人民群众的利益。

李先念同志是对外开放政策的积极倡导者和推行者。他认为，“在现代国际环境中，关起门来搞建设根本行不通”，总结过去经验，“一方面还要坚持自力更生的方针，决不依赖别人搞现代化；另一方面，要坚持开放的政策，决不闭关锁国”。他参与创办经济特区的决策，指导在蛇口设立工业区并称其为“希望之窗”。

李先念同志密切注视国际形势的发展变化。上世纪80年代，他主持中央外事工作领导小组工作，参与制定对外政策，妥善处理国际上发生的一些重大问题。他先后出访20多个国家，向世界阐明我国独立自主的和平外交政策，介绍改革开放的方针和社会主义现代化建设的成就，为发展同世界各国的友好合作关系作出了重要贡献。

1983年6月，李先念同志当选为中华人民共和国主席。他积极推动改革开放和社会主义现代化建设事业，到许多省市调查研究，视察工厂、企业、港口、工程项目、经济开发区和农村，了解经济发展和改革开放情况并给予指导。1988年4月，李先念同志当选为中国人民政治协商会议第七届全国委员会主席。他关心党和国家各项事业的发展，努力维护国家的社会政治稳定。他坚持中国共产党领导的多党合作和政治协商制度，支持政协委员和各界人士参政议政，帮助党和政府改进工作，为推进人民政协组织制度建设，巩固和发展爱国统一战线，推进祖国和平统一大业，作出了突出贡献。他为中国特色社会主义事业殚精竭虑，奋斗到最后一息。1992年6月21日，李先念同志因病逝世，享年83岁。遵照他的遗愿，家人将骨灰撒到他曾战斗过的地方——祁连山、大巴山、大别山。

崇高风范励后人

李先念同志是德高望重、功勋卓著的老一辈革命家。在时代变迁中，他始终心系党、国家、民族、人民的前途命运，毕生为之探索、实践、奋斗。他的一生，是光辉战斗的一生，是全心全意为人民服务的一生。他的革命精神和崇高风范，激励我们在新时代新征程上奋勇前行。

我们纪念李先念同志，就是要学习他坚定理想、坚守信仰的崇高品格。李先念同志在革命遭受严重挫折时义无反顾加入中国共产党。此后无论是在革命高潮时期，还是在党的事业遭受挫折的时候，无论是身居高位，还是身处逆境，他始终坚信马克思主义的真理力量，始终为理想信念努力奋斗。他说："为实现共产主义而奋斗终生，是我们共产党人的人生观。"只有信仰坚定，"才能对党、对国家、对人民、对孕育和繁衍我们这个伟大民族的土地，产生无限的热爱和血肉相关的情感"。在新时代新征程上，我们要像李先念同志那样坚定理想、坚守信仰，坚定"四个自信"，为实现崇高理想信念顽强奋斗、永远奋斗。

我们纪念李先念同志，就是要学习他顾全大局、忠诚于党的坚强党性。李先念同志善于站在全局高度看问题，勇于为大局担当重任。他说："凡是对全局有利的事情，大家都要勇于承担义务，坚决去办，而且一定要办好。凡是对全局不利的事情，即使从局部来看是必需的、有利的，也决不能办。"李先念同志多次身陷危局和险境，但他始终忠诚于党，自觉维护党的团结，遵守党的纪律，维护党中央集中统一领导。长征途中，他坚决支持同张国焘分裂主义作斗争。抗日战争胜利后，他冒着巨大危险，坚决执行党中央决策部署，坚持中原斗争完成战略牵制重任。在新时代新征程上，我们要像李先念同志那样顾全大局、忠诚于党，牢固树立"四个意识"，坚决做到"两个维护"，把对党忠诚、为党分忧、为党尽职作为根本政治担当。

我们纪念李先念同志，就是要学习他善于学习、勇于探索的奋斗精神。李先念同志只读过3年私塾，是在革命斗争和工作实践中成长起来的党和国家领导人。他说："我是一穷二白，一无所有，什么工作方法，指挥水平，领导艺术，都是学来的。"善于向书本学习、向实践学习、向群众学习、向一切内行的同志学习是他的鲜明特点。坚持实事求是，贯彻群众路线，深入调查研究，在实践中勇于探索是他一贯坚持的工作方法。他强调要"提倡实事求是和老老实实、多谋善断的工作作风"，并且用工作实绩践行了他针对浮夸现象而提出的"在实际工作中，要提倡讲实在话，办实在事"。在新时代新征程上，我们要像李先念同志那样善于学习、勇于探索，练就过硬本领，锤炼品德修为，担当时代责任，做永不懈怠、永不停步的奋斗者。

我们纪念李先念同志，就是要学习他一心为民、廉洁奉公的公仆情怀。李先念同志奉行立党为公、执政为民。他说：人民观点、人民立场是党的"一种优良作风"，要把群众是否满意作为衡量工作好坏的标准。他逝世前几天，还在病榻上与人商讨如何加快老区建设，让乡亲们早日脱贫致富大计。他把艰苦奋斗、全心全意为人民服务作为人生座右铭，经常说“要与别人比革命工作的多少和艰苦性，不与别人计较享受的优劣，更不允许贪污腐化”。从湖北到北京任职时，为节省开支，他带着可以使用的旧家具和炊事用具随行。他长期主管经济工作，却不许子女经商，叮嘱家人要精打细算过日子。为此，人们深情地赞誉他为“伟大的人民公仆”。在新时代新征程上，我们要像李先念同志那样一心为民、廉洁奉公，始终坚持以人民为中心的发展思想，不断增强拒腐防变的思想自觉和行动自觉，为实现人民对美好生活的向往艰苦奋斗、不懈奋斗。

李先念同志离开我们已经27年了，他生前为之奋斗的伟大事业和美好理想正一步步变为现实。在中华人民共和国成立70周年之际，我们要学习弘扬李先念同志等老一辈革命家的革命精神和崇高风范，紧密团结在以习近平同志为核心的党中央周围，不忘初心、牢记使命，为决胜全面建成小康社会、夺取新时代中国特色社会主义伟大胜利、实现中华民族伟大复兴的中国梦披荆斩棘、奋勇前进！

——摘自：中央党史和文献研究院《毕生奋斗的人民公仆——纪念李先念同志诞辰110周年》，《人民日报》，2019年6月23日

三、问题与思考

1. 通讯的主题有哪些要求？

答：（1）符合客观事物的本质特征。主题必须真实，与客观存在的实际情况相符。

（2）通讯的主题要深刻。主题的深刻表现在它能揭示事物的本质，反映客观事物的内在规律性。

（3）通讯的主题更强调社会人文意义上的针对性。在急剧变化的社会环境中，人们迫切从新闻作品中寻找对周围世界的解释和精神依托，因此通讯的主题一定要有社会人文意义上的针对性。主题针对性在这里有两层含义：新鲜和时代色彩。

2. 如何深化通讯的主题？

答：（1）深度来自全局意识。要深化通讯的主题，必须把通讯放到全

局的高度去衡量，深入研究其在全局中所占的地位，它是否有利于或有害于社会发展的根本问题，它们的代表性、典型性如何。

（2）深度来自历史感。把新闻事实放到更广阔的空间和时间维度来认识，从而深化主题，将新闻事实放进流动的历史长河中来考察。

（3）深度来自展示人的心灵。凡是写人或与人有关的通讯，都要在开掘人物思想深度上下功夫，方能取得读者的回应。

3. 提炼通讯主题有哪些方法？

答：（1）依据事实，提炼主题。先收集大量事实，然后对这些事实做详细分析，弄清楚事实各个侧面之间、多个事实之间的内在联系。

（2）预设主题+事实印证。依据长期对生活的观察和思考的结果或媒体布置的报道思想，预先设定要写的主题，然后围绕主题去等待、选择表现这个主题的新闻事实，以验证主题。

四、参考书目

1. 王宗伦．咱们这些人（感动中国先进人物报道合集）［M］．北京：中国言实出版社，2019.

2. 朱清河．典型报道：理论、应用与反思［M］．武汉：武汉大学出版社，2006.

五、历年考研真题

通讯提炼主题的方法有哪些？（中国青年政治学院，2014）

第十八章 通讯写作的基本环节（二）——通讯的选材

一、重要概念阐释

1. 骨干事例

所谓骨干事例，就是那些事实过程比较完整、事实意义比较突出又有代表性，能够说明主题的事例。

2. 特写镜头

特写镜头，是通讯所选的最富有表现力和个性色彩的细致的画面和瞬间的特写，正如摄影中的特写镜头，可以使人产生特别的关注并能使读者借助想象力体味其中的意义。

二、文选·导读

这近乎是两条教育的平行线。

一条线是：成都七中去年30多人被伯克利等国外名校录取，70多人考进了清华北大，一本率超九成，号称“中国最前列的高中”。

另一条线是：中国贫困地区的248所高中，师生是周边大城市“挑剩的”，曾有学校考上一本的仅个位数。

直播改变了这两条线。200多所学校，全天候跟随成都七中平行班直播，一起上课、作业、考试。有的学校出了省状元，有的本科升学率涨了几倍、十几倍，即使网课在城市早已流行，还是令我惊讶。

过去两年，我采访过广西山区的“零一本”县；我也采访过北大的农村学生；我自己在山东一所县中度过三年，和同学们每天6点起床、23点休息，学到失眠、头疼、腹泻，“TOP5、TOP10”仍是遥不可及的梦。

我理所当然地怀疑，学校、家庭不同，在十几年间堆积起学生能力、见识、习惯的巨大差异，一根网线就能连接这一切?

开设直播班的东方闻道网校负责人王红接说，16年来，7.2万名学生——他们称之为“远端”，跟随成都七中走完了高中三年。其中88人考上了清北，大多数成功考取了本科。

那种感觉就像，往井下打了光，丢下绳子，井里的人看到了天空，才会拼命向上爬。

1

为了验证他的说法，11月，我到了直播的两端——成都七中和近千公里外国家级贫困县的云南禄劝第一中学。

在车水马龙的成都武侯区，成都七中林荫校区安静伫立50多年了。它像一所小而美的大学，学生们在音乐课上选修钢琴、尤克里里；教学楼通透的玻璃幕墙里张贴的海报，是清华的竞赛、香港中文大学的入学资讯和一本独立音乐杂志的征稿启事。

炫目的高考成绩只在不太起眼的苗圃边用几行小字展示着。午休时，学生会去露台上的咖啡座，在鸟鸣声中看书，聊会儿天。

相比之下，仍在扩建的禄劝一中更有生机，或者说——闹哄哄的。学生们在课间跑着去室外的厕所；午晚饭时跑着去买面包，要么捧着冒热气的泡面；老师跑着在教学楼里上上下下，但要留心旁边初中刚被兼并的老教学楼。它的门太矮，会撞到头。

禄劝一中把去年直播班里考上清北的两个学生的名字，用加大加粗的黄色字体印在了校门口的巨大红色招牌上。

课堂里是另一副架势。成都七中的学生上课下课，总热衷讨论问题。他们被允许携带手机和平板电脑，用来接收教辅资料。当老师展示重要知识点，学生齐刷刷地用它们拍照。

但在禄劝一中，有的学生会突然站起来，走到教室后面听课。不用问，我也知道他们太困了——有的女生即使站着，也忍不住打哈欠。

也有人趴着睡觉。高一有很多盯着屏幕却不知所措的眼神。屏幕那端，热情洋溢的七中老师提出了问题，七中的学生七嘴八舌地回答。可这一端，只有鸦雀无声的寂静。

禄劝一中的校长刘正德很坦诚地说："禄劝的中考控制线是385分，比昆明市区最差的学校还低大约100分，能去昆明的都去了。"

县教育局局长王开富告诉我：在这个90%是山区、距离昆明只有几十公里的小城，十几年前，"送昆明"成了攀比之风。

"恶性循环的开始。"我想。去年在广西，一个县考不上一个本科生，老师跟我哭诉"花钱都买不到生源"。

"我没想到我这么差。"和禄劝一中高一的女生王艺涵聊了两个小时，她把这话重复了6遍。她是镇里中考的第一名，还曾是数学课代表。但这次期中考试，考成都七中的试卷，除了语文，其他科都没及格。

她说现在的英语课，除了课前3分钟的英文歌，其他完全听不懂。她以为某篇课文还没讲，其实老师早讲完了。她花半小时做七中出的阅读题，查很多单词，密密麻麻地填在题目的缝隙里，然后对答案——全错了。

据说高一上学期，不单禄劝，大部分直播班的学生完全跟不上七中进度。七中连续三节英语课让山区的学生一头雾水——一节讲英文报纸，一节是外教授课，一节听TED演讲，都是全英文。

"觉得自己真没用啊。"王艺涵的同班同学刘承燕说。

2

我是周末随班主任家访时见到刘承燕的。从县城到她家，要走上一个多小时的蜿蜒山路。这还是距离县城较近的镇子——有些镇，要开4小时的车。

她家是那种农村常见但城里人不太容易想象的样子：阳光和风从木头房顶里漏进来；家里到处是化肥袋子，有些积了厚厚的灰；屋旁边是猪圈，招来不少苍蝇。

家里除了她，只有爷爷奶奶。坐在这间屋子里，我不确定询问刘家父母的职业是否礼貌。

班主任先开了腔："开班3个月，父母一次都没接触到。"

刘承燕告诉我，父母在昆明打零工，把打火机从工厂运到市场，平时一两个月来次电话。

她奶奶在旁边笑着说："能考个大学就太好了。"

好几位禄劝的老师跟我抱怨：大多学生父母在外务工，只会说"好好学"。有的孩子出了问题，班主任反复致电，家长就是不来；还有家长在电话里直说，孩子就不是学习的料。

据说今年考上北大的那位学生，两岁留守，跟爷爷奶奶生活。直到大学快开学，班主任才第一次见到前来致谢的学生父母——开始还想埋怨父母不够关心孩子，后来一看，当爹的手指早就累成了残疾，伸不直；两口子在福建给人杀鱼，一个月赚5000元。

落差确实存在。成都七中的大部分孩子来自中产家庭，家长要花很多时间为学生规划学习和课余生活，甚至帮他们争取和"诺奖"获得者对话的机会。

一位学生休息时会去练拳击、游泳，保持好的形体。班里女生会自制插花、香皂送给老师，还在老师嗓子不适时机敏地递上润喉糖，"素质和情商都很高"。

"优秀的孩子离不开优秀的家长。"她强调，自己的工作压力在于，"其他学校，师生'尽力'就可以了，但在七中不行，要高效。"

教师授课如果让学生觉得不满，可能一两个月就被家长投诉，然后遭到撤换。除了成绩，他们还要培养学生的逻辑和兴趣。

我在成都七中随机听了几堂课，几乎都是公开课水准。语文老师讲"规则"主题的议论文，先播放重庆坠江公交的视频，然后让学生自行讨论、发言。谈及秋天的诗歌，旁征博引，列举了五六种秋天的意象。历史老师搜集大量课本上没有的史料分享给学生；政治课紧追热点，刚建好的港珠澳大桥已成了课堂练习的分析材料。

今年的广西理科状元曾楷徽高中三年就是上直播班的。他说，很多学科都会一次性传来十几张试卷。试卷纯手工拟定，每个题考察很多要点，没有任何题型重复。高考应试时大有裨益。

这在县中可能吗？我曾在北大遇到过一个农村娃，他说老师有时醉醺醺的，总爱让他们自习。在那个“零一本”县，很多学生都听得出，老师讲错了。有老师晚自习布置测试卷，直到高考，卷子没有讲评，连标准答案都不发。

王红接刚把直播课引入一些学校时，遇到过老师撕书抗议。有些老师自感被瞧不起，于是消极应对，上课很久才晃进来，甚至整周请假，让学生自己看直播。

远端的孩子透过屏幕，感受着这些差距。禄劝的很多学生至今没出过县城，听着七中学生的课堂发言“游览”了英国、美国，围观他们用自己闻所未闻的材料去分析政史地。

一位山区的名列前茅的高三女生说：“没办法，贫穷限制了想象力。”

3

一块屏幕带来了想象不到的震荡。禄劝一中的老师说，高一班里总充满哭声——小考完有人哭，大考完更多。有人在教室里抹泪，有人跑到办公室抽泣。不少学生一提考试就发抖。虽然早就预告了七中试题的高难度，但突然把同龄人间的差距撕开看，还是很残忍。

禄劝的王艺涵听说成都七中平行班的成绩不理想。一问，人家平均“只有”103分；他们班，30分。“数学完全跟不上啊，绝望啦。”

老师帮着重建心态，除了“灌鸡汤”，还安慰学生：只要熬过高一，就会突飞猛进。最近校园里流行的故事是，今年上北大那位，高一也考30多分，跑到办公室里哭。

那学生的班主任告诉我，这是真的。

恐怕在高一，禄劝一中没几个学生敢考虑北大。2006年，刘正德刚到禄劝一中当校长，学校当年计划招6个班，结果只凑齐4个班。学校一年有20多个学生考上一本，很多家长把孩子送来，要求很简单——平安活着。

我问王艺涵“理想”，她觉得没什么用——初中时立志考昆明，结果惨败。儿时好友大多在昆明市区，不联系了，她很失落。如今班里要写理想大学贴墙上，她就跟风填了浙大，虽然完全不觉得自己能考上。

刘承燕倒是明确地痴迷数学，说自己理想职业是数学老师。这是镇初中的老师告诉的出路，除此之外，她无法想象除了当数学老师，还能做什么。

在成都七中，情况很不一样。七中被直播班的何启田也痴迷数学。他提前修习了高数，为这门艺术的流畅折服，想进一步深造。

这里面有深思熟虑：他的父亲是工程师，何启田幼时总去他的办公室做作业，觉得环境枯燥无聊；母亲则是医生，曾险些遭遇伤医事件。他觉得这些工作“没意思”。

成都和禄劝的老师都说，只知道“好好学习”不够。没有明确志向，为了学习而学习，很容易动力不足。但对于没成年的孩子，“立志”这码事，全依仗环境。

我知道，农村的孩子不是没“志向”，只是更现实，和城里人挂在嘴边高大上的玩意儿不同。

比如禄劝一中那名优秀的高三女孩，她父亲不在了，母亲在镇卫生院拿一份微薄薪水。她哥哥曾是禄劝一中的年级第四，能上一本。但因为没钱，他放弃入学，现在打工供她读书。这是她苦学的一大原因。

今年夏天，有个云南男孩在工地上收到了北大录取通知，走红一时。我奔波了几千公里找他聊了聊，得知他父亲 3 年前得了肾结石，以为是绝症，打算见儿子最后一面就放弃治疗，却意外在如厕时忍着剧痛把结石排了出来。知道那件事后，他“有了学习的动力”。

有人指责农村孩子没有志向，他们恐怕没见识过那种普遍的、近乎荒诞的闭塞。我曾遇到过农村女孩被大学录取，却不知道这所学校一年的学费要上万元——于是就失学了。

还有一个理科生，农村孩子，为了成为所在高中的首个北大学生，被高中老师鼓励，稀里糊涂填报了一冷门小语种。他大学成绩很不理想，毕竟，“我之前都不知道地球上还有这个国家”。

我把这些事分享给禄劝的学生，他们听后都很沉默。

王红接希望学生们看到外面的世界，给他们目标，看到更多可能，更让他们焦虑，击碎他们的惰性。

然后只需做一件事：重建。

4

王红接十几年间去过很多教育凋敝的小城。师生们总抱怨：努力，但出不了成绩。

“其实效率很低。学生偷着玩，老师也不批改习题，不了解学生。”他发现，很多地方的教学是黑箱——都说要改进，但不知从何抓起。

据他介绍，早在2002年，四川省就将远程教育作为促进公平的重要举措，成都市教育局和成都七中很下力气。

直播带来压力，也是动力。七中考完试，老师们彻夜批改、分析上百份试卷，第二天就讲评。很多地方老师提出这要一周完成，简直不可思议，但现在必须跟上，整个学校氛围如此。

崭新的教学方法冲击着这些老师。

“学生们有对比了。”一位禄劝一中的老师说，“我们也得变，不然学生议论。”

一些远端的老师声称，虽然不用“亲自讲课”，但为保证跟上进度，1个直播班的工作量，约等于3个普通班。

这些老师琢磨出一些方法，比如整理七中老师事前发送的课件，编制成学案，布置成头一晚作业让学生预习；课上盯着学生的表情，记录下疑惑的瞬间，琢磨着课后补足；屏幕那端偶有间隙，可以见缝插针给学生解释几句。

为跟上进度，禄劝一中把部分周末和平日直到23点的自习安排了课程，帮学生查漏补缺。有老师连上20个晚自习。

“每天凌晨1点到家，6点去学校，在家只能睡个觉。”另一位老师说，自己6岁的孩子，每周只有半天能见到爹。

“真的累。觉得自己这么穷，每天忙啥呢?”有老师嘟囔着，下一秒话头一转，“唯独上课不觉累。看到学生，讲话声就大起来。”

一位年轻的数学老师戏称，自己有好几个“人格”。为让学生没有违和感，当七中的直播老师严肃，他助教就严肃；下一届老师幽默，他就开朗些。

还有一位班主任称，他为了帮学生减压，每周一、三、五的深夜会带学生去操场跑步，和不爱说话的学生一起站在讲台上大喊“我是最棒的”。

直播课时，七中老师提问，他要求本班学生也站起来回答——开始没人愿意，他就找了个纸箱，塞上带编码的乒乓球，抽签。

“再去其他班，也能教好。”县教育局局长王开富说，“一大拨儿年轻老师被直播培养了出来。”

禄劝一位老师说，教出好学生，录取率高了，被人称为“名师”，“是一种教师特有的虚荣心”。

“什么是幸福？就是得天下英才教育之。”一位谢顶、穿着旧衣裳的中年男教师，坐在小椅子上说这话，我却丝毫不觉得可笑。

5

禄劝一中主教学楼的大厅里有排玻璃橱窗，今年张贴的是：全县中考前257名学生报考昆明学校就读，生源严重流失情况下，我校1230名学生，二本上线634人，一本上线147人。

他们甚至特意加粗了一行字，“低进高出，我们从不放弃”。

这里面有暗自较劲——和昆明比，也在和成都比。

网校会定期招募远端学生去七中借读一周。禄劝一中的几位学生去“留学”时，被同学们安排了任务——观察“天才”们的生活。

此前他们听说，成都的孩子是“天才”，平时不熬夜，下课能逛街。

两天后，小视频传回，是七中学生中午留在班里自习。回来后，禄劝一中的学生感慨：“天才”们不仅是天才，也很刻苦。他们有规划，会自己琢磨报哪些辅导班。

如何追赶“天才”？只能比他们更刻苦了。

在禄劝一中，直播班的大部分孩子会在3年里，每天只睡四五个小时。一位班主任站在“为理想和尊严而战”的鲜红标语下叹着气告诉我，他的一项工作是凌晨来教室，把那些还在学习的学生抓回寝室。

不过回寝室也不意味着休息。王艺涵每天0点30分熄灯，但很难睡好，心很不安，因为其他舍友上了床，也全都开着小台灯，趴在折叠桌板上继续学。她总觉得被落下了。

这所学校不乏苦学的故事：有年级第一得了阑尾炎，动完手术第三天就要来考试；还有同学为省时间，不吃饭，最后快得厌食症了。

在四川甘孜州的直播班，老师批评学生晚睡，有学生回答："我得守住阵地。爸爸因为你在家长会上表扬了我，病减轻了不少。我要让他彻底好起来。"

你可以说这样苦读很不科学。但在这儿，一个穷地方，改变就这样发生。禄劝一中高三的前两名学生告诉我，只看卷面成绩，他们已和成都七中的"天才"们相差不大。

3年的漫长竞赛，他们一步步追了上来：高一勉强及格，高二渐渐从100分，上升到110、120……直到现在，满分150分，能拿到140分。

王红接观察了16年，最后得出结论：不要觉得偏远地区的孩子基础差，"他们潜力无限"。

通常情况是，学生用一两个月适应成都七中的节奏，高二开始进步，高三复习时，把前两年学的知识巩固住，成绩会突飞猛进。

这出乎我的意料。我曾经认为，9年义务教育外加环境的巨大差距，很难在3年内弥补。但禄劝的老师笃定地说，他们高一的单科平均分，和七中平行班差50分；到高三，最好时仅差6分了——可塑性和希望都存在。

我能感受到的是习惯的改变。高三两位学生说，经过3年，他们早已知道预习复习。有时自己取舍作业，提高效率；也在课间有针对性地做偏科的习题。

他们屏幕里的七中老师总说："预习是掌握主动权，是为了和老师平等地交流。"

成都37中的一位远端老师发觉，学生跟随七中上课后，愈发爱提问题，午饭时教师办公室总挤满了人。有的老师买了饭，却进不了教室，只能在走廊里站着吃。

"高一还偷玩手机，翻墙逃课。到了高三，主动提问，自己找题做。"刘正德说，直播班的师生们在校园里忙碌，其他班也被影响。如今普通班也都静心学习。

直播班真有那么大的作用？我把这个问题抛给禄劝县教育局局长。他想了想，觉得它激发了本有的潜能，"是催化剂"。

6

两边的孩子差距到底有多大，老师一开始也没底。

禄劝的老师说，听直播课时，成都那边的老师有时会突然关掉麦克风，嘴里却飞快念叨。他开始以为是在藏掖知识点，后来才知道，那是在用四川话骂人，骂学生调皮、不扎实、不做作业。

他一下释然了，“原来七中也骂人”。

我和成都七中被直播班的几位学生聊了聊，发现他们不乏同龄学生的普遍烦恼。一位男生说，入学头一个月，答题时想到上万人在看直播，他紧张得手心冒汗。

和大部分男生一样，他喜欢游戏，但上了高中再没痛快玩过。晚上9点半放学，回家做点拓展题，有时也要深夜1点睡下。他们周末要上各类补习班，最喜欢美术、体育这类“休息脑子”的课。

有七中学生在班级交流区里写道：“我希望有三只手，一手抓高考，一手忙竞赛，一手握生活。”

但远端学生对七中的“天才”们，更多还是遥远的崇拜感。七中学生经常会收到远端学生添加QQ好友的申请，微博上甚至有他们的“表白墙”。里面都是溢美之词，他们觉得自己并没那么优秀，因此颇为不安。

在禄劝这边，几乎每位学生都能叫出几位“崇拜”的七中学生的名字。

禄劝一位班主任好几次看到学生给七中的孩子写信，但从未阻止。他觉得自己的学生享受不到优渥的条件，但和他们接触，至少能多分动力。

七中任课老师有时特意将远端优秀的作业拿到本班展示，直播给上万名学生看。一位老师记得，她曾在班上直播了云南山区一位女生的作业。后来听说，那个班所有学生当场激动到哭，接下来一个月全在拼命学。

有七中老师感慨，“远端学生的质朴、感恩，是城市少有的”。有人回忆，他去远端学校做分享，学生们从校门口夹道欢迎，一个个含着泪，挤过来拥抱。

七中老师间流传着几个故事：比如有人去九寨沟旅游，找了个兼职的年轻导游。对方见面一愣，高兴得满脸通红，惊呼“老师”，无论如何不肯收钱，合张影就行。后来问清了，这是每天看自己直播的学生。

去成都交流后，禄劝几位“留学生”也感慨良多，回来后在班会上讲了4个多小时。

最主要的是，七中的学生更有目的性，知道为何而学。人家早就有了感兴趣的专业，甚至对人生有了规划，“早就开始学托福，高考只是一步路”。

一些禄劝的老师得到启发，高一就给学生发志愿填报手册，教他们向前看。

我不确定这些东西会在3年里带来哪些改变。高一的王艺涵还很丧气，她觉得七中的学生太优秀了，自己永远看不到，“就算我变优秀，人家不知道跑哪边了”。

但在高三的两位学生那里，我得到了不同的答案。其中一位坚定地说，要比七中的同学更强。

另一位男生说，自己没想和成都的“天才”们比。自己明白和他们的差距，但每个人都有自己的生活。他确实比以前更努力，也进步了。努力是为了活得开心。

7

曾经有北大的农村学生告诉我，她幼年时听朋友讨论麦当劳、肯德基，被人问牙不整齐，为什么不矫正，全都只能低头沉默；到了北大，同学们说自己在洛杉矶、旧金山，或者世界各地度假，她还是插不上话。

禄劝今年考上清华的那位学生说，他要继续熬夜才能跟上进度。有大城市的同学告诉他，“考清华还蛮简单啊”。

但我也看到了乐观的一面。有位考上西安交大的山区女生在回忆里写道：她在大学出演了话剧，是因为直播班组织过情景剧表演；在新学校成绩不错，也多亏在高中养成了预习的习惯。

王红接声称，一些直播班学生，历经3年全英文教学，口语出众，在大学获益良多。

我想，至少这群孩子经历了3年的心理建设，到大学会适应很多。

更长远的影响可能还在山沟里。王开富和刘正德12年前合计着推行直播班，经费不够，硬着头皮上。彼时王开富有朋友把孩子送去昆明，因为缺乏父母关注，成了游荡的痞子。当爹的痛心疾首，和他说禄劝教育不行。

他很生气，“搞一辈子教育，只求最后别被人骂”。

12年后，这届高一，12名已经被昆明市区学校录取的学生，开学后主动申请转回禄劝。十几年来，小城第一次迎来生源回流。

“如果凋敝的学校总没起色，学生一入学就能看到3年后的结局，那他和他的家庭，都会自暴自弃。”

这是王红接的结论。几年前，四川一位贫困县的干部曾拜访他。那位身高超过1米8的壮汉几乎哭着说，县里教育改善后，生源回来了，跟着学生出去的家长也回来了，整个县城又有了人气，“房价都涨了”。

王开富给我展示了一组世界银行的数据：高中毕业人群的贫困发生率只有2.5%。

据他说，禄劝县的年财政收入为6.1亿元，但县里、市里都注资教育，使得全县教育支出反超财政总收入3.5亿元。用了多年时间，实现了高中阶段教育全部免费，毛入学率90%以上。

“在我们这样的贫困县，投资教育，是防止贫困代际传递最好的办法。”

所以，如何看待教育？它可能是先苦后甜，付出才有回报的等价交换。就像王开富给我讲起他自家的故事。那时他还年轻，兄妹五人是村里最穷苦的。直到他考出来，当了老师，又亲手教妹妹考学，找到工作。

但我也相信，直播班故事的成立，还依仗于某些额外的善意。一如某位七中老师，结束分享，离开远端学校时，一转头，发现全校学生，乌压压一片，全站在各自教室的窗前，和他挥手告别。

直播或录像，他们都听过他的课。

他愣住了，然后开始哭。他从未想象过自己能有那么多学生，“好几百人，可能要上千……”

负责网校的王红接和我说起这事儿。“你知道吗？这个学校，其实只交了一个开通直播班的钱。”他笑着说，他早就知道学校其他班都在“偷录”直播，各自播放。“但没关系。所有人都很开心。”

——摘自：程盟超《这块屏幕可能改变命运》，《中国青年报》，2018年12月13日

三、问题与思考

1. 通讯选材有哪些特点?

答:(1)要注意材料的典型性。从传播效果的研究成果看,人们更容易接受“暗示”出来的道理,记者要通过传播事实来达到影响大众的目的,被传播的事实就必须典型。典型性的直接含义即材料的“代表性”,代表性两层含义:突出和普遍存在。

(2)围绕主题选材。围绕主题,寻找能够表现主题的事实材料。

(3)选材忌重复。事例最好大小搭配,各个事例之间或有差别、或有递进。

2. 通讯选材有哪些类型?

答:无论是表现事件还是人物,通讯所选取的素材主要是以下三种:骨干事例、细节材料和一般叙述性材料。

(1)骨干事例。一篇通讯必须有能够支撑主题的骨干性材料,也就是突出的、较有分量的典型事例。

(2)细节材料。细节材料就是再现型的材料,指骨干事例中细致的细节、细致的现场画面,或富有个性化的对话。

(3)一般叙述性材料。这种材料一般不是事例,也不细致生动,但它可以对人物、事例、风貌的背景和现在的状态作概括性介绍和解释,使人了解一个大致的事实框架。

3. 通讯的感性素材有哪些采集的渠道?

答:好的通讯常常能达到把读者带到现场的效果。一般来说,感性素材来源有以下三个渠道。

(1)记者的现场观察。现场材料很多来自记者的悉心观察和记录,是否及时赶到事发现场,目睹新闻事件或等待新闻事件的发生,取决于记者的现场观察能力,更取决于记者的现场意识。

(2)记者的体验式采访。体验式采访可以促使记者获得、加深理解和感受,增强记忆,记者通过深入社会,接近采访对象,与采访对象共同生活,参与采访对象的工作,在现场访问中体验,在体验中观察记录,所得的不仅是详细的事实、材料，而且有记者因体验而获得的感受，因感受而引起情感的变化，又因情感的变化与事实的融合而达到对客观事物更深刻的认识和对细节材料的敏感捕捉。

（3）记者的访问。记者要得到生动的材料，如果已无现场可访的话，靠访问当事人来获取材料便是必走的途径了。访问不仅要求记者有较强的观察和现场捕捉能力，而且要求记者有较强的交往能力。

四、参考书目

1. 徐百柯．冰点特稿（2012—2013）［M］．北京：中央编译出版社，2014.

2. 杨瑞青，张捷．南方周末特稿手册［M］．广州：广东南方日报出版社，2012.

五、历年考研真题

结合第十八届中国新闻奖一等奖获奖作品、长篇通讯《方永刚：真情传播真理》（江胜信《文汇报》驻京记者），谈谈你对通讯选材类型的看法。（中南财经政法大学，2012）

第十九章　通讯写作的基本环节（三）
——通讯的结构

一、重要概念阐释

通讯的结构，是指围绕通讯主题对素材的组织方式和通讯文本的外部形式。

二、文选·导读

在富士康观澜园区的插针机流水线，人几乎被机器劫持了。富士康工人李祥庆说："就站在机器前，'罚站'8小时（一个班8小时），一直工作。站着的时候，有个东西掉了弯腰去捡，恨不得一直有东西掉，一直不用站起来。要是可以躺一分钟，那就是天大的享受。"

这些富士康工人每天上班，下班，睡觉，上班，下班，睡觉。——而这种钟表一样的生活，反过来压缩着他们社交的私人时间。即使像自杀员工卢新这样多才艺的"明星"人物，在富士康的社交圈，也仅限于同学和校友之中。

涂尔干在他的《自杀论》谈到，个体的社会关系越孤立、越疏离，便越容易自杀。"集体的力量，是最能遏制自杀的障碍之一。"

"我原来用的那台插针机伤过三个人。一个普工，一个全技员和我们线长。有两个都是在运行的时候去调机器，结果把手指扎了。不过也怪，本来是很难开的机器，在扎伤人之后，连续十几天都没出过问题，线长说这机器'有鬼，吃血'。"富士康员工李祥庆说。

难以用统计解释的“八连跳”

心理学家称，富士康“八连跳”的自杀率仍低于全国平均自杀率。但一个年轻生命的非正常消逝，仍难以用冰冷的统计来概括和解释。

卢新从富士康龙华区 VIP 招待所 6 楼跳下，是在 5 月 6 日凌晨 4 点 30 分。这是富士康深圳厂区三个多月内发生的第七起跳楼。在“被追杀”的恐惧里挣扎了三天后，这名外向乐观的富士康 2009 级新干班工人，甚至来不及等待正从湖南赶往深圳的母亲和弟弟。

所有认识他的人都说他乐观、多才艺，2008 年，他曾参加过湖南卫视的“快乐男声”。

“被追杀”的幻觉产生于五一期间。即使是和卢新关系最好的校友兼同事曾红领，也不知道幻觉背后的深层心理动因。5 月 9 日上午，卢新的遗体在龙华殡仪馆火化。他残疾的父亲——为了供卢新上大学，2006 年他的父亲在煤矿打工时腿被砸断——并未到场。

没有人知道是什么原因掀动了这系列自杀的多米诺骨牌。“但这肯定不会是最后一个。”5 月 10 日中午，富士康集团媒体办公室主任刘坤说。

才过一天，刘坤即一语成谶。5 月 11 日 19 点左右，富士康龙华园区的一线工人，24 岁的河南许昌姑娘祝晨明，从租住在工厂附近的 9 楼跳下身亡。在此之前，其父母已陪在了她的身边。据富士康通报称，4 月 30 日该女工已向工厂请了假，其自杀可能与情感纠纷有关。“生活中最不相同，甚至最矛盾的事件同样成为自杀的借口。”自杀学研究的创始人涂尔干在一百年前说：“任何事件，都不是自杀的特定原因。”

尽管他们的自杀有各自的直接原因（具体因牵涉死者隐私，本文不予交代），但所有死者却有一个共同的身份：新生代打工者。他们人群构成，主要是指“80 后”和“90 后”。资料显示，这批人目前在农民工外出打工的 1.5 亿人里面占到 60%，大约 1 个亿。刘坤提供的数据是，目前富士康的基层员工中，“80 后”“90 后”打工者，已经超过了 85%。

死亡掠过的富士康园区，生活仍在精确地继续着。在距离卢新跳楼处不远的大道上，人一样高的车轮轰然碾过。银行、咖啡馆、食堂、商店对大雨中匆匆而过的青年们张着大门。在生产电脑主板的车间里，白色工作帽下一双双眼睛秀丽明澈，他们像往日一样快速在主板上插进电阻、线圈。等到17点30分下班，刷卡机依例给每个人一个纽扣大小的笑脸标记。

在过去的22年里，富士康在台商郭台铭的领导下，以惊人的速度成长为世界工业史上最庞大的工厂，目前在中国各城市共有80余万员工。因其独特的生产模式，2009年年底，仅富士康龙华园区，这块深圳北部不到3平方公里的土地，已聚居30余万人，其人口规模已相当于中国一个中小县城，如城中之城。这个工业社区已很难用单纯的“工厂”来定义，因此，富士康科技集团中国总部行政经理李金明，亦被外媒称为“郭台铭紫禁城里的市长”。

卢新死后第二日，包括清华大学心理学系副主任樊富民教授、北京大学医学部精神研究所前所长吕秋云教授等国内多名心理学专家空降深圳，会诊富士康。李金明告诉南方周末记者，国内顶级心理学专家此行，是集团董事长郭台铭的安排。

在专家的分析里，卢新以及稍早的、同样跳楼身亡的他的湘潭大学校友刘志军和其他四名死者（“八连跳”中田玉和饶淑琴重伤），跳进了一个统计数据里。他们称，由于时间仓促，自杀的原因还无数明确断定，“但可以肯定的是，富士康员工的自杀率，是远远低于全国的自杀率的”。2008年，中国自杀率大约是每10万人中有12名自杀者，而富士康的自杀率是每10万人大约有2名自杀者。

但一个年轻生命的非正常消逝，仍难以用冰冷的统计来概括和解释。

南方周末记者的调查发现，就工作强度、加班时间、薪酬福利而言，富士康远称不上“血汗工厂”。在龙华街道富士康维稳综治办公室门口，每天都有数以千计的打工者排队应征，通过集合、形体查验、填表、照相、考试、身份证查验、体检、分发八个程序后，即可成为富士康员工。高密度的自杀事件，并没有阻止更多青年的涌入。在“六连跳”后的4月13日，便有超过3500人进入。即使排上9小时的队伍等候招工，他们中也仍有不少人谈笑风生，满眼期待。

而那8名自杀者中的多数，想必当年也曾以这样的方式，进入了富士康。

碎片一样活着

在每平方公里聚居了约15万人的狭小空间里，人和人却似碎片一样存在着。即使卢新这样的"明星"人物，在富士康的社交圈，也仅限于几个同学和校友之中。

卢新自杀的那个凌晨4点30分，李祥庆正和同事在富士康龙华园区2公里外的H3成品仓库度过夜班最难熬的一个小时。这个时候，他们通常坐在椅子上，双手不时使劲地"干洗"着脸，盯着前方一动不动。

李祥庆是4月12日进入富士康工作的。这是他第二次来富士康。2008年4月，他第一次进入富士康打工。2009年7月，觉得"在一个地方呆久了没意思"，出来了。大约20天后，湘潭大学机电专业的应届生卢新进入富士康工作。卢新的大学班主任汪洋回忆，毕业前，卢新也去考过公务员，没考上。后来找到了富士康的工作，他还认为这是上天眷顾他的幸运事。

从学历和阅历上看，卢新和李祥庆互为镜像。前者大学本科，后者中专毕业，前者已经自杀，后者常常念叨自杀。但他们互不认识。即使认识，也应该会粗口互称对方为"屌毛"。在厂房以及宿舍里，"屌毛"是除了第一人称外的全部人称代词。"屌毛"和"屌毛"之间很少有友谊。甚至，在马向前死后（死于2010年1月23日凌晨，警方认定死因为猝死），他宿舍的几个舍友，甚至不知道他的名字。

"每个人每天看到的，都是自己的影子。一样的工作服，一样的工作。"刘坤说。他认为，这是打工者不愿在同事中交朋友的原因。

在这样的孤立中，他们每天上班，下班，睡觉，上班，下班，睡觉。——而这种钟表一样的生活，反过来压缩着他们社交的私人时间。"老乡会""同学会"这样的"非正式组织"（李金明语）在富士康几乎是没有的。"一旦工作上、生活上有了压力，便没有任何人可以倾诉和分担。"李金明说。

这是一个奇怪的场景。在每平方公里聚居了约15万人的狭小空间里，人和人却似碎片一样存在着。即使卢新这样的"明星"人物（2009年底的富士康新干班才艺大赛中，他凭演唱《你的样子》获得了第二名），在富士康的社交圈，也仅限于同学和校友之中。

宿舍里一个新的“屌毛”来了，没有任何欢迎仪式。等到某天下班，发现10个人一间的宿舍空了一个铺位，才知道一个“屌毛”走了。“一个个都是熟悉的陌生人。”李金明说。

涂尔干在他的《自杀论》谈到，个体的社会关系越孤立、越疏离，便越容易自杀。“集体的力量，是最能遏制自杀的障碍之一。”

或许恰是在这种孤立里，性或者爱情对于一个个体心灵慰藉的重要性，因此而被放大（有人便因为感情跳楼）。有女生的车间就是好车间，有女生的楼层就是好楼层。

“我真想去跳楼了。”李祥庆用刚发的劳保鞋踹着金属柜子。刚进富士康，女友便和他分手了。手机QQ上的责骂几乎让他哭了出来。外边的机器还在轰隆隆地运转，周遭的一切也都若无其事。那几天里，李祥庆甚至看见街上走在一起的情侣就烦。

4月21日中午，他一反常态强硬地向“胖子”（管理他的线长）请了半天假，去车站送女友回家。他也没想到这一切这么快，女友原本还可以呆上半天。他身上都没有足够的钱可以买点吃的给她，反倒还从她那里拿了一点回程的路费，“太对不起她了，真的很难受，本来让她拿走的钱她也没拿”。

在这样的人口密度里，谈恋爱也是拮据的。“厂区里找不到地方谈恋爱。”富士康工会副主席陈宏方说。而在整个龙华厂区和观澜厂区周围，也并无电影院以及市政公园。据曾红领回忆，卢新在去年8月进富士康以来，也尚未恋爱。尽管他多才多艺，并且也经常和曾红领聊起爱情。

黑网吧可以从另一个途径解决这些青年人的“荷尔蒙”冲动。它们隐藏在“餐馆”或者其他名目的招牌下。有专人负责拉客，拉客的会把他们安排到具体的电脑上，这里有不少“毛片”。在发工资之前，一些工友有时候也在这里轻微地“解决一下问题”。但是他们说“看得难受，不如真的去找女的”。

但不管是性还是爱情，都会撞上“钱”这堵冰冷的墙。

“没钱没车没房”，“没有钱你会爱我吗，这么简单的一句话”。李祥庆唱着不知从哪里学来的歌曲。

他又操着湖北口音说："妈的，老子十年之后攒够钱了开车到她家去！开真的宝马，反正不是仓库的那种。"

李祥庆所说的"仓库的那种"，指的是仓库常见的油压车。它们大多有毛病，状况最好的那台，被他称为"宝马"，其他的，则只能算作"丰田""吉利"和"奥拓"。

"嗜血的插针机"

红色绝对是这里"大凶"的颜色。把红单发给员工，是开除，永不叙用；而把红单贴上货箱，这一整板的货便须打回返工。当然，最重要的是，它意味着受伤或死亡。

钱，是卢新和李祥庆的共同之"痒"。卢新家里因为父亲受伤和自己上学，至今还欠了十余万债务。曾红领记得卢新从第一个月 1800 元的工资中，拿了 1500 寄给家里，自己身上只留了 300 块钱。而钱对于李祥庆，则意味着他每日念叨的爱情。

是的，钱也成了他们申请加班的动力。这是一个悖论：中国的工人们主动向资本家要求加班，甚至要通过讨好线长、组长来实现这一点。

相对于其他岗位，H3 仓库里的工作轻松得有些无聊。现在，"宝马"成了李祥庆练拳的木桩人。他对着油压车的把手演练着无师自通的拳法。

F5 半成品仓库的办公桌上，有一个用矿泉水瓶子剪成的别致花盆。盛了水，养着一株不知名的小植物，一大一小两片叶子。这让堆满庞大长方体深色物体的仓库里有了一点绿色。抽屉里有用了大半瓶的花露水，他们抹在太阳穴上用来提神以及驱蚊。

从南门走到北门，贯穿全厂，是 H3 仓库 4 月份新分来的员工每天的上班路线。沿路一幢幢厂房整齐敦实地竖立着，除了顶上用英文字母和数字组合的序号，几乎再没什么特质。榕树、椰树、棕榈树这些亚热带的树木夹在楼栋间，它们的苍翠蒙着尘灰。

即使最忙、最累的时候，他们也会表现得像一群疲倦的大孩子。每一个闲暇，他们都会开着"宝马""丰田""吉利"或者"奥拓"在空旷处"飙车"：站在车头，像骑机车一样，自己蹬地往前滑。如果被保安发现，会记大过，但是他们乐此不疲。

红色绝对是这里“大凶”的颜色。把红单发给员工，是开除，永不叙用；而把红单贴上货箱，这一整板的货便须打回返工。当然，最重要的是，它意味着受伤和死亡。

“我原来用的那台插针机伤过三个人。一个普工，一个全技员和我们线长。有两个都是在运行的时候去调机器，结果把手指扎了。不过也怪，本来是很难开的机器，在扎伤人之后，连续十几天都没出过问题，线长说这机器‘有鬼，吃血’。”李祥庆说。

类似的魔幻故事在厂区流传。李祥庆原来在富士康观澜厂区是负责在塑胶板上插针的。要是有一个针眼偏了一点点，板上的孔就会比原有的大，如果出货后被QA（品管）发现，整批都要打回重做。要是撞上某些时候手感不佳总是插不准，即使是女工，也会抄起身边的铜棒或钢棍对着机器乱捶一气。奇怪的是，打过以后，不管是机器还是自己，都顺起来了。

4月25日晚，H3成品仓库出了安全事故：堆高机轧了一个工人的脚，幸好穿了劳保鞋，未骨折，据说自己还能走路。

但伤者惹人羡慕。“工伤，多爽，有工资的。要是我至少休息一个月才回来做事。”安徽的王克柱说。

死亡的信息，似乎从来不给这个人群带来任何影响。“富士康又死人。”李祥庆一边拍着大腿，一边看着手机新闻逐字念出来。“富士康好出名的，又出名了，你知道‘六连跳’吗?”

即使卢新，曾红领回忆，当时卢也觉得自杀者离他很远，谈起“六连跳”，卢新觉得“他们很傻”，“自己不会去做这样的傻事”。

卢新是大学新干，是坐办公室的，但普工们面对的是有噪音的工作岗位。尽管能拿到相应的补贴，但是新进的普工，都盼望着能分到一个安全的岗位。可这很大程度上靠运气。运气差了，岗位不满意，便辞职或自离，重新招工进来，再赌一把。

在观澜的插针机流水线，人几乎被机器劫持了。曾在那里工作的李祥庆说：“就站在机器前，‘罚站’8小时（一个班8小时），一直工作。站着的时候，有个东西掉了弯腰去捡，恨不得一直有东西掉，一直不用站起来。要是可以躺一分钟，那就是天大的享受。”“广西佬”李加龙的工牌里照片下方，放了一朵用一毛钱折成的花，他说是“捡到的”。工牌边挂着指甲钳和一个小塑料盒，里面是两个工作时用的耳塞，一个辞工走的人送给他的。他在碎料的岗位上。如果没有这两个橘红色的软塑胶塞子，一个班下来，巨大的噪音，能让人的手脚不听使唤。

而等到刚出厂门，打火机几乎同时作响，男工们不约而同点起烟，到这里，他们在机器前的一天的工作才算正式结束。

不知所措的青春

自杀者卢新在日记中写道：现在我的人生第一步就走错了，很迷惘……

即使亲近如曾红领也不知道是什么让乐观、外向的卢新突然精神异常。

目前所能找到的、卢新最后的日记，发布于2009年10月26日17点35分。这篇载于“校内网”其个人主页上的日志，清晰记录这个喜欢哈士奇、喜欢林志玲的湘潭青年，对于前途的不知所措：

“放弃了最喜欢的公共职业：支持西部建设，为了钱，来到了公司，结果阴差阳错没进研发，来到制造，钱还算多，但在浪费生命和前途……哎，真的很后悔……现在我的人生第一步就走错了，很迷惘……”

在卢新自己创作的歌词里，他回忆起儿时的岁月：“风轻轻地吹过，掠过一丝羞涩，儿时的往事黯然失色。”

当躺在仓库的栈板上时，李祥庆也会讲起他的童年，找食物去野炊，做孩子王，在洞里吃自己烤的花生，偷玉米烤着吃……

在一些社会学家、心理学家的眼里，像卢新、李祥庆这些1985年以后出生的新生代打工者，具备这样的性格特征：更倾向于个人主义，更习惯于城市的消费文化，经济负担较轻。与第一代打工者相比，新生代农民工的工作和生活条件有所改善，但是他们却经历着更加显著的城乡分裂，更大的收入不平等，以及更深刻的社会排斥。

或许这是困于此种际遇的一种无意识表达，中国的新生代打工者在这个夏天前所未有地迷恋上死亡。5月4日，三名20岁上下的少年，相约在台州市的一处街心花园服毒，其中两人死亡。

而在管理者看来——李金明早在1993年便来大陆，他管理过两代打工者——第一代农民工更勤快，更容易满足，而新生代这些孩子，“急功近利了一些”。李金明跟南方周末记者讲述，他们这一代人，是如何从台湾农村，一步步成长为顶级的管理者。

沿着东环二路富士康龙华园区向东走去，每天都有六七个算命的蹲在路边。一个河北口音的算命师父告诉记者，来照顾他们生意的，多是富士康的青年。他们花上10块钱，让他们在自己手心寻找命运的脉络，“每天都有二三十个人”。

从南大门出来，向佳润宿舍方向走去，有一个彩票出售点。这里总是人潮汹涌，尽管没有传出过谁发了横财的消息。5月6日晚，彩票点已经下班，一员工还在一直看着那挂出来的“下班，停止销售”的牌子。

从中心花坛的喷水池往北走去，左手边有一家书店，面积不大但分类清晰，五脏俱全。书店总是有一个女工蹲在MBA数学考试的复习书边一直演算。“我只是看看”，她有些害羞，“考上了学历可以高一点啊”。本子上的一列列数字远看并不清楚。但页眉上蓝字印刷的“知识改变命运”分外鲜明。

沿着出龙华区富士康南大门的路，一直往南，大约一公里，有一个小广场。这里出售着富士康生产的各式高档手机。他们经常过来看，“这都是我们厂造的啊”。但是自己使用的，却总是四五百块钱的山寨版。

从观澜厂区的大门出来，过天桥一直往前走，有一个商场。商场四楼，有一元钱一首的K歌房和五元钱一局的台球。这是年轻的打工者打发夜晚的地方。

从“红太阳歌舞厅”出来，下坡，穿过两栋住宅楼，是一个溜冰场。警察们从打工者队伍中揪出了几个赤膊的人（听说身上有摇头丸）带走。随后，震耳欲聋的音乐再次响起。

而现在，以及以后的日子呢？

河北的高海伟用一个捡到的椰子挖成了保龄球。作为一个河北人，他说他的“根”在北京，哪怕是六环外，哪怕是顺义、通州。他哥就在顺义买了房子，有个家。

王克柱说只有知识水平高才能做更多的工作，他给自己报了一个英语培训班。但很快就放弃了，“没办法，听都听不懂”。

李祥庆的梦想是赚钱、发财，不用愁女人的事情：“我的女人？跟着我走啊，我讨饭的时候在旁边看着，给你个馒头。”

而自杀者卢新，他曾经希望成为一个歌手，后来希望成为一个公务员。但5月2日开始，他变得情绪异常。平日不喜喝酒的他忽然要求曾红领他们一起喝酒。他告诉曾红领，他觉得“工作压力太大了”，“睡不好”。

到5月5日晚10点，他开始显得前所未有的焦躁。他一再念叨着自己“不够孝顺，给父母的钱太少”，“自己活不过当晚”。他开始恐惧整个世界。晚上11点多，富士康公司将卢新安置到其台籍主管所住的招待所里。

5月5日上午，他甚至给母亲电话说没事，不用过来。——稍早一些时候，曾红领他们已经将卢新的精神异常状况告诉了他的亲属。

5月6日凌晨4点30分，正在火车上的母亲和弟弟大约4小时后便会到达深圳照看他。但卢新没有等到这一刻。在床上几个小时的辗转反侧后，卢新从朋友的身边爬起。他说想看看窗外的风景。那时朋友就站在他的身边。几秒钟之后，他就从阳台上跳了下去。

他最好的朋友王军想抓住他，却只抓到了白色、富士康统一发放的、短袖工装的衣袖。

（因受访者请求，王军、王克柱为化名）

——摘自：刘志毅、杨继斌《富士康“八连跳”自杀之谜》，《南方周末》，2010年5月13日（有删改）

三、问题与思考

1. 与消息相比，通讯结构的特点有哪些？

答：（1）通讯的结构比较自由。通讯没有消息那种较固定的“格式化”的结构，作为一种写作题材，通讯是发展和开放的，结构形式多样，灵活多变，没有固定的模式。

（2）通讯的结构较消息的结构复杂。通讯内容涵盖面广，时空跨度大，矛盾重叠，头绪繁多，记者要根据对新闻事实的逻辑顺序和逻辑性质的认知，将复杂的新闻素材有机组织起来并给予符合审美标准的体现，因此通讯的结构样式较多，驾驭起来难度较大。

2. 结构通讯有哪些原则？

答：（1）表现事实为本的原则。新闻通讯是对新闻事实的报道，结构通讯要以表现事实为原则，而不能让新闻事实去服从题材和结构的需要。

（2）表现主题为本的原则。构思通讯结构时，要围绕主题来理顺全部事实材料的内在逻辑关系和层次排列，将通讯的“意义性”结构表现得十分集中和鲜明。

（3）简洁清晰原则。结构通讯时要使主题集中，材料必须精当，以一当十。

（4）均衡对称原则。均衡对称原则是新闻事实内在的逻辑性和整体性在外部结构中的表现。

（5）跌宕起伏原则。根据受众的阅读心理，在通讯结构的安排上注意形式变化，充分利用纵式结构或横式结构所提供的时空框架，组织编织出具有美感特征的通讯结构。

3. 通讯结构有哪些表现形式？

答：（1）纵式结构——按照新闻事实发生、发展的事件顺序组合和编排事实材料的一种结构形式，也叫单线条过程链接法，具体有如下几种形式。

① 按照一个事件的发生、发展过程，按照事件顺序叙述下来。

② 按照生活中的一连串故事的时间顺序、依次叙述。

③ 将多线条事实组织成单线条纵结构：主要是通过“日记”等手法将通讯原来的复杂事实进行梳理，使之简单明了。

（2）横式结构——按照新闻事实的内在性质的区别和联系，以多侧面拼接的形式来安排新闻材料。横式结构适用报道场面宏大，但没有中心事件的新闻事实，具体有如下几种形式。

① 同时异空结构。将同一时间作为一个平台，将发生在不同空间、不同方位上的事实串联起来，以显示题材的丰富和场面的宏大。

② 多侧面拼接结构。写一个人物某方面的品质，或写某人的一次活动，常常围绕主题采用多侧面拼接事实的结构。

（3）递进式结构（层层剥笋式结构）。递进式结构的通讯往往从现象入手，层层挖掘现象的原因，以及原因背后的深层原因。

4. 通讯的开头与结尾有哪些形式？

答：（1）通讯的开头有如下几种方式：①开门见山；②突出中心事实，勾起人们的阅读兴趣；③突然插入记者截取的现场事态，有场景，有直接引语，有人物的动作等；④以寓意的诗歌故事开头，然后迅速转入主题。

（2）通讯的结尾有如下几种方式：①强调主题或者深化主题，有公开发表议论（明示）以及用新闻人物的话来点题（暗示）；②抒发情怀。

四、参考书目

[美] 克雷默，温迪考尔．哈佛非虚构写作课：怎样讲好一个故事[M]．北京：中国文史出版社，2015.

五、历年考研真题

简述结构通讯的原则。（南昌大学，2017）

第二十章　人物通讯

一、重要概念阐释

人物通讯，就是以人为对象、专门写人的通讯。具体来说，人物通讯就是以通讯的形式报道具有新闻价值的人物，反映其行为、事迹和生活，再现其精神境界、人生轨迹和生存状态，从而达到教育启迪，或监督批判、警示社会的目的的通讯。

二、文选·导读

也许，岁月能改变山河，但历史将不断证明，有一种精神永远不会失落。崇高、忠诚和无私，将超越时空，成为人类永恒的追求。

也许，时间会冲淡记忆，但人们绝不会忘记，20 世纪 90 年代，有这样一位共产党员，他的理想，他的信念，他的人格，他的情操，使千万人的心灵为之震撼。

他，就是原中共阿里地委书记孔繁森。他把自己的一腔热血洒在西藏高原。

两次进藏，历时十载。在党的召唤面前，在人生的选择中，他的精神境界一次次得到升华

1993 年 4 月 4 日，孔繁森告别拉萨赴阿里上任。

越野车载着他，向西疾驶而去。车窗外，油画般的高原景色一幕幕掠过：清澈的拉萨河，奔腾的雅鲁藏布江，高耸的雪山，明镜般的湖水……孔繁森热爱西藏的山山水水，但此时却顾不上欣赏这高原美景。伸向远方

的莽莽苍苍的路，多么像人生之路。回顾过去的路，思谋未来的路，他的心早已飞向了阿里。

孔繁森先后两次进藏，这时已在高原工作6年。按说，他现在应该东进返乡。然而，他却接受了一项更艰巨的任务，驱车向西，奔赴自然条件更恶劣的地区，挑起阿里地委书记的重担。

号称“世界屋脊”的西藏高原，高寒缺氧，气候恶劣，而阿里又是西藏最艰苦的地区。那里平均海拔4500米，空气中的含氧量不足海平面的一半，最低气温零下40多摄氏度。民主改革前，野蛮的封建农奴制严重束缚了当地生产力的发展，藏族群众的生产与生活长期处于原始状态。民主改革后特别是党的十一届三中全会以来，阿里发生了巨大变化，但由于历史和自然的原因，当地的经济发展仍比其他地区缓慢，群众生活仍比较贫困。那里更需要像孔繁森这样年富力强的优秀干部。自治区领导同志征求孔繁森的意见时，他坚决而干脆地回答：“我是党的干部，服从组织安排。”

像这样的工作调动，孔繁森经历过多次。每一次，他都把党和人民的需要作为自己的唯一选择。

孔繁森1944年出生在山东聊城一个贫苦的农民家庭。在党的培养教育下，他参军、入党，后来转业到地方工作。1979年，国家要从内地抽调一批干部到西藏工作，当时担任中共聊城地委宣传部副部长的孔繁森欣然赴藏。他并非不知道西藏天高地远，并非不知道那里生活艰苦，并非不知道远离家乡和亲人意味着什么。但他更清楚地知道，这是祖国和人民的需要，这是党的召唤。

从踏上西藏高原那天起，孔繁森就暗下决心：把自己的一切献给祖国这块神圣的土地，献给勤劳、勇敢的藏族人民。孔繁森进藏本来是作为日喀则地委宣传部副部长选调的，报到后，区党委领导见他年轻体壮、意气风发，决定改派他到海拔4700多米的岗巴县担任县委副书记。征询他的意见，回答仍很痛快：“我年纪轻，没问题，大不了多喘几口粗气。”那时，党的十一届三中全会刚刚开过，为了在农牧区推广家庭联产承包责任制，带领群众脱贫致富，他亲自到一个乡试点，又把经验在全县推广。在岗巴3年，他几乎跑遍了全县的乡村牧区，每到一地就访贫问苦，宣传党的政策，和群众一起收割、打场、挖泥塘，与当地群众结下了深厚的情谊。有一次，他骑马下乡，从马背上摔下来，昏迷不醒。当地的藏族群众抬着他走了30里山路，把他送到医院抢救。当他从昏迷中醒来时，看到很多藏族群众守护在身边。1988年，孔繁森奉调回山东离开岗巴时，藏族同胞依依不舍地含泪为他送行。

首次援藏孔繁森就表达了“青山处处埋忠骨，一腔热血洒高原”的坚定决心。

在西藏工作3年，孔繁森深深爱上了这片壮丽、神奇的高原，深深爱上了这里的藏族人民。同时，他也深深感受到当地群众要求改变贫穷面貌的迫切愿望。回到山东后，他曾表示：“我这条命，是藏族老百姓给捡回来的。如果有机会，我愿再次踏上那片令人终生难忘的土地，去工作，去奋斗！”

光阴似箭。1988年，工作几经调动的孔繁森已担任聊城地区行署副专员。这时，又一次严峻的考验摆在他面前。

这一年，山东省在选派进藏干部时，认为孔繁森政治上成熟，又有在西藏工作的经验，便准备让他带队。组织上问他有什么困难，他还是那句话：“我是党的干部，服从组织安排。”其实，孔繁森心里很清楚，家里确有不少困难：自己的身体状况不如从前了；年近九旬的老母，生活已不能自理；三个孩子尚未成年，需要有人照看；妻子动过几次大手术，体弱多病。自己一走，全家的生活重担又要压在妻子一人肩上。他不会忘记第一次进藏时家里的情景，里里外外都是妻子操劳。有一次，她去刨地瓜，五岁的儿子没人照看，掉进地窖里爬不上来……孔繁森觉得对不起妻子，对不起孩子。

一天，孔繁森对妻子王庆芝说：“我带你和孩子们到北京玩几天吧！”妻子感到很奇怪：别说是去北京，就是在聊城，繁森也从来没闲空陪自己和孩子们出过门，这一次是怎么了？带着疑惑的心情，王庆芝和孩子们跟着他到了北京，游览了天安门和长城。途中，孔繁森话里有话地对妻子说：“到了北京，就等于走遍了全国。以后我无论走到哪里就像到北京一样，你和孩子们别牵挂。”听了这番话，王庆芝似乎有了某种预感。从北京回到聊城后，孔繁森一直在想怎样对妻子开口。一天夜里，他终于鼓起勇气说：“庆芝，组织上又安排我进藏了……”话还没说完，王庆芝的眼泪已像断了线的珠子滚落下来。看着妻子难过的样子，孔繁森的心里也一阵阵发酸。他动情地说：

“庆芝，我欠你的太多太多了！等从西藏回来，我一定会加倍地补偿。”

“你就放心去吧”，王庆芝抽泣着说，“一个人出门在外，好好保重身子。”在那些日子里，王庆芝一边为丈夫收拾行装，一边悄悄地抹泪。要走了，孔繁森默默地站在母亲面前，用手轻轻梳理着母亲那稀疏的白发，然后贴在老人的耳朵旁，声音颤抖地说：

“娘，儿又要出远门了，到很远很远的地方去，要翻好几座山，过好多条河。”

“不去不行吗?”年迈的母亲抚摸着他的头舍不得地问。

“不行啊，娘，咱是党的人。”孔繁森的声音哽咽了。

孔繁森最后一次离家赴藏前为老母亲梳理白发。

“那就去吧，公家的事误了不行。多带些衣服、干粮，路上可别喝冷水……”

想到也许这是同年迈多病的老母亲的最后一面，孔繁森再也抑制不住内心的感情，“扑通”跪在母亲面前：“自古忠孝不能两全，娘，您要多保重!”说完，流着眼泪给母亲深深磕了一个头。

无情未必不是真豪杰。为了党的事业，孔繁森把对家乡、对亲人的爱深深地埋在心底，把博大无私的爱献给了祖国和人民。

1988 年，孔繁森第二次进藏后任拉萨市副市长，分管文教、卫生和民政工作。任职期间，他跑遍了全市 8 个县区的所有公办学校和一半以上乡办、村办小学，为发展少数民族教育事业殚精竭虑。1991 年，一次车祸把他摔成了严重的脑震荡，颅骨骨折，高烧昏迷。住院治疗期间，一天，他得知一所学校发生了问题时，便不顾高烧未退、眼睛充血，骑着自行车赶到学校现场处理。在他和全市教育工作者的共同努力下，拉萨的适龄儿童入学率从 45% 提高到 80%。这一次，听说孔繁森要延长在藏时间到阿里工作，有的同志劝他：你是山东的干部，已经先后两次进藏，该吃的苦也吃了。凭你的政绩和能力，回去一定可以干得更好、进步得更快。听了这话，孔繁森的神情顿时严肃起来："怎么能说我是山东的干部呢？我们共产党员无论在哪里工作都是党的干部。越是边远贫穷的地方，越需要我们为之去拼搏、奋斗、付出，否则，就有愧于党，有愧于群众。"

从拉萨到阿里地委、行署所在地狮泉河镇，将近2000公里坎坷不平的路程。孔繁森离开拉萨两天后，进入阿里地区措勤县境。藏北大草原那雄浑、壮美的景色展现在他面前：远方，绵延起伏的雪山在蓝天的映衬下格外壮丽，广袤无垠的草原一直伸展到遥远的天际。近旁，一座座用石块垒成的玛尼堆披挂着祈祷吉祥的五彩经幡，一堆堆高寒地带特有的红柳丛在阳光下像火一样耀眼。天空，时而白云朵朵，时而乌云密布；原野，时而大雪纷飞，时而风沙弥漫……

孔繁森是一个感情丰富、兴趣广泛的人，喜爱读书、写诗和摄影。眼前这一切，使他激动不已。为了祖国西南边陲这神圣的土地，多少先辈曾在这里奋斗拼搏、流血牺牲。如今，党把自己派到这里，这是多么光荣而又艰巨的使命。一种崇高的责任感和神圣的使命感在他心中油然而生。

进入阿里地界，孔繁森的调查研究也开始了。当天夜里，他风尘仆仆地到达措勤县委所在地。第二天上午，他不顾旅途劳累，召集县委、县政府的干部开会，听取汇报，并结合贯彻党的十四大会议精神，商讨如何发挥当地优势，探索适应社会主义市场经济体制的发展途径。随后，他又去看望和慰问驻当地的武警部队官兵。

经过对沿途措勤、改则和革吉三个县的实地调查，孔繁森透过这些地方贫困落后的现状，看到了当地蕴藏的巨大优势，即丰富的畜产品和矿产品资源。他兴奋地对同行的同志说："随着社会主义市场经济体制的建立，我国的经济必将进入一个新的快速发展时期，对原材料的需求将进一步增长。这对有着丰富资源的阿里来说，无疑是一个极好的发展契机。我们一定要抓住这个有利时机，加快阿里经济发展的步伐。"

为了寻找阿里的发展优势，全地区106个乡，他跑了98个，雪域高原上留下了他的深深足迹。风雪中，他把自己的毛衣脱给一位藏族老阿妈……

孔繁森到阿里后，40多封请求调离的报告摆在了他面前。这对人才奇缺的阿里来说，无疑是雪上加霜。

重重心事加上高山反应，使孔繁森彻夜难眠。他索性把住在近旁的地委秘书长叫了过来。没有电，两人就借着手电筒微弱的光亮聊了起来。

孔繁森说："要求调走的那些同志在阿里工作了多年，这本身就是一种奉献。现在，他们申请调离，主要是对阿里的前途缺乏信心。我看，问题的关键是要找到阿里发展的突破口。小平同志说过，发展是硬道理。只要我们用发展这个硬道理来凝聚人心，调动干部们的积极性，为他们提供施展才干的舞台，就一定能把阿里的经济和各项事业搞上去。"

这一夜，他俩谈地区的工作，谈当地的优势，谈阿里的未来，越谈越兴奋。电池用完了再换上一节，炉火不旺了再添上几块焦炭，一直到曙光初露。

4 月 25 日，孔繁森主持召开地委、行署联席会议。他给大家布置的第一项工作就是：解放思想，转变观念，在原有基础上进一步寻找阿里发展的优势，从困难中寻找光明的前途。

会后，孔繁森和地委、行署其他领导成员分头带队到基层调查研究。

到阿里赴任前，孔繁森已把自治区的各有关部门跑了个遍，将阿里地区的自然概况和历年来经济统计数字都抄在笔记本上。为了进一步摸清阿里的情况，他一个县、一个区、一个乡地跑。从措勤到札达，从普兰到日土，实地考察，求计问策，寻找带领群众脱贫致富的路子。在阿里不到两年的时间里，从南方的边境口岸到藏北大草原，从班公湖到喜马拉雅山谷地，全地区 106 个乡，他跑了 98 个，行程 8 万多公里。

阿里地广人稀，面积 30.5 万平方公里，相当于两个山东省，而人口只有 6 万多。有时，开着越野车在空旷的荒野上奔波一天也看不到一户人家、一顶帐篷。饿了，他们就吃口风干的牛羊肉；渴了，就喝口山上流下来的雪水。旅途虽然艰苦，但孔繁森却风趣地对随行的同志说："高原上的水绝对没有污染，是世界上最优质的矿泉水，等开发出来得用美元来买呢！"他那乐观的情绪，常常感染着周围的同志。

有经验的人都知道，在高原生活，一场严重的感冒有时也会夺去一个人的生命。而孔繁森恰恰一到阿里就感冒了，咳嗽不止。为了不耽误工作，他就大剂量地服药。病情重了，就一边输液，一边工作。一个多月下来，体重减轻了 14 公斤。由于过度劳累，他的直肠纤维瘤复发，鲜血浸透内裤，可他一直瞒着别人。等大家都入睡后，他才把内裤换下，悄悄洗干净。

在广泛深入调查研究的基础上，阿里经济发展的思路在孔繁森的脑海中渐渐清晰起来。在地委、行署联席会议上，孔繁森列举了阿里发展的六大优势：畜产品优势、矿产品优势、旅游优势、边贸优势、政策优势、人口少的优势。

“率领群众致富，是我们的天职。每一个党员干部，都应当与人民同甘苦、共命运。这样，我们党才有威信，国家才有希望。阿里虽说偏僻落后，但发展潜力也很大。关键是要带领群众真抓实干。我有信心和全地区人民同舟共济、艰苦创业，共同建设一个文明、富裕的新阿里。”

孔繁森激情满怀的讲话，使在场的干部热血沸腾。

艰难困苦，对于弱者来说是可怕的，而对于坚强的共产党人来说，则往往是一种无声的召唤。沧海横流，方显英雄本色。

1994 年初，正当孔繁森带领全地区人民为实现阿里发展的宏伟蓝图而奋斗时，一场罕见的特大暴风雪席卷了阿里高原。

漫天大雪，吞没了农田、牧场和村庄。凛冽的寒风，把各县受灾的消息传到狮泉河。

“立即行动起来！到灾区去，到群众中去，组织抗灾，恢复生产，重建家园。”在孔繁森的带领下，地委、行署迅速组织了十多个工作组分赴各灾区。厚厚的积雪封死了道路，他们就用铁锹挖，用汽车碾。大家只有一个信念：尽快把党和政府的关怀送到灾区。

在革吉县和改则县，孔繁森目睹了暴风雪给牧民造成的严重危害：大片大片的牧草被冰雪覆盖，成群成群的牲畜因冻饿而死，许多群众陷入缺衣少粮的困境。

孔繁森的心在颤抖！

在拉萨工作期间，孔繁森高度重视科学技术推广。这是他和科研人员在田间研究科学种田。

在拉萨工作期间，孔繁森高度重视科学技术推广。这是他和科研人员在田间研究科学种田。

他挨家挨户地走访灾民，分发救济粮和救济款。风雪中，他高声地鼓励大家："有党和政府在，再大的灾害也压不垮我们。我们一定能帮助大家渡过难关！"

2月26日，孔繁森来到受灾最严重的革吉县亚热区曲仓乡。这里海拔5800米，是阿里最高的一个牧业点。乡党委书记嘎玛钦尧愁眉不展地说："大雪连续下了一个星期，最深的地方没到膝盖。全乡有8人被冻伤，牲畜大部分死亡。"

孔繁森心情沉重地把全乡每户牧民的损失情况一一记在笔记本上，然后用坚定的语气对嘎玛钦尧说："现在的首要任务是保护人。先保人，再保畜，一定要把群众的情绪稳住，团结起来同灾害作斗争，尽量把损失减少到最低限度。"

雪花在凛冽的寒风中狂飞乱舞。一会儿工夫，大家都变成了雪人。人们穿着大衣，还是感到阵阵发冷。脸、手和脚都被冻得失去了知觉。孔繁森看到一位藏族老阿妈把外衣脱给了在风雪中哀号的小羊羔，自己却在零下20多摄氏度的严寒中冻得瑟瑟发抖，他的眼睛湿润了。他用手捂住脸，强忍着不让泪水流出来，猛地转身回到越野车上脱下自己的一套毛衣毛裤，递给那位老阿妈。老阿妈伸出已经冻僵的双手，接过那还带着体温的毛衣，嘴唇颤抖着久久说不出一句话。

顶风冒雪，孔繁森背着他每次下乡都随身携带的小药箱，走村串户，慰问受灾群众，给被冻伤的牧民们看病。他早年在部队医院当过兵，粗通医术。来西藏工作后，为了解决当地缺医少药的困难，他做了大量工作。每次下乡前，他都要买上几百块钱的药，为农牧民看病治病。一次，有位70多岁的藏族老人肺病发作，浓痰堵塞了咽喉，危在旦夕。当时，没有其他医疗器械可用，孔繁森就将听诊器的胶管伸进老人嘴里，又对着胶管将痰一口一口地吸出来，然后又为老人打针服药，直到转危为安。

每次下乡前孔繁森都用自己的钱购置药品装满小药箱，工作结束后，他的身边总是围着一群等候看病的群众。

雪越下越大，风越刮越紧。长时间的高山反应，持续不断的超负荷工作，使孔繁森本来就带病的身体更加虚弱。他感到眼前阵阵发黑，身上不住地冒虚汗，但还是坚持着给冻伤的牧民一一做了检查。尔后，又把解决曲仓乡受灾牧民的搬迁、转场和买牛的资金及口粮、油料等问题一一研究落实，直忙到凌晨2点多钟，才躺下休息。

夜，很深很深了。狂风仍在不停地呼啸。奔波劳累了一天的孔繁森躺在帐篷里，剧烈的头疼使他怎么也睡不着。凌晨3时许，他感到心跳加快，胸闷气短，天旋地转。有高原生活经验和医学常识的孔繁森，预感到死神正向自己逼近……

对孔繁森来说，生与死早已置之度外。在赴藏前，他就请人写过“是七尺男儿生能舍己，作千秋鬼雄死不还乡”的条幅。进西藏后，他又写下了“青山处处埋忠骨，一腔热血洒高原”的豪迈誓言。让他放心不下的，是那远在家乡的老母亲、妻子、儿女。昏昏沉沉中，他默念着亲人的名字……想着，想着，泪水挂满了脸颊。他强支起虚弱的身体，打开手电筒，在笔记本上给同行的小梁写下了这样的交代：

小梁：不知为什么我头痛得怎么也睡不着。人有旦夕祸福。万一我发生了不幸，千万不能让我母亲和家属、孩子知道。请你每月以我的名义给我家写一封平安信。我在哪里发生不幸，就把我埋在哪里……

这一夜，孔繁森终于挺过来了。他，没有倒下。

经过两个月的艰苦奋战，阿里地区的各族干部群众在地委和行署的领导下，终于战胜了雪灾，全地区没有冻死、饿死一个人。但这场雪灾毕竟也给阿里造成了严重的经济损失。雪灾和连续几年的旱灾、风灾，使孔繁森深深感到：光靠救济不能从根本上消除自然灾害的威胁，只有尽快建立起抗灾防灾基地，才能使群众具有抵御自然灾害的能力。他在地委、行署联席会议上提出了这一想法，得到大家一致赞同。

这一年7月，孔繁森在北京参加中央召开的第三次西藏工作会议后，没有立即返回，他要利用这个机会当面向中央有关部门的负责同志陈述想法，争取支持。当时，他母亲正卧病在床，水米不进，家里几次催他回去，可为了阿里地区6万多群众，他只好在心里默默地为母亲祈祷、祝福。

7、8月份的北京，正是酷暑季节，孔繁森顶着似火的烈日，一个部委一个部委地汇报灾情。中午实在热得不行，就到有空调的商店里避一避。饿了，就在附近的小摊上吃碗面条。次数多了，随行的同志难免有些抱怨：在摊上吃，既不卫生，也太简单，而且有失地委书记的身份。孔繁森很动感情地说：“想想灾区那些还在饿肚子的群众，大鱼大肉咱能吃得下吗?!”

在北京的20多天里，孔繁森先后跑了十多个部门，每到一处，他都把记录阿里灾情的录像带放给有关同志看，一边放一边讲灾区群众的困难，说那里条件的艰苦，谈建设防灾抗灾基地对阿里的特殊意义，人们无不为他的一片赤诚所感动。

阿里的灾情引起有关负责同志的重视，破例为阿里解决了一大笔救灾款和项目资金。资金落实后，孔繁森的心情却久久不能平静。他知道，西藏和平解放40多年来，中央对西藏的财政补贴和基本建设投资累计达200多亿元。这次西藏工作会议上，又确定了总投资23.8亿元的62个援藏项目。他感到肩上的担子更重了：中央对西藏这样关心和支持，如果自己做不好工作，怎能对得起党，对得起藏族群众?

返回阿里后，孔繁森向地委和行署干部迅速传达了中央第三次西藏工作会议和自治区党委四届六次全会的精神。他说："中央关心西藏，全国人民支援西藏，我们怎么办?"他和地委、行署一班人提出，要以"新的精神面貌，新的思维方式，新的工作思路，新的行动姿态，抓住机遇，加快发展，努力开创阿里工作新局面"。

在孔繁森等地委、行署一班人的带领下，阿里的经济有了较快发展。1994年，全地区国民生产总值超过1.8亿元，比1993年增长37.5%；国民收入超1.1亿元，比上年增长6.87%。一幅全面振兴阿里经济的宏伟蓝图，正在这雪域高原上成为现实。

——摘自：新华社记者、人民日报记者、西藏日报记者、大众日报记者《领导干部的楷模——孔繁森》，原载《人民日报》1995年4月7日

三、问题与思考

1. 简述我国人物通讯的发展轨迹。

答：(1) 以表彰先进人物为主的通讯半个世纪兴盛不衰。与西方新闻界相比，中国新闻报道中的人物通讯显得非常突出。以表彰先进人物为主要内容的人物通讯以其比重大、兴盛时期长、社会作用显著和发展变化快成为中国新闻传播业中的突出现象。

（2）人物通讯随着时代的步伐发生重大变化。随着改革开放的深入，人们的生活方式、思维方式和价值取向都发生了巨变，随着而来的是国民思想所发生的民主变革。中国新闻事业的功能也逐步从较多承担宣传功能演变为宣传与沟通信息、监测环境并重的功能。

① 报道对象的变化：20 世纪 80 年代中期之前，人物通讯的报道对象基本是两类——英雄人物和先进模范人物，负面人物的报道极少，普通老百姓基本被排除在通讯的选题之外。20 世纪 80 年代以后，从单纯的“高大全”式英雄模范向社会上“普遍存在”的人群转移。20 世纪 90 年代以后，普通人特别是社会弱势群体为报道对象的通讯登堂入室，继而以揭露批判对象为报道对象的人物通讯业占有了一定份额。

② 报道理念的变化：向人的回归。人物通讯的报道理念经历了由“神”向“人”的转变。在揭露反面人物通讯中，也经历了由“鬼”向“人”的转变。

2. 人物通讯的报道对象可分为哪些类型？

答：（1）先进模范人物——典型人物。新闻媒体报道在一定时期或一定地区，其事迹或思想能够代表时代潮流、反映时代精神的新闻人物或人物集体，一般称为“典型人物”。典型人物报道是我国新闻事业的一种传统而重要的宣传报道方式，也是我国新闻事业的一大特色。

（2）新闻人物，如与事件有关的新闻人物，精英人物。

（3）凡人奇事，奇事凡人。社会生活中出现的大量平凡的劳动者，他们的一事、一语、一情、一思，他们的所作所为符合我们报道的主旨，符合主流意识形态弘扬的精神。

（4）“冰点”人物。冰点是借用《中国青年报》一个专栏的名称，一是显示其选题的异类和“逆潮流”，二是选题的独家。平民化通讯是 20 世纪 90 年代中国新闻文体中浮现的一种新的报道类型。

（5）批评或揭露性报道中的反面人物。

3. 人物通讯的采写特点有哪些？

答：（1）选择新闻人物要贴近时代、贴近生活。在新闻人物的选择上通常有两点要求：一是能体现时代精神，二是能对人民群众有启发、激励作用。

（2）凸显新闻人物的内心世界，展现其思想发展的过程。在报道中既要讲故事，又要追踪人物心理活动。

（3）通过讲述和再现人物的行为，表现人物个性。人物通讯中的故事性和情节感都比较强，要求记者采访时注意捕捉以下材料：骨干事例，展现风貌的个性语言，具有代表性的细节。

（4）在社会生活的矛盾中表现人物。抓住矛盾点表现人物，在与读者沟通心灵方面具有普遍的规律。

四、参考书目

1. 张锡杰．感悟人物通讯：采写经验50谈［M］．北京：西苑出版社，2006.

2. 费伟伟．人民日报记者说：典型人物采访与写作［M］．北京：人民日报出版社，2016.

五、历年考研真题

1. 人物通讯（复旦大学，2007）

2. 你对哪一个社会群体（如企业家、农民工、学者等）的故事最感兴趣？如果写一个关于他们的故事，你将去哪里写起（可以说明报道结构，或者写一个简单的导语）？为何你选择这样来讲故事？（中山大学，2011）

第二十一章　事件通讯

一、重要概念阐释

事件通讯，是指详细报道社会上发生的新闻事件的通讯。这种通讯重在记述和再现新闻事件发生、发展的相对完整的过程，显示事件的内在逻辑和社会意义。事件通讯所报道的事件一般具有以下特点：有明确的行为主体；发生的时间、地点比较具体、集中；有开头、有过程、有结尾；常常带有鲜明的矛盾性和冲突性；有具体的原因和结果。

二、文选·导读

“为什么买不到最低价的金矿粉？为什么不是780元，而是800元？作为项目负责人，你有没有货比三家？”

“一月生产十一万五千吨和一月生产一万五千吨，劳务价格为什么一样？”

“你上街买东西，难道要考虑对方赚不赚钱？”

……

这不是法庭答辩，也非吵架，而是陕西钢铁集团实行职工民主监督评价制度一年来，民主监督评价会上的话语。

集团工会主席陈敏锋告诉《工人日报》记者：“每次的质疑、解答都针锋相对，十分激烈、尖锐。”“我们旁听的，手心都出汗了。”集团董事长杨海峰说，“但是双方剑拔弩张的控辩，把制度落到了实处。”

亲历企业里“民主的细节”

前不久的一个上午，《工人日报》记者亲历了陕钢集团龙钢公司第八次职工民主监督评价会，见识了企业里“民主的细节”——

会场主席台中央悬挂大屏幕，主持人与评价处工作人员、陈述人两侧斜列；会场中央是9排27名评委；会场两侧，是公司领导、各部门负责人等组成的旁听席。

8时30分，评价会开始。首先是评价处介绍评价项目——烧结用高镁灰项目。2015年1~9月，龙钢与4家供应商签订55单、34.3万吨的采购合同，实际执行33.5万吨，结算12471.9万元。依据分析，评价处给出了6个评价方向，其中包括，在钢材价格严重下跌、原燃料价格持续下行的情况下，高镁灰价格为何并未随之下降，反而在6月中旬后上调45元。

随后，龙钢炉料部科长、合同的执行人雷永强开始陈述。他详细介绍了采购、招标经过，并一一出示证据。对于涨价原因，他特别解释，原来340元/吨的供应，在5月26日断料，影响到生产，所以重新招标。招标中，还是原来的3家供应商投标，按规定将断料供应商剔除后，剩下两家的报价为每吨402元和每吨405元，经过努力，最终敲定新的供应价格为385元/吨。“不能以无法保障的低价否定有保障的高价，应从长期发展的角度培养战略伙伴。”雷永强说。

“这个采购方案，我有不同看法!”——陈述完毕，进入提问环节，职工代表争相举手，主持人叫号选择发问代表。

“为什么XX公司两次退出，又被叫了回来?”“340元/吨时交通成本高，现在路修好了，为什么价格却提高了?”“咱是用量最大的，为什么在定价上没有体现出话语权?”“为什么高镁灰价格越来越高，而其他物料都在降价?”“市场调研价格350多元，如果符合实际，为什么执行385元?如果后一个是对的，是不是市场调研不符合实际?”

两个多小时的提问环节中，雷永强开始时还侃侃而谈，后来，竟被问得半天说不出话来。他整理思路重新解释后，一位代表仍紧追不舍地说：“你没解释清楚。”之后，列席人员开始点评：“340元基价结算到385元……取消加价政策与原政策两套方案，哪个更好，有没有优化采购方案?”

"10 年前的政策现在还在用，为什么不与时俱进?"

……

最后是无记名投票：在 27 票中，8 票"满意"，19 票"不满意"。

主持人宣布：该评价项目未获通过，按程序将交由纪委，启动调查问责程序。

民主监督评价迈出"三部曲"

龙钢公司的这次评价会，是陕钢集团实行职工民主监督评价机制以来较新的一例。

近年来，在产能过剩和经济下行的双重压力下，全国钢铁行业遭遇寒冬。陕钢也感受到了形势的严峻。面对困难局面，陕钢的新班子决定改革闯关。作为系列深度改革举措之一，职工民主监督评价机制于 2014 年 10 月 30 日启动。

依靠职工办企业怎样打通最后一公里？经济下行压力下工会组织要发挥什么作用？这些问题被提到了台前。

陕钢党委书记李永刚明确要求工会搭建平台，建立以市场调研为基础、职工代表质询评价为核心、纪委监察问责追究为关键的"三位一体"民主评价监督机制。李永刚说："这个平台就是让权力在阳光下运行。"

集团首先成立了以党委书记为组长，董事长、总经理、工会主席、纪委书记为副组长，各子公司负责人及相关中层干部为成员的领导小组；成立市场调研评价处，工会设立专门的办公室，研究制定实施办法；各子公司设立相应机构。

架子搭好后，关键的问题是如何在海量的合同项目中选择评价目标。

"主要采取备案合同检查、计算机自动抽取系统随机选择等方式选择，还有领导交办、职工反映有问题的项目，然后由评价处调研、核实，形成报告；在评价会前 3 ~5 日，向评委通报、交底；接下来，评委对这些项目展开调查、验证；最后，由工会与评价处根据评委意见，确定两个评价项目。"陕钢集团工会主席陈敏锋说。

"群众关心的热点都可能拿来评价。民主监督评价其实是'三部曲'——问题选择、对问题调研、对可能有问题的问题展开评价。"龙钢公司工会主席赵春棠说。

评委来源于职工，他们参评之前都要经过培训。

“龙钢有100多个职工代表，一般抽取27或29个代表作为本次评价的评委；在评价处交底后，工会还要对评委进行相关业务培训。比如期货，职工不一定了解，要给大家讲是怎么回事，怎样才能找到问题、找到评价的切入点。”赵春棠说，职工评委根据其履职情况，实行动态管理。“对评价中提问水平高的，给予奖励；对连续两次、累计3次不提问的，取消评委资格。”

陕钢集团职工民主监督评价制度的建立，从最初的考察学习，到首次试点，准备了3个多月。

2014年12月19日，首次民主评价会在子公司汉钢公司举行。集团董事长杨海峰到会讲话，说：“民主评价，我表个态，坚决支持、率先垂范，评价不过关，涉及本人的，请2.6万名干部群众监督!”

61个项目半数遭否决

最初，评价处工作人员去基层指导工作，车子无端被划，纪委书记也遭到围攻。一查，原来是一个采购员不满自己的灰色利益被阻断，纠集了一伙人阻挠。陕钢果断将其开除，评价会一路向前。

截至2015年11月底，陕钢各单位召开评价会25次，评价项目61个，其中31个未通过；

对未通过项目，已调查处理22个，正在调查9个；

给予65人以调离、降职、纪律处分、批评教育等处理，经济处罚31人、34200元……

“职工民主监督评价，给所有领导干部、业务人员悬了一把监督之剑，使他们从内心警惕、慎重起来，按规矩使用权力，防止出现灰色地带。”陕钢党委书记李永刚说。

“软工作产生了硬效益。实践证明，这是倒逼我们规范各项管理的有力武器。”杨海峰表示，新的一年将从自己开始，把350名各级领导干部的履职述职也纳入民主评价机制中。

——摘自：毛浓曦《“这个采购方案，我有不同看法!”》，《工人日报》，2015年12月24日，要闻1版

三、问题与思考

1. 简述事件通讯报道对象的基本类型。

答：(1) 突发性事件。突发性事件是指事先无法预知、突然发生的事件，是事件通讯报道的重要选题。采访写作大多在事件发生之后，往往缺乏现场感受；突发性事件大多牵涉责任、名声和利益的损失，记者的采访常受到封锁；突发性事件的报道要求较强的时效性，要警惕“失实”的陷阱；在突发性灾难的报道中，若渲染恐怖镜头，展示犯罪细节，易造成负面的社会效果。

(2) 在社会上产生较大影响的预知事件。这类事件现场材料丰富，可感可信，通讯写作要积极投入，富有激情。因题材重大，这类报道的社会影响也较大，记者写的报道可以起到历史文献的作用。

(3) 反映社会精神风貌的小故事。抓住一些有新闻价值的凡人小事加以报道，不仅仅是就事议事，更需要从中提炼出在社会意义上有针对性的主题来引导舆论。

2. 采写突发性事件通讯需注意哪些问题？

答：突发性事件是指事先无法预知、突然发生的事件，如政治冲突、重大责任事故和各种突然降临的自然灾害等，突发性事件是事件通讯报道的重要选题，因其不可预知和灾难色彩，报道难度比较大，记者在采写时应注意以下几个问题。

(1) 记者必须尽最大可能再现事件过程。记者的采写活动大多在事发之后，不易看到事件的发生过程，即使赶到“现场”，有时也只能依据“现场”的遗留物报道，或靠事后寻访当事人和目击者，从他们的回忆中了解情况，勾勒事件的过程，再现给读者。因此记者必须尽最大可能再现事件过程。

(2) 记者必须秉持专业精神进行深入的调查报道。突发性事件多是灾难性的，常伴有生命和财产的惨重损失，报道是挖掘真相，追踪原因、采访调查必然牵涉某些人的责任、名声和利益。因此，记者的采访常常受到封锁，如当事人三缄其口，现场被破坏，或多方面力量为采访者设置重重障碍等，这种情况是对记者的正义感、责任心、洞察力和调查基本功的严峻考验。

（3）对突发性事件的报道，往往要求有较强的时效性。在事件的复杂程度和采写时效的压力下，要十分警惕“失实”的陷阱。

在市场经济的压力下，有些记者片面追求“卖点”，在突发性灾难的报道中，渲染恐怖镜头，展示犯罪细节，从而造成负面的社会效果，这也是在采访写作中应该注意的。

3. 结合新闻实践，谈谈如何写好一篇事件通讯。

答：事件通讯是指报道典型的、有普遍教育作用的新闻事件，它既可以反映现实生活中发生的重大的、振奋人心的典型事件，也可以从某一新闻事件截取一个或若干个片段，进行细致的描述，揭示事件的深刻含义，还可以是若干事件的综述。

在写作事件通讯时一般应做到以下几点。

（1）要迅速赶赴事件现场，收集目击材料。无论是采写突发性事件还是可预知的事件，现场材料的获取都是不可缺少的，丰富翔实的现场材料可以带给读者真情实感，它的可信度、吸引力和感染力是其他材料无法代替的。因此，它要求记者有很强的现场意识，及时赶赴事件发生地，收集现场目击材料。

（2）清晰展示事件的来龙去脉、主要情节和转折点。每个事件的发展过程，总有环环相扣的情节链条和因果链条，一般而言，情节链条是显性事实，比较容易梳理清楚，但因果链条有时是隐性的，需要靠记者的深入采访和分析能力进行调查了解。“用事实说话”是新闻报道最有力的武器，在叙述事件的过程中，要特别关注那些事件发展过程中的关节点、转折点，进行详细的采访和叙述，从事件中提炼出最有新闻价值的主题，以展示事实构成的逻辑力量。以突发性事件为例：灾难突发的事实、损害延续的事实、救灾情况、灾后原因调查、处理责任者的事实、灾后重建家园的事实，都具有新闻价值，都可以提炼出不同的主题。但同时应当尊重读者的“知情权”，首选那些老百姓最关心的，有普遍意义的角度去认识新闻事实、确立报道的主题。

（3）展示事件的关键场面，捕捉事件的戏剧性情节。事件性事实本身的张力是事件性通讯的独特优势。要发挥这个优势，就要求记者要学会捕捉关键场面，展示事件发生发展过程中的关键点，充分展示事件本身中的戏剧性情节。

（4）选择恰当的结构方式。事件通讯的结构有“单线条过程”结构和“多线条过程”结构。单线条结构即按照事件的主要发展线索，原原本本把其发生、发展、结束的过程记录下来，使读者清晰地了解真相。

多线条结构把一个事件的发展过程分解成两个以上的线索，这两个以上的线索同时进展，时间平行、空间交叉，适用于报道一些线索复杂、时空重叠的复杂事件。

（5）要写好事件中的人物。人是新闻事件中的主角，是事件的行为者、事件的受益者或受害者，尤其通过事件表现出具有社会意义的主题，几乎都通过事件中的人的活动、人的思想感情、人的命运、人的故事来表现的。因此，事件通讯中，人仍然是最活跃、最有表现力的因素，对人物言行的呈现，可以使通讯更具内涵。

四、参考书目

1. ［美］马克·克雷默，温迪·考尔．哈佛非虚构写作课：怎样写好一个故事［M］．北京：中国文史出版社，2015.

2. 中国新闻奖评选办公室．中国新闻奖作品选（2017 年度第 28 届）［M］．北京：新华出版社，2018.

五、历年考研真题

1. 事件通讯报道对象的基本类型有哪些？（湖北大学，2007）

2. 论述事件通讯的写作要求。（复旦大学，2009）

第二十二章　工作通讯

一、重要概念阐释

工作通讯，是指以记“工作”为主，是反映不同领域、各行各业工作中的新情况、新办法、新经验、新矛盾、新问题或者新趋势的通讯。

二、文选·导读

过去，看病难、看病远，一直是新疆吐鲁番市鄯善县鲁克沁镇村民们的一块“心病”。

“小病硬撑，大病进城。”65 岁的村民尼亚孜·阿热甫说，从前村民们去县城看病，不仅花费多，还要来回奔波 90 公里，常常耽误了最佳治疗时间。

如今，得益于鲁克沁镇中心卫生院的壮大，长期困扰当地村民的难题正在逐步解决：卫生院盖起了新楼，引进了新的医疗设备；湖南衡阳援疆医疗专家帮助解决治疗难题；当地医护人员水平提升，提供更专业的医疗服务……

硬件提升

以前诊断易漏诊　而今设备来助力

这一年，阿依夏木汗·苏来曼几乎每晚都头痛难眠。每每女儿说带她去县上看病，她都一口回绝：“小毛病，别折腾。”

“走，跟我去卫生院做检查。”女儿前几天又来家里了。阿依夏木汗心想，镇上的卫生院不就那几台设备吗，能查出来啥?

拗不过女儿，阿依夏木汗半信半疑地进了卫生院。挂号后，医生安排做了 CT 检查，隔天她们就拿到了结果。阿依夏木汗被诊断为“双侧额顶叶部硬膜下积液”，医生建议转院进一步治疗。

“如果不是这次 CT 检查，她不知道又要拖多久了。”送走了阿依夏木汗，院长艾力·热西提心情很复杂。以前，村民们身体出现问题就拖着，结果往往把小病拖成了大病。

为什么拖着? 县城远，而镇卫生院硬件太差。

2017 年到任后，艾力领着同事们筹措资金，修缮购置了心脏彩超、胃镜等 30 余多台（件）医疗设备。“那台 CT 机就是我们一个月前才引进的。”艾力说：“以往碰到患者自诉头痛，卫生院的医生们都是根据经验诊断，结果不一定准确。如今，这些设备的使用有助于避免漏诊、误诊的发生。”

“买医疗设备的时候还赊了账。”艾力说，“好在当地政府提供了补助，极大缓解了卫生院的压力。”

艾力将记者带到了一座崭新的大楼前说：“这几年，除了医疗设备，在湖南衡阳援疆工作队的帮助下，我们还盖起了地下一层、地上五层的综合医疗中心。”

“从前卫生院就是一排土坯房。”艾力是土生土长的鲁克沁镇人，见证了这所卫生院的巨大变化。鲁克沁镇中心卫生院成立于 1956 年，1994 年盖起了两层楼，一层当门诊部，二层当住院部。此后 20 多年，卫生院的面积不断扩大，但远不能满足当地患者的需求。“鲁克沁镇中心卫生院位于火焰山山南，地处山南二乡二镇的交通中心，原本应担负起山南 10 万群众的医疗保健工作，但硬件设施始终跟不上。”艾力说。

为此，湖南省投入援疆资金 2300 万元，在鲁克沁镇中心卫生院内建设了山南医疗中心。湖南衡阳对口援疆工作队队长、鄯善县委副书记尹立鑫介绍，该项目建设总建筑面积为 8000 平方米，设有 200 个床位，是集卫生医疗与保健为一体的医疗中心。目前已竣工。

技术飞跃
专家就在乡里头　急病难病不再愁

住院部大楼里，弥漫着消毒水的味道，援疆专家陈永华带领医生们穿梭在病房之间，查看病人的情况。

69 岁的阿瓦汗·哈力克正躺在床上，一旁的心电监护仪滴滴作响，随时监测着她的身体情况。

拿着病历本的陈永华刚走进病房，还没来得及向护士询问，阿瓦汗自己先说了：“我现在感觉好多了。”

5 月 3 日晚，阿瓦汗突发急性心脏病，家人立即将她送到了卫生院。“我还以为自己要没命了。”回忆起那晚的情形，阿瓦汗仍心有余悸。好在救治专业及时，陈永华和同事们将她从生死线上拉了回来。

“我们以前得了急病，不敢来卫生院。”阿瓦汗说，从前卫生院不仅设备简陋，医生也短缺，村民们不太相信卫生院的急救能力。

“而现在，专家就在咱乡里头。”阿瓦汗所说的，正是陈永华在内的湖南援疆专家。

为解决鄯善县乡镇卫生院医疗专家短缺的难题，2018 年 3 月，衡阳市卫健委精心挑选出 32 名业务骨干，奔赴鄯善县 11 家乡镇卫生院，开展为期半年的对口支援，其中 4 名专家被分配到鲁克沁镇中心卫生院。2019 年 3 月，又有 9 名医生来到了鲁克沁镇中心卫生院。

“援疆专家的到来，让卫生院的医疗技术有了质的飞跃。”院长艾力说。

“有了专家，以后看病就在这里了。”63 岁的祖克热汗·吾拉音说，以前看病首先就是要去县城的医院看，住院报销的比例为 70%，现在这些病都能在乡镇卫生院治疗，报销比例高达 90%，节省了一大笔费用，减轻了负担。

讲求传承
传帮带留下技术　年轻人快速成长

“您好，你们这里可以注射化疗药物吗？”

4 月 11 日晚，总护士长阿依努尔·阿不力提甫接到了一个求助电话。

求助者是前列腺癌患者，阿依努尔此前并没有见过他所说的药物，也没有注射化疗药物的经验。于是，放下电话，她立即上楼向师傅——援疆专家郭年春求教。

“万事总有先例。咱们要竭尽所能方便病人，明天让病人带药物、带病历来医院吧。”了解情况后，郭年春决定带着阿依努尔一起开展这个操作。

查资料、熟悉操作流程、叮嘱注意事项……二人一起忙到了深夜。第二天下午，患者按时来到了卫生院。尽管在心里默念了很多遍操作流程，见到病人，阿依努尔还是有些紧张。

“我来操作，你做辅助。”郭年春边说着，边开始了操作。检查药物—消毒—查对—去针套—进针—推药，当防护套管自动滑出，发出“咔哒”声时，郭年春快速将针拔出，操作完成。

“如果我们不能注射的话，患者每个月都得去县城。”这次珍贵的学习经历让阿依努尔收获良多。此后的几次注射，师傅都会放心地将药物交给她，让她来注射。

“我们会的多一些，病人就少跑一些。”一旁的内科医生海丽其汗·阿不都热依木说，在援疆专家的指导下，现在她能做很多以前做不了的手术，敢接以前不敢接的病人。

卫生院医护人员水平的提升，群众都看在眼里。住院部主任燕锦章说，2018年全院住院病人超过4000名，是前年的两倍，“现在群众生病了，都先想到来我们这里看病”。

然而，新的问题也随之而来——医护人员短缺。为此，卫生院提出“待遇留人”，提高现有医护人员的工资待遇，并完善相关培训机制。截至目前，卫生院共增加了近40名医护人员，其中绝大多数为年轻人。

“以后援疆专家们走了怎么办?”病房内，正准备出院的老人艾尼娅孜汗·玛合木提问院长。

院长艾力的回答里透着自信：“放心，专家们走了，技术会留下。现在，我们有更多的年轻人正在跟着专家学技术。”

——摘自：杨明方、阿尔达克《探访新疆鄯善鲁克沁镇中心卫生院：小病不硬撑　大病不进城》，《人民日报》，2019年6月11日，第13版

三、问题与思考

1. 简述工作通讯的主要特点及其社会职能。

答：(1) 工作通讯的含义：工作通讯因题材的特点而得名，与记人的人物通讯、记事的事件通讯、记地的风貌通讯不同，它以记“工作”为主，它是反映不同领域、各行各业工作中的新情况、新办法、新经验、新矛盾、新问题或者新趋势的通讯。

(2) 工作通讯的特点：由于工作通讯所反映的内容不具有偶然性和突发性，从时间上看它可以反映一个较长的工作过程，较之消息在时效性上有一定的缓冲余地，所以写作时间上比较从容，内容上有利于深度开拓。

(3) 工作通讯的职能：主要是报道工作中的先进经验、树立某一方面工作的典型，对当前工作中的新情况、新问题进行提示和探讨；以事实报道、推广先进经验、调研、探讨和评述等方式，宣传党的路线和方针政策，从而指导各方面的工作。具体主要体现在以下几个方面。

① 展示各项工作中的成功经验，发现和提炼启迪人的新思想、新观念。采写工作通讯要力争通过反映一个单位、一个地区或一个行业、一个领域工作中所取得的成功经验，对其他行业起到展示经验、启发思路、引导、示范的作用。它的报道选题偏重于成熟的经验，以及由此带来的新思路、新观念。这类工作通讯在我国各级机关报中所占的比例很高，成为党和政府指导工作、引导舆论的有力武器。

② 反映工作中的问题和教训，揭示这些问题和教训中带有普遍意义的内涵，以引起社会注意，推进各项工作的顺利进行。这种类型的工作通讯比较多地体现在调查性报道上，这是近年来越来越受到青睐的一种报道形式。它的报道内容更侧重于揭露问题，展开批评。

③ 剖析工作中的难点问题，探讨对策与解决的方法。这种类型的工作通讯比较多地体现在分析性报道上，即它不仅要通过调查，展现出工作过程中的各种问题和矛盾，还要对此进行分析与解剖，找出问题的原因，探寻可能的解决方案。一般而言，它的选题要扣住工作中的“老大难”问题和大众舆论关注的“热点”问题。

(4) 工作通讯的地位：在我国的新闻报道活动中，工作通讯一直占有重要地位，在不同的历史时期，工作通讯都发挥过重要的指导作用。按照传统观念，采写工作通讯要紧紧围绕党和政府的中心工作进行报道。在进入改革开放以后，特别是在建立社会主义市场经济的过程中，各行各业的工作方式与内容都在变化，媒体也从机关报的“一统天下”走向多样化，因此工作通讯的内涵与外延也随之有新的拓展。这种类型的通讯在围绕党和政府中心工作进行报道的同时，还发挥着沟通各行各业、交流彼此工作方面的信息以及向受众直接传达各行各业政策层面、工作层面信息的桥梁作用。

2. 结合工作通讯的特点，谈谈如何将工作通讯写得生动活泼且具有可读性?

答：写好工作通讯，应该从以下几个方面着手。

(1) 从全局高度选取典型事实。写好工作通讯，首要的一点是记者必须胸有全局，要明确党和政府的中心工作，明确所采写的具体行业当前工作的重心以及亟待解决的问题，能够敏锐而准确地抓住有典型性、有指导性的事实，揭示矛盾、分析与解决矛盾。

全局是“面”，典型事实是“点”，工作通讯的写作，是要通过对“点”的报道，来回答“面”提出的问题，这两者结合得越好，工作通讯的写作就越成功。对全局的把握，是在工作通讯写作中时刻要注意的；而对典型事实的选择，则一定要深入到实际工作中去精心地筛选。

(2) 进入工作现场，运用活的事实反映工作中的经验、教训或问题。写工作通讯不是写工作总结，如果只是概括性地交代一下过程再罗列经验，读者必然失去阅读的兴趣。工作通讯是新闻报道的一种体裁，它要遵循新闻报道的规律，运用新闻写作的基本手法，即用事实说话。

工作通讯的起点，一般也要从具体事实开始，或以具体事实贯穿始终。而这些具体事实如果不进入工作现场很难发现，也很难在写作中如实地生动再现，即采访所得来的新经验、新观念、新问题，必须通过具体的、活生生的事实传播给读者，要让读者以这些事实作为认识的起点，然后一步步顺着记者为其铺设的路径梳理事实，内含着某种逻辑关系的事实，最终自己得出结论，并以新经验、新观念带来的启发，达到工作通讯的传播目的。工作通讯的写作，同样需要强调到现场去，到实际工作的第一线去。

（3）从群众角度、生活角度写作。工作通讯自身的功能，决定它先天的具有自上而下的指导性。这种指导性是实际工作所需要的，但是这种指导性在传播中属于刚性协调，不易对广大读者产生较好的效果。如何把它转变为一种柔性协调，这里有一个转变角度的问题。

在工作通讯的写作中，特别是报道有关政策或者工作的重点时，要力求找到它们与老百姓利益的结合点。一般而言，只要找准这个结合点，可做到"贴近群众、贴近生活"。因此从群众角度、从生活角度来报道有关的工作，一直是改进工作通讯写作的一个诀窍。

（4）虚实结合。既要注意使用通俗、具体、形象的语言，又可有一定的评论色彩。虚实结合，是工作通讯写作在语言运用上的要求。"实"是指语言要通俗、具体、生动、形象，因为工作通讯的语言最容易公文化，而且它报道的又经常是非事件性新闻，容易空泛、笼统，它所涉及各行各业的具体工作也容易落入专业化。因此在工作通讯的写作中更要讲究语言的运用，最主要的是要学会把抽象的概念具体化。

四、参考书目

人民日报社新闻协调部．人民日报70年通讯选［M］．北京：人民日报出版社，2018.

五、历年考研真题

1. 工作通讯（暨南大学，2007）

2. 简答：怎样把工作通讯写的生动活泼具有可读性？（湖北大学，2005）

3. 论述：工作通讯的主要特点及其社会职能。（山东大学，2007）

4. 实务题：依据下列新闻事实材料，按照要求回答下列各题。（中国人民大学，2004，有删改）

（1）写一篇工作通讯。

（2）为该工作通讯配写一篇文前按语（字数：400字以内）。

材料：

“来自四川省仪陇县贫困山区的小唐是高校2002届毕业生，家中贫困，父亲又有残疾，在国家助学贷款的支持下完成了学业。按照与银行签订的《助学贷款借款合同》，从2002年10月20日到2006年6月20日的4年内小唐每月需定时偿还287元。如今，小唐已经毕业1年了，却一分钱都没有还。原来他毕业后，一直没有找到理想的工作，后与四川乐山的一家公司签订了就业协议书，但不久对方毁约，他又不得不重新开始艰难的求职历程。

欠贷还钱，天经地义，这个道理我懂，我绝不是那种不讲信用的人。可现在我拿什么来还贷？”

靠助学贷款完成学业的某大学毕业生小刘最近有点烦。因为他尚未还清助学贷款，毕业证被学校扣了。由于少了毕业证，用人单位差点儿和他解约。后经协商，小刘进单位工作，却只能享受试用期待遇。像小刘这样因为在毕业前还不清助学贷款而被扣发毕业证的绝非个别。

近几年，国家助学贷款还贷情况不佳，一直困扰着各大银行。对此，人们常常归咎于大学生的诚信缺失，但越来越多的人开始意识到，大学生就业难正成为学生还贷路上的“拦路虎”。据统计，在未能如约偿还国家助学贷款的诸种原因中，“就业困难或就业处境不佳”高居榜首。

大学生就业难而导致还贷状况不佳，引起了相关部门的重视。记者从江苏省高校招生就业指导服务中心了解到，从11月20日起，新一轮应届大学毕业生招聘会又将开展，为帮助特困生就业，就业指导部门已制定一整套毕业生就业服务计划，他们将为家庭困难的学生免费提供职业技能和就业技巧培训，优先推荐就业机会。

就业指导部门的工作人员表示，近年来大学生的就业问题日益突出，要找到岗位、待遇都合适的工作也的确不容易。很多学生对第一份工作期望过高，部分家庭困难的学生急于赚钱改善家庭状况，心理预期与现实状况的反差就更大了。他们认为，刚进入社会的大学生资历、经验都不足，就业不甚理想是在所难免的，但只要摆正心态、找好定位，毕业生完全可以顺利就业。

据了解，根据还贷期限，学生毕业后的第一个月就要开始还贷，一年要还数千元，对刚走出校门而就业情况不好的大学生来说，压力实在不小。

据一位银行信贷科的工作人员介绍，该行已有还款意向的大学生多是刚出校门便谋得职业的幸运儿。小吕几天前刚刚签订了还款计划，几千元贷款对刚出校门便与一家报社签约的他来说，并不是什么问题。记者找到他时，小吕说："我们班有4个人借贷，可就我一人找到了工作。说实话，只要有能力还，谁愿意刚进社会就背上信用包袱?"

中国农业银行江苏分行有关负责人对记者说："欠贷不还固然和有的学生缺乏诚信有关，但就业难也是造成还贷难的重要因素。"

中国人民银行江苏分行有关负责有人在采访中对记者说："出了校门未必能立即就业，特困生找工作比别人又多了一份艰辛。即使是找到了工作，每月千把块钱，吃饭、租房都勉强，还谈得上还贷?"记者走访了多家银行发现，银行一般也都知道部分学生还贷的困难。

发放助学贷款的成本高、利润低，特别是在贷后管理、催收等方面，银行要付出较大成本，还贷情况不佳，就加大了银行的风险预期值。几家银行都表示，今后对助学贷款放贷审核将更加谨慎。中国农业银行江苏分行的有关负责人坦言，今后放贷将主要倾向于就业率高、知名度高的院校，还要考虑学生专业的就业前景。

第二十三章 风貌通讯

一、重要概念阐释

风貌通讯，又称“旅行通讯”“概貌通讯”，它是以采访者旅行见闻的视角来反映社会变化和风土人情的通讯，因此，也有人将其简称为“记地”的通讯。

二、文选·导读

走哩走哩哟，远远地远下了，

心里像刀子搅乱了。

哎嗨哟的哟，

眼泪的花儿把心淹哈了……

这是六盘山下一个风沙弥漫的黄昏。70 多年前，一个孤独的青年在西北高原上踯躅前行。突然，身后传来了略带嘶哑的“花儿”，是那么的忧伤，这是车马店女掌柜五朵梅在为他送行。

这个青年，就是后来蜚声遐迩的“西部歌王”——王洛宾。

这就是西北的曲调、西北的人，有眼泪，还有饥饿和贫穷。

六盘山所处的宁夏西海固，与甘肃定西、河西，合称“三西”这里是灿烂的马家窑文化发源地，又曾是中国最穷的地方之一。

翻开一纸发黄的奏折，我们仿佛听到了 130 多年前清朝陕甘总督左宗棠那一声叹息：“陇中苦瘠甲于天下。”

直到 30 年前，联合国专家来此考察，丢下的还是一句绝望的评价：

“这里不具备人类生存的基本条件。”

1982年，就在这片贫瘠的土地上，国家启动三西扶贫开发计划，首开中国乃至人类历史上有计划、有组织、大规模“开发式扶贫”的先河。自那时起，三西人民以“领导苦抓，社会苦帮，群众苦干，以苦为乐，变苦为甜”的“五苦精神”，展开了一场历时30年的反贫困斗争。

2012年立夏时节，我们再次踏上三西黄土高原。在欢快的“花儿”歌声中，勃发的生机扑面而来。30年反贫困斗争可歌可泣的人和事，以浓烈的色调，绘就了一幅壮丽的历史画卷，在我们眼前徐徐展开……

山水记

家乡的山来家乡的水，
家乡的花儿它最美；
家乡的酒啊喝不醉，
尕马儿我不想拉回。

夕阳西下，彩霞满天，一个粗壮的汉子立于坡上，脖子一挺，一声长吼，一曲“花儿”拔地而起。

这汉子，就是定西市临洮县阳疝村党支部书记、当地著名“花儿”歌手瓦广吉。

“花儿”是三西人最喜爱的民歌。唱“花儿”，当地人叫“漫花儿”。一个“漫”字，道出了　“花儿”满山遍野八方呼应的气势……

日子再难，“花儿”不断。30年来，三西人不知在“花儿”声中克服了多少艰难。

瓦广吉说，30年前，这儿都是荒山秃岭，别说树了，连庄稼都是“马毛庄稼”，只能长马毛那么高。

说话间他把两个手指一张，食指与拇指拉开些距离——这就是马毛的长度。

阳疝村的一侧，就是马家窑文化遗址，远古的先民们曾在此地诗意般地栖居。古陶片散落其间，耕田的人们，一弯腰就能拾到5000年的历史。

红底黑纹的古陶上，涡旋纹和蛙人图腾向人们表明，远古时代，这里水草丰茂，鱼蛙如织。秦汉时期，这里曾是“大山乔木，连跨数郡，万里鳞集，茂林荫翳”。直到唐朝，还是“闾阎相望，桑麻翳野，天下称富庶者无如陇右”。

然而近几百年中，气候变化、战乱频繁、过度开垦，使三西黄土高原却沦为秃山枯水。

年降水量两三百毫米，蒸发量却在十倍以上。中国人对上天有各种各样的祈求，三西人的祈求只有一个：老天爷，快下雨吧！

最旱的年头，草长得太短，驴只好把嘴扎到地皮上去啃，结果下嘴唇都被坚硬的地面磨掉了，嘴肿得像水桶粗。渴极了的牛嗅到了水的气味，挣脱了缰绳，追着政府的送水车一路狂奔。水盖刚打开，几只麻雀自天而降，一头扎进水桶，溺水而亡。

“剥开一粒黄土，半粒在喊渴，半粒在喊饿。”诗人写尽了三西的悲情。

1982 年，三西扶贫开发启动。

能打开贫困枷锁的，只有唯一的钥匙——发展。

阳山村的“山”，意为斜坡。坡田一下雨就跑水、跑土、跑肥，人称“三跑田”。

留不住水土的土地，也留不住收成。当年，瓦广吉当上支书第一件事，就是带乡亲上山修梯田，发誓要把“山”字头上那一“丿”推平。

就凭着一只铁锨、一把镢头、一辆架子车，他们开始改变命运。

历经几十年苦斗，终于推平了“山”字头上那一“丿”。平整的梯田保住了水土。阳山村的贫困之锁，被打开了。

在“穷山恶水”之间挣扎的三西人，纷纷拿起锄头，像瓦广吉一样开始治山理水。

我们见到了两位“当代愚公”，同样 71 岁，同样以种树出名，命运却迥然不同。

特大号的手，特大号的脚，石建全不仅有干出来的身板，还有精明的头脑。

花甲之年，石建全不去操持一年稳赚十万元的砖厂，偏去承包临洮县一万多亩秃山。

没人理解他，包括老伴和儿子：“几百年没长过一棵树，你有多少钱能把荒山沟填满?”

老汉一声不吭，扛着行李进了山。山顶盖个小房子，墙外刷上标语：“立下愚公移山志，定叫荒山披绿装。”

他早盘算好了：山下，填沟推地，种庄稼、养牛羊；山腰，发展果园；山顶，植树造林，保持水土……

天不能改，地能换！

一天，乡亲们惊奇地发现，秃山果真绿了起来，老石种活了树，还赚了钱！

另一位“愚公”王永瑞，孤身一人在定西市安定区白碌乡种了30年的树。

白碌乡太旱了，他种树成活率只有十分之一。梨只能长到核桃大，涩得很；而杏子，一开花就谢了。

死了种，种了死。种了死，死再种。在这苦痛的轮回中，王永瑞老了。原来能担两只大水桶，现在只能挑两个小罐罐。

白天给他做伴、夜里为他取暖的狗一只只老死了，他种树。

连虫子都干死了，跟着他挖地的喜鹊再也不回来了，他还在种树。

我们问：“种一棵死一棵，有意义吗?”

老人忽然掩面痛哭地说：“种不活树，死了我也闭不上眼。”

火花又在他眼中闪动，他说：“听说今年就能把洮河水引来，树就能活了。”

尽管万般不忍，我们还是不得不告诉他：距离太远，引洮工程不知哪年才能引到你的山上。

他的眼神顿时黯淡了。

但他又抬起头：“老天爷总会下雨的……”

我们为他拭去眼角的泪水，心里五味杂陈，悲从中来。

我们知道，只要一息尚存，老人依然会种他的树。种树，就是他人生所有的价值。

定西市委书记杨子兴是个有心人。他一直站在旁边，默默地听着王永瑞的诉说。第二天，他便作了安排，打算把水管引到山上，让王永瑞把树种活。

脱贫的关键，往往在带头。30年来，一个又一个带头人的传奇故事，在三西流传。

韩正卿，20世纪80年代的定西地委书记，至今被百姓尊称为“韩爷”。

“韩爷”当年下乡，随身携带一把锄头、一个桶、一把瓦刀、几棵树苗。路上看到一洼水，他会拿出棵树苗，种上。

为减少林木砍伐，定西在农村推广节柴省煤灶。每到一村，这位地委书记亲自拎起瓦刀，手把手教农民改灶。

作为当年韩正卿身边的工作人员，杨子兴说，身先士卒，带头苦干，这就是老书记教给我的。

一种精神、一种作风，就这样心手相传。

杨子兴说，豪迈的石建全，悲情的王永瑞，都让人想到三西特有的耐旱作物——柠条。这种不起眼的小灌木，地面只有尺把长的枝条，地下却扎出几米深的根。冬天灰秃秃的，眼看要死了，给点水，又开出鲜亮的小花来。这，就是三西人！

我们脚下的坡畔柠条丛生。30年来，一项又一项治山理水的惊人创造就诞生在这片土地上。

在榆中实验、发明的“全膜双垄沟播技术”，最大限度地利用稀少雨水，在全国旱作农业区推广。

定西人的新型集雨水窖，不仅推广到非洲，还有几十个国家的人前来观摩学习。

半个世纪前曾以失败告终的引洮工程，依托改革开放积累的雄厚国力和先进技术，新世纪再次上马，三西百万百姓即将告别饮水难的历史……

放眼望去，绵延的梯田宛如巨大的五线谱，在千沟万壑中匀称地展开，劳作的人们如点点音符跃动其上，听似无声，却把一种强烈的音乐感染，弥漫在天地之间。

我们不禁为之感叹：美哉，三西景；壮哉，三西人！

寻富记

再穷的三西人，也会有富贵的念想。

瓦广吉不相信三西的土地上只能生长贫穷。

他亲口咀嚼过土壤的味道：黄土甜，红土苦，黑土是涩的。什么土能长什么庄稼，心里有数。

土地，让他掂着有分量，摸着有温度。

什么叫穷?

西方著名经济学家亚当·斯密对贫穷的界定，是“没有一件亚麻衬衫”。

三西人会告诉你：锅里没粮，锅底没柴，缸里没水，身上没衣，那才叫真穷。

1949 年的中国，大局虽定，民生凋零，是世界上最贫穷的国家之一。那一年，中国人均国民收入 27 美元，不足整个亚洲平均 44 美元的三分之二，不足印度 57 美元的一半。

“三岁一饥，六岁一衰，十二岁一荒”，西方世界皆认为中国这个饥荒大国“精华已竭、膏血俱尽、坐而垂毙”。

在这个国家让人们吃饱饭，让亿万人富裕起来，是一道前无古人、近无借鉴的旷世难题。

——少数人梦想过。

——绝大多数人做梦都没有想过。

关于 30 年前的三西，我们听到这样一些片段——

“小孩子寒冬腊月没有鞋穿，看见一泡冒着热气的牛粪，赶紧把长满冻疮的脚丫子往牛粪里一插。

一家五口人，穷得只有两个碗。爹妈就在土炕上挖三个坑坑，野菜糊糊舀到坑里，三个娃娃就趴着炕沿吸溜溜地喝。

全家只有一条烂棉被，冬夜里，七口人要睡成一个扇形，每人才能盖上个被角儿……”

到 20 世纪 70 年代末，国家用于救济贫困的资金多达 400 亿元。然而，“救得急，救不得穷”，唯有变“输血”为“造血”，增强贫困地区自我发展能力，才能从根本上脱贫。

有这样几个人，让我们难以忘怀。

定西鲁家沟镇太平村，几千只鸡被我们的闪光灯吓着了。

这时，神奇的一幕出现了。鸡的主人陈云花挥动双手，像哄孩子似的柔声说道：“不怕不怕，不要吵了。”

霎时，鸡群平静下来。

接下来的情景，更是匪夷所思。

只见陈云花扬起头，一手抚着食槽，径直向前走去，轻轻地唱起了歌，那是首《流浪歌》。数千只鸡目光追随着她，一起叫——不，是“唱”了起来：咕咕——咕咕，咕咕——咕咕，仿佛为女主人打着节拍，又如同唱着和声。

我们惊呆了，恍如置身童话世界，如幻如梦。

“我每天喂食唱歌，它们都会这样。”见我们一脸的茫然，陈云花笑着解释。

鸡舍外，我们请她唱一遍《流浪歌》。

“流浪的人在外想念你，亲爱的妈妈；

流浪的脚步走遍天涯，没有一个家……”

歌声未住，泪水却滚了下来——

她想起了16年前第一次外出打工的情景。

腊月二十六，家家户户都贴起了过年的窗花，陈云花却踏上了离乡的路。

公元前一百多年，张骞手持节杖，穿过三西，出使西域，这条路，千年之后得名为丝绸之路。

这个弱女子行走的，正是当年流动着财富和文化的丝绸之路。

西出嘉峪关，一支《流浪歌》传进车窗。听着听着，陈云花与女儿抱头痛哭。她觉得，歌里的流浪者就是自己。

打工三年，她攒下了钱，掌握了全套养鸡技术，眼界不一样了：“抬头看天爷，低头看脚尖，那是以前的日子！出去一趟，人家能做的，我也能做。”

回到老家，她自办养鸡场，成为远近闻名的“养鸡女状元”。

一个人富了，可以带动一群人。

得知我们到了，周爱兰躲了起来。

被“抓住”后，她紧张得嘴里连连嘟囔：“坏了坏了，这可怎么办？这可怎么办？”

就是这个不善言辞的小女人，把一个在阳台上育种的小作坊，做成了全国第二大马铃薯“原原种”供应商，每年为10多万户农民提供马铃薯良种，带动每户农民增收千元以上。

周爱兰每天触摸的，是会呼吸会生长的财富——马铃薯。

马铃薯，当地人叫它“洋芋”，原来谁也没把它看上眼。而三西，正是世界上最适宜洋芋种植的区域之一。

1996年，定西率先大规模推开了“洋芋工程”。农民说：“土蛋蛋变成了金蛋蛋、银蛋蛋!”

我们来到定西马铃薯综合交易中心，一块巨大的荧光屏上闪动着红红绿绿的数字，那是全国几十个中心市场的实时价格数据。

市场一侧是铁路，一列列货车风驰电掣地驶过。站在市场里买卖土豆的农民，在隆隆的轰鸣中，可以亲眼看到自己的产品，坐着“洋芋专列”运往全国。

第一列“洋芋专列”，是2004年从“洋芋书记”李旺泽手中发出的。

李旺泽圆圆胖胖，长得就像个咧着嘴的洋芋。

2004年9月，正是定西洋芋上市旺季，突然收购价格大跌。

时任安定区委书记李旺泽急了：要保百姓!

他把干部全赶下了乡，挨家挨户做工作，就是一句话：不能贱卖。

他甚至使出撒手锏：谁压价收购，就取消车皮配载权。

一周内，洋芋收购价就像心电图的曲线，跳得扣人心弦，终于，一分钱一分钱地升了上来。

从那以后，每逢上市旺季，各乡政府门外都挂出大大的价格牌，几小时更新一次，村头喇叭里一遍遍地念，电视里也在滚动播放着洋芋行情。老百姓管这叫“一声喊到底”。

非议也不少：市场经济应该是市场定价嘛，政府瞎掺和啥?

李旺泽火了：“让农民增收，有啥错?”

市场是一只“看不见的手”。但李旺泽的想法是，中国农产品市场的这只手，还很不规范。分散的农民信息不灵，在市场上没有话语权。这时，政府必须伸出“看得见的手”。

现在，全国马铃薯市场的三分天下在定西。定西农民的嗓门儿，可以左右中国马铃薯市场的定价声。

30年来，就是这样一双“看得见的手”，和三西百姓千万双手一起，扶起了陇西的药材产业、静宁的苹果产业、六盘山的甘草产业、敦煌的葡萄产业……

马家窑古陶上的涡旋纹，回旋起伏，遒劲向上，如水跌宕，如水奔腾。30年来，三西人就走过了这样一条坎坷曲折却一往无前的脱贫致富之路。

面对马家窑红底黑纹的陶器，我们感到是那么熟悉——宛如瓦广吉、陈云花那一张张红中透黑、闪耀着光泽的面孔。这些彩陶历经窑变火烧，由泥变陶；而时代之火，也锻造了瓦广吉这样的三西儿女，使他们也经历了由泥变陶般的质变和升华。

天还是那个天，地还是那个地，人，却不再是原来的人了！

求学记

“花儿”与彩陶，让我们在三西为之魂牵梦绕。

两种文化结晶，一对时空坐标。不听“花儿”，读不懂三西的奔放浪漫；不看彩陶，读不懂三西的深沉厚重。

今天，马家窑文化的余脉，仍然游弋浮动在三西百姓的寻常岁月中。

当一个地道的中国农民备好年货，洗净带着泥土的手，把一副春联恭恭敬敬地贴在家门前时，那流淌千载的文化血脉就显出了惊人的能量。

历史和文化，就这样一撇一捺地书写着。

三西很多人家，即使破败的土坯房，门前也要写上“耕读第”——耕和读，这是中国农民心中最为神圣的两件事：耕作，一年之事；读书，一生之计。

读书，是一代代三西人溶入血液的信仰，也是出路和希望。

没有作业本，没有笔。三西的学童以木棒当笔，黄土地作纸。学生在地上写，老师在地上判。

一个西海固女孩儿在她的日记中写下这样揪心的话：妈妈，如果我上不了学，我的眼泪一辈子都流不干。

通渭的农家女郭胜霞考上了大学。

当地有老话：家中无字画，不是通渭人。在全国闻名的书画之乡甘肃通渭，没有比要孩子成为有文化的人更重要的事。

年过花甲的父亲戒掉了抽了一辈子的旱烟，戒了罐罐茶，最终，戒掉了饭碗里最后一滴油——他把家里的油都卖了，供女儿上学。

郭胜霞大学毕业，有了工作。

那年冬天，70 岁的父亲坐在墙根下晒太阳，头一垂，就再没抬起来。

心里最大的包袱放下了，父亲远远地去了，留下满院暖暖的阳光。

越穷的人，上学的愿望越迫切。

李满强六七岁时得了病，两年站不起来，眼巴巴看着别的孩子背着书包上学。奶奶哄着他说："等后院杏子黄了，我娃就能上学啦。"

现在奶奶早已不在人世，可杏子成熟时的黄色，仍是李满强人生中最温暖的颜色。

妹妹，是他心里一辈子的亏欠。

家里穷，为了让哥哥上学，妹妹辍学了，去挂毯厂打工。领了第一个月工资，妹妹给哥哥送来一个硬纸盒。

盒里是一双人造革的皮鞋。

一递，一接。妹妹一双手上，全是织地毯割出的血痕。

这是李满强人生中第一双皮鞋。当哥哥的，硬是把泪水憋在了眼圈里。

妹妹 17 岁就出嫁了。为了省点车费，父亲不让李满强回家送亲。

那天下着雨，他跑到教学楼最高的地方，望着家乡那望不到头的山和云，泪水、雨水凝成了几行诗句——

早嫁的妹妹
山丹丹一样漂亮的妹妹啊
将你的青春
永远地定格在十七岁的枝头
仅仅是为了给我，你这个读书的哥哥
换回一笔作学费的彩礼。

反贫困，教育是通往彼岸的渡船。

这也许是世界上最破烂的学校：借来的土坯房，课桌是泥墩和木板搭成的，粉笔是山上挖来的白石头，房檐下一串牛铃，充当上课铃。

侯新民和乔永峰，1996 年创办了这所乡村小学。

娃娃们边上课，边把手伸进鞋里，用冰冷的小手握着冰冷的脚——冬天，教室里燃不起炉子。

用油漆画在土墙上的国旗，一直是学校里最鲜艳的颜色。

西部地区“两基”攻坚计划、免除义务教育学杂费、希望工程……一项又一项国家政策，一次又一次社会行动，让孩子不再因贫困失去受教育的机会。多年来，一笔笔捐款投往三西，一队队支教者来到三西，一批批先进教学设备出现在三西孩子的课堂。

我们读到定西学生李旭东的一篇作文。

孩子用抒情的笔调写道，教育扶贫——“像一位慈母，给落后山区的孩子带来了光明，带来了公平。”

在宁夏吴忠市红寺堡区，我们看到了规模庞大的学生配餐中心。

明净整洁的大厨房里，按照营养食谱烧好饭菜，现代化流水线上，各色菜肴被分装到饭盒，再传送进集装箱卡车。半小时后，孩子们就能在教室里吃到热气腾腾的免费午餐了。

杏子又挂满了枝头。更多像李满强那样的孩子，背着书包奔向学校。许多像郭胜霞那样的孩子走出大山，他们的父亲坐在洒满阳光的小院里，暖暖地晒着太阳。

正是有了国家政策和社会捐助，如今的斜坡小学，绿茵茵的山坡上，矗立着红砖教室。操场上，篮球架、乒乓球台一应俱全。学生们穿着新校服，背着新书包……

已不再年轻的乔永峰仍旧是个民办教师，却得意于自己教出了 30 多个大学生。谈得兴起，看似文弱的他忽然吼起秦腔，唱得雷霆万钧，满堂爆彩。

三西人，如黄土高原上的“花儿”，曲调婉转，却刚猛激昂。

三西人，如马家窑彩陶上的洄纹，线条圆柔，却百折不屈。

追梦记

时光，可以让世界如此地有滋有味。

马家窑陶罐上的远古人形，让现代人生发出无尽的畅想。

那是粗线勾出的一个播种者：昂首阔步，甩开两臂，张开五指，撒出去的种子像蜻蜓般展开翅膀，漫天飞舞……

这个播种者让我们忍俊不禁。不知这个小人儿会不会唱“花儿”，可那身段儿活脱脱就是一个瓦广吉。

张扬的生命力和无遮无拦的烂漫天真，从画面上喷薄而出。

彩陶上的播种者，播撒的是先民对农耕生活的理想；阳屲梯田山上的瓦广吉，播撒的是乡亲们五彩的现代梦想。

漳县金钟乡农民杨引丛生来腿脚残疾，但贫困和残疾并没有禁锢住他的梦想。

1992年6月，他带头创办了油印刊物《金钟》。发刊词写得如钟声般铿锵：“大山下的金钟不知沉默了多少年，终于，几个不甘寂寞的青年，笨拙地举起了锤子——铛。千古沉寂的金钟响了……”

20载春秋，金钟依然鸣响。正像曾经的青年、现在一群中年人自己曾经写的那样：“活着，就要让心拥有爱、感动和梦想。”

柳云霞对自己的婚姻曾经怀有过玫瑰色的梦想。但是，这个梦想破灭了。虽然千般不愿，她还是被拉上了迎亲的三轮车。

不穿红，也不挂花，故意穿件旧衣服的她哭了一路——甘肃庄浪县的这个农家女子，实在接受不了自己的包办婚姻。

婚后第五年，得了脑膜炎的柳云霞，昏迷了一整天，睁开眼时，看到的是丈夫流着泪的脸。她忽然发现，丈夫其实很可爱。

爱情萌发了，早已枯萎的梦想也再次发芽——模样普通的她，当年是多么想当个演员啊！

2008年，柳云霞决心把自己的经历写出来。两年间，她写出了10万字的电视剧本——《叶子的包办婚》。

大山深处，柳云霞带着一群人开始拍电视剧。演员都是街坊邻居，设备是非专业的。为了拍出摇臂的效果，摄像得爬树。没有轨道，就用架子车推着……

片酬不是钱，而是梦想实现的快乐。

“人在世上只能活一次，有梦想就得去实现。”这个脸庞被阳光晒得黑红的女子说：“我就是要活出新时代农民的风采来。”

在扶贫开发搭起的舞台上，梦想，都是彩色的。

宁夏固原市原州区回族妇女马玉芳，帮街道里的姐妹们重新捡起了识字梦。

她义务开办“妇女扫盲班”。一所幼儿园的几间教室，晚上就成了扫盲班的课堂。一眼望去，有满脸皱纹的，有怀里抱着个吃奶娃娃的……老少婆姨们像娃娃一样学书写字。

偶尔，婆姨们一扭头，发现玻璃窗外还贴着几张脸，鼻子都压扁了。

男人被发现了，讪讪地笑着说：“原来还真是来学习呀！”

扶贫开发30年，三西160万生态移民搬出了极旱山区，到河西走廊、黄河灌区开辟新家园。

中国政府为扶助贫困而移民的数量，在历史上，唯有闯关东的人数，可以与之相比。

宁夏同心县耍艺山村500多位村民，十几年前，在政府组织下，从干旱山区集体移民到红寺堡区一个叫犁铧尖子的地方。

他们没白没黑地挖渠、搬土，平整田地。新的家园有水灌溉，那正是他们多年的梦想。

早春，移民想给自己的新村换个名字。

小学校操场上开了大会。老支书说：“就叫梨花村吧。”

场外新栽的梨树刚发嫩芽，可是千树万树梨花已经盛开在每个人心中，那就是梦想绽放的时刻。

我们采访过的每个人都有梦想——

“地上铺地板呢，新式家具摆满呢，老太婆也坐上鸭绒的棉毯呢，家家户户把小车显呢。”瓦广吉在“花儿”里这样唱出阳山村的梦想。

春季一片花，夏季一片绿，秋季果飘香，这是石建全的梦想。他领着我们走到一片开满鲜花的山凹中，跺了跺脚下的那块地：“死了我就埋在这儿，子子孙孙还要种树，就种在我的脊梁上。”

建一个高级种鸡厂、一个现代化冷库。虽然守着一个简单的养鸡场，而陈云花的梦想直冲“高级”和“现代化”。

柳云霞的梦想还在生长。最初，她的电视剧只是要拍给乡亲们看；而现在，她想让自己的作品在省级电视台和国家级电视台播放。

三西人的梦想，是在中国改革开放、西部大开发的大舞台上实现的，靠的是国家和民族的力量。

在人类的历史上，没有任何一个国家拥有如此规模、如此程度和如此速度的“命运逆转”。按联合国标准，从 1981 年到 2008 年，中国的贫困人口减少了 6.76 亿人，过去 25 年全球减贫事业成就 70% 左右来自中国。中国是人类历史上以最快的速度大规模减贫的国家。

在三西，我们学到了两个新词：沿崖汉和猛上户。

沿崖汉，意思是日子像过到了悬崖边，就快摔下去了。

猛上户，就是状况迅猛改善的农家。

到如今，多少三西人家从悬悬乎乎的沿崖汉，变成了红红火火的猛上户？

我们不知道梦想何时而生，我们所知道的，是 30 年的扶贫开发，使亿万贫困的中国人梦想成真。

后　记

走哩走哩哟，远远地远下了，

眼泪的花儿把心淹哈了……

当我们再次踏上黄土高坡，西部歌王已去，五朵梅不在，70 年前的悲苦已随风远逝。

我们登上马家窑文化遗址的山坡。

此时，在先民们生活过的地方，沟壑如削，峰峦耸立，梯田环绕，绿荫葱茏。

暴雨忽至。这突如其来的急雨，是先民们对雨水丰沛的祈求，还是昭示着这片土地的生命力量？对水充满敬仰之情的先民们，会在甘霖中击节而歌，联臂而舞吗？

我们仿佛接收到了五千年前的信息：马家窑文化标志性的涡旋纹在空气中盘旋，在洮河激流中再现，在瓦广吉的歌声中生发。先民顽强生存的基因，始终在三西子孙的血液中涌流。

也就是当晚，正在接受我们采访的杨子兴突然接到电话，这场本该带来丰收的喜雨，却让“千年旱码头”岷县暴发特大雹洪泥石流灾害。

杨子兴跳上越野车，转瞬消失在茫茫雨夜中。几小时后，他出现在岷县茶埠镇一间昏暗的小学教室里。微弱的烛光，照着受灾群众几百双惊魂未定的眼睛。

这场灾害，数十人死亡、失踪，30余万人受灾。

带着一双黑眼圈再次面对我们，杨子兴说：三西的生态还是这样脆弱，脆弱得连喜雨都承受不住。

三西，仍是一片多灾多难的土地。

三西，扶贫的征程仍是路也迢迢。

三西地区留存着中国最古老的长城遗址，今天依旧保持着随山起舞、蛇行龙游的姿态。

今天的中国，要再筑一条扶贫的长城，工程是多么浩大而艰难。

在全国扶贫工作会议上，我们看到了新的希望。《中国农村扶贫开发纲要（2011–2020年）》中，三西作为六盘山区，被列为国家第一个连片特困区予以重点扶持。

今年，甘肃启动“联村联户，为民富民”行动，全省40万名干部，一对一地帮扶40万余特困户，共同迈开整体脱贫的步伐。与此同时，宁夏也实施了35万生态移民等一系列扶贫举措，落实纲要。

六盘山，峰峦纵横，远处是苍茫的原野。

70多年前，率领中央红军“不到长城非好汉”的伟人，站在六盘山上，发出了惊天动地的一问：“今日长缨在手，何时缚住苍龙？”

十几年后，手持长缨的人们最终缚住了苍龙。

三西扶贫长城，何日可以筑就？手持改革开放长缨、发扬“五苦”精神的三西人，何日缚住贫困的苍龙？

我们看到，越来越多的三西人正迎着朝阳，唱着“花儿”，开始新的征途。

——摘自：李从军、刘思扬、朱玉、李柯勇、张汩汩《“三山”扶贫记》，新华网，2012年6月20日

三、问题与思考

1. 风貌通讯具有怎样的特殊价值?

答：风貌通讯又称为“旅行通讯”，以采访者旅行见闻的视角反映社会变化和风土人情的通讯。风貌通讯基于本身的特点和特殊价值，成为现代人喜闻乐见的一种新闻体裁，其特殊价值主要表现为以下方面，

（1）风貌通讯伴随着采访者的足迹，以通俗的语言，融纪实、写景、言情、说理于一炉，记录了在一定历史条件下广泛的社会现象和时代风俗，带有浓厚的时代气息和强烈的历史画面感，并能反映和回答时代提出的重大问题。

（2）风貌通讯以其广阔的报道视野、生动的感性素材和无拘无束的个人写作风格吸引着读者，它使人们足北不出户便可漫游天下，既可了解世界，又可感知时代，为现代人所喜闻乐见。

2. 怎样才能写好风貌通讯？它对记者提出了什么要求?

答：（1）写好风貌通讯应注意：抓住特点写见闻，旅行者的视角——新鲜，主题不容忽视。

（2）风貌通讯尽管取材以见闻为主，且格调轻松，强调可读性，但仍然需要突出主题，要通过记者的所见所闻，考察社会生活的变迁，回答时代提出的问题。因此，记者在采写中仍要有一个观察事实—提炼主题—围绕主题选择事实的过程。

四、参考书目

丁柏铨，胡翼青．通讯写作［M］．北京：中国广播电视出版社，2007.

五、历年考研真题

风貌通讯（吉林大学，2007）

第二十四章 社会观察通讯

一、重要概念阐释

社会观察通讯，是指报道社会现象、剖析社会问题的通讯。与传统的人物、事件、工作、风貌通讯不同，社会观察通讯并非着眼于社会上的某一个别人物、个别事件，或者某一方面工作中的经验教训，某个地方的风光风貌，而是在上述各类通讯的报道范围之外，用广角镜头透视大千世界、人生百态，反映社会生活中值得注意的新变化、新问题、新观念的通讯。在不同的媒体上，社会观察通讯有不同的称谓，如“新闻观察”“纪实报道”“问题通讯”“调查报道”等，某些报纸上的社会大特写等都属于社会观察通讯。

二、文选·导读

平均算下来，每一分钟里，国内有22对新人拿着户口本走向民政局，进入婚姻生活；同时，8对夫妻在另外一个窗口签下离婚协议。

根据民政部公布的数字，中国的结婚率和离婚率曲线渐渐逼近一个闭合的大于号。婚姻的围墙之外，还有2亿单身者。

袁圆和刘英莲属于2亿人的“解救者”，她们一位供职于首都主打“高学历、高收入、高颜值”的相亲机构；一位在闽南老城区做了53年免费业余红娘，号称介绍成功4000多对，是新中国相亲史的活化石。

2亿人及其背后的家庭组成相亲“擂台”，知乎上“你相亲遇到过哪些奇葩事”有900万人关注；《中国式相亲》节目首播就获得全国同时段收视第二，仅次于《快乐大本营》，第二期马上拿下第一，等到第三期网络点击量已经超过2亿；而相亲网站的巨头之一百合网，尽管经历了舆论风雨，如今的市值也有64亿元。

人们自古歌颂爱情，却未必认同相亲，但“相亲”这种步入婚姻的前奏自西周以来从未有过休止符。古老的它，如今在现代生活中滋生出迥异的价值观和评判标准。它流传至今，并且毫无疑问，还将继续流传下去。

7分的人认为自己8分，想找9分

“男人需要女人才会完美。”袁圆从亚当夏娃说起，她是北京相遇未名咨询有限公司的红娘主管和首席情感专家，见识过人性的善良也目睹了很多欲望，她没精确计算过，但“应该见过1000个相亲故事”。

有人想找三观正的，有人要五官正的；有固定资产5000万元的“高富帅”非要找资产上亿或部级领导的女儿；有看着朴实的大姐非要找吴亦凡的外表、贺涵的内在，还要车技好、英语流利、家装有品位、会聊天的，“我说的话不能掉在地上”。

北京二环路边的这间办公室上空漂浮着密集的求偶信息，七夕当天深夜，一位女士坐在私密的房间里，红娘正在了解她的需求。这些房间以“清华”“北大”“牛津”“剑桥”命名，当这位求偶者选择“包成功”服务时，3万元随着pos机“吱吱”的声音划走，她将不断被介绍认识男士，直到结婚为止。

袁圆把客户分成很多类：有的是眼高手低型，挑剔，择偶要求高；有的是大忙人，所有时间用来打拼事业；有的工作圈子窄，资源少；有的曾经谈了场不合适的恋爱，耽误了青春；还有人花心，兜兜转转，一不小心就到了适婚年龄；也有因为性格、房子、两人背后的家庭等因素离婚的人士。

“就跟企业融资一样，有的自己就可以融到，有的需要财务顾问。”一位观望红娘业务的金融从业者说。

“怎么和看文件、选基金、选包包一样的感觉，机械化，条件匹配的审视，难道大龄一点就要到这步田地吗?”有人对条条框框的个人信息和明码标价的择偶要求表达不满，说相亲的过程像招商。

创始人范阳君发现客户的分布很有意思，国内名校毕业，就业集中选择在金融和IT行业，收入显著高，“反观哈佛大学刚毕业的，做什么都有”。

这些人中，“7分的人认为自己8分，想找9分的”。他们一方面期望对方有不错的客观条件，另一方面又希望对方不看重自己的客观条件。学者也研究过这种现象，从个人层面来说，这反映了安全感的缺失，既希望自己少奋斗、多享受，同时又害怕别人“惦记”自己的财物，用心不纯。当这种个人层面的焦虑成为一种风潮时，恐怕就要从宏观层面进行解释了。

在一项调查中，当下中国青年群体希望自己在34岁时可以达到事业的成功，获得最理想的经济收入。按照这个年龄计算，一个硕士工作9年之后就要达到“人生巅峰”。希望更快获得更多财富成为中国青年的集体焦虑，并且毫无保留地投射在婚恋问题上。

面对无力招架的焦虑，相当一部分人群只能用物质寻求安全感，降低恐慌。袁圆的客户中，一位在北京有五六套房子的女孩哭着对她说“就想要找富二代”。她没谈过恋爱，是亲戚几家孩子里最优秀的，“别人都在看着我呢，找不好他们会瞧不起，找个差的就吃亏了”。有位女客户羡慕身边的闺蜜，这个找了个官二代，那个找了位斯坦福博士。红娘对她说：“她们是她们，你是你。”

经过观察和统计，袁圆的女客户最看重对方职位、前途、收入、房、车、户口，年收入30万元在这个生态圈里算“挺一般的”；有房有车的话“四五十万元也不错”；七八十万元才能归为“收入高”。

在72岁的红娘刘英莲眼里，这算得上“天文数字”了。闽南老城中，考察单身青年物质牢靠性的指标之一，是父母是否都有退休金，只有一个人有也不好找。

“以前是找人过日子，现在是找房子找车子过日子。”有个小青年请刘英莲介绍对象，她说这个女的有点丑，男方不乐意了，她又说对方挺有钱，男的马上表示“可以见见”。

“这种人我就不想给他介绍。”刘英莲在当地一个工艺美术厂工作了一辈子，是一种刺绣的非物质保护遗产传人，没出过远门，保持着朴素和传统的价值观。

她说现在司机和厨师最不好找对象，“以前车少，人家都不会开车，开车的很好呀，现在说开车是奴才；以前嫁个厨师挺好的，会煮饭给自己吃，现在嫌弃厨师身上有味道。”人们现在喜欢找的是“干部、老师、办厂的、开店的”。

男士在相亲时最看重女士什么，颜值？不！

都市里的青年通过转移注意力缓解孤独，买卡通玩偶、做陶艺、认真上每一节私教课，精细计算每种食物的热量，热衷于跑步。有人说，科学研究表明，每个初夏的傍晚踏着风慢跑分泌的多巴胺相当于谈了一场微型恋爱。

积攒了整整一个夏天多巴胺的很多单身人士在夏天走的时候，迎来了一场大型失恋。下半年的日子不好过，国庆节、中秋节、光棍节、圣诞节，每个节日都是孤单的双倍放大，只能小心翼翼地祈求在地铁上不被玫瑰花的刺扎到。

“许多单身人士进入30岁的后期时，难免会开始反思，为什么自己没有找一个伴侣安定下来，如果现在他们选择结婚，是否会过得更开心。即便是最成功和最自信的单身男女，也会怀疑自己的决定是否正确。”埃里克·克里南伯格在著作《单身社会》里说。还有一些人抱着复杂的心态来找红娘，他们管相亲叫广结善缘。

经过长时间的犹豫和反复，在回答“男士在相亲时最看重女士什么”这个问题时，袁圆把最终答案敲定为“年龄”，排在“颜值”的前面。

“奶茶要是三十几岁，刘强东可能就不会娶她。三十多岁谈恋爱味道不一样。”袁圆坐在私密的房间里，坦诚地说，“不过颜值即正义，有的男客户说‘30岁以上千万不要给我推，别给我困难户’，但发了照片，长得好看他也能接受。不过即便特别好看，年龄到了35岁以上，也悬，生育是个问题。”

单身就意味着35岁之后，很多女士每晚入睡时都能听到耳旁生物钟的滴答作响，提醒着她们，能孕育自己孩子的可能性越来越小。

倒计时在父母的耳边加倍放大，许多中国父母希望孩子在读书时不要早恋，工作后能立马结婚生娃。课堂上没人教他们如何爱与被爱，仿佛王子和公主是命中注定。一位事业有成的女强人在找袁圆时紧张得直搓裙角。谈起事业她眉飞色舞，但与男士沟通常常说一些打击人的话。她穿着套装，头发包在脑后，“显得太老了”，袁圆建议她戴隐形眼镜，化点妆。

“很多人缺乏爱的能力，也不懂得爱，带着小女孩的幻想去相亲。”袁圆说。这些人向往着浪漫主义的爱情，好像爱情有一种救世的力量，是通往自我实现价值等一切的途径。

某互联网平台基于5万用户的《中国人婚恋态度调查报告》结果显示，七成网友后悔结婚。“结婚又不是赶集，结得越快，婚后会后悔的概率也就越大。”认识一个月之内就结婚的人中，三成“经常后悔”，远远高出了其他人。

“我还没嫁出去，我不少同学都已经将人生过出了好几部电视剧的量了：裸婚、斗小三、离婚、再嫁、生小孩、生二孩。”有网友在知乎上评论。

适婚青年的父辈大多习惯在年轻时结婚，而死亡才是终止婚姻的唯一方式。在他们眼中，单身被视为自恋、社会道德崩坏以及公共生活锐减的现象。

过年前后，刘英莲所在的城市迎来相亲热潮。当地星巴克的店员证实，常有七八个人一起涌进店里，那是家人带着儿女来相亲的，如果聊得好，过一会儿大人会走，儿女可以继续聊；聊得不好，就一拍两散，“非常现实”。

陈柏安又一次为了女儿的事来找刘英莲。他的女儿33岁了，刘英莲给她介绍了10年，没成功。“我们会催啊，女儿不是很着急。她要对方有房子、有工作、会赚钱，不能比我们家差。”陈柏安有时想想，女儿的要求也有道理，“多赚钱就少矛盾，家里出矛盾都是经济矛盾，没有钱就会因为这个吵”。

还有的母亲想到女儿28岁还没出嫁就哭，女儿没有归宿，自己去世了也不安生。刘英莲帮这家人的女儿说了媒，妈妈高兴得一把抱住了瘦弱的她。

学者把这个现象归咎于不完善的社会福利和保障体系，让父母对自己以及子女未来的生活充满担忧，对将来有可能出现的风险和不确定性充满恐惧，这就促使他们在婚姻市场上寻求“攀高枝”的可能。

陈柏安和爱人的结识也是通过相亲，那个年代，头次见面往往到介绍人家里或是女方家里，媒人两边问，相处好了就去电影院公园，“以前要自行车，现在要汽车，水涨船高，都是一样的”。

现在女儿和人相处，先加微信，“还是面对面接触比较好，微信里哪句话你讲的我不爱听，就直接拜拜了，微信好像谈判，当面讲还能解释”。在现代人的线上聊天语境下，男士第一句发“我可以认识你吗”或者“你在干吗”可能会被认为是无趣和愚蠢的体现。

见面也有讲究，袁圆常常建议客户第一次见面约在红娘的办公室，“请吃饭会有很多问题，有对男女彼此挺相中，男生执意带女生去吃火锅，席间谈的都是股票投资，吃完男生自己打个滴滴走了，女生就觉得男的太不懂事，太自我了”。

有的男士请女士吃饭，没看上，觉得花钱太多，亏了；也有人觉得花几千元能跟女神共进晚餐也值；女士说随便吃一个，有的男士觉得她没品位，吃个贵的，又觉得她虚荣。

“有特别漂亮的姑娘，第一次见面就在商场里买买买，男的乐意为她买单。女生待人接物让人舒服，长得又好看，情商又高，不会给人压力，男的特别容易为这种女生当备胎。有个北大男孩，做金融的，长期给人当备胎，以为我在你身后等着就有机会。”

“不要认为有父母参与的相亲就是时代的倒退”

刘英莲有8本“花名册”，翻得快散架了，用透明胶粘上。里面记录着单身男女的基本信息，女的6本，男的2本。这还只是最近这些年的“存货”，以前都用脑子记。有些对终身伴侣的要求简化成一串数字和几个汉字，写在刘英莲某张病历单的背面，夹在本子里，形成时间的褶皱。

刚开始记录时，她每年能介绍成功四五十对，到了去年只成功了7对，今年到目前为止才说成2对，越来越难。

“人家的眼睛跟我不一样了，我看着配的不一定能成，看着不搭的倒成了。”刘英莲的搭配原则很简单，高的配高的，矮的配矮的，美的配美的，丑的配丑的。

本子上最小的是1995年出生的，也有75岁的老人想找个伴儿。有的写明自己有正式编制，有的是共享单车采购员。有人要求对方不要太胖，有人点名姓何的不要，有人专门要属羊或者属鼠。

“现在的人太挑了”。刘英莲19岁时第一次给人介绍对象，那是她新婚第二年，在厂里正洗头发，碰到同事在一旁洗衣服。她跟他开玩笑说：“你去找个人就不用自己洗衣服了。”对方也开玩笑“那你给我找一个啊”。

回家正好遇到租户的女儿，约出两人，没想到半年就成了，生了两个女儿，赚了很多钱，直到现在还会提着人参来看她。

那是20世纪60年代，革命的禁欲主义或领导的阻止使年轻人大多没能谈恋爱，考虑“个人问题”会被视为小资产阶级情调和革命意志的衰退。

复旦大学历史学系副教授孙沛东在研究这段历史时，发现当时大龄姑娘的不幸身世尤为引人关注，以至于连中共中央也指示各级地方党组织做好“红娘”。

正是这种被拖延后的恋爱与婚姻生活，使得这一代父母对子女的婚姻有着非同寻常的急切与焦虑。1970年知青回城大潮中，不少已婚知青的家庭被这波大潮冲成碎片，西双版纳农场5天内有3000对知青夫妇集体离婚。1980年《新婚姻法》颁布后，中国出现第一次离婚潮；1978年以来中国的离婚率一直处于明显的上升态势。

那个年代，刘英莲善于劝服别人。有个离婚带着女儿的女士来找她，刘英莲给介绍了一个，女人嫌男的太瘦，穿衣服难看，刘英莲说“你去照顾他，他就胖了，你多买几件好的衣服给他”。她觉得这个男的老实，可信，一直给女方留着。刘英莲问孩子爱吃什么，孩子说爱吃泡泡糖，她就让男方买了5包，叫一声“爸爸”就给泡泡糖吃。

后来两人成了，女儿一直叫他爸爸。女儿出嫁时，继父给了她车子和房子。这个故事一直被刘英莲当作撮合好事的典范。

作家野夫曾用“废墟上生长出来的好时光”来形容20世纪八九十年代为黄金时代。“那段时光留在每个过来人心底里的，是久经复苏的浪漫人性和绝美的纯情。”

1979年，中国观众在一本叫做《大众电影》杂志的封面上第一次公开看见拥吻剧照，次年《庐山恋》就出现了中国影史第一吻，女主角张瑜在男主角郭凯敏脸颊上蜻蜓点水般的吻，掀起了全国青年男女模仿的大热潮。

那时，每到春节，刘英莲狭窄的单位宿舍总是站满了请她说媒的人，宿舍堆着杂物，电扇也只能放在床脚，两个人进来，另外两个人就得出去。她不收钱，说话也实在，人们乐意找她。

前不久当地的媒体报道了她的故事，有人寻着报纸找到她工作的那间小屋子，她心里很怕，“我不敢乱介绍，他说自己是好的，里面是坏的，装在肚子里，谁知道。要是不好了，到这边闹一下，我的脸要丢到哪里去”。

她倾向于相信那些跟随父母来相亲的孩子。《中国式相亲》的“90后”女嘉宾石榴分享自己的录制体验：“婚姻是一场双向选择，面对将自己物化的人，我们一直有权利说‘不’，我们这代的择偶标准是性格、学识、理想、颜值，是否趣味相投。上代人选儿媳女婿的标准，大概就是姑娘得能干活守妇道，小伙得有车有房有责任感，两代人婚恋的冲突一直都在，而且99%都不在节目里，而是在生活里。”

刘英莲说，以前的人找女的喜欢找胖的，大屁股会生男孩，现在的人喜欢找瘦的；以前的人进门时很害羞，不敢进来，现在的人给她打电话，上来就是“有男人吗？给我介绍一个！”很直接。

“现代人不好说服了。”曾经有4个小青年明确请刘英莲介绍有钱的女士，她说“要钱自己去赚”，最终也只说服了一个人。

人们对相亲的态度从扭扭捏捏走向光明正大，相亲类节目的火爆足以佐证。1988年山西电视台播出的《电视红娘》，被称为“相亲类节目的鼻祖”。湖南卫视1998年播出的《玫瑰之约》开启了婚恋节目收视热潮先河。婚恋交友类节目在2010年达到白热化状态，这一年江苏卫视《非诚勿扰》一炮而红。屏幕上的男女纠葛成为人们对相亲态度细微变化的公开史料。

《中国式相亲》节目监制刘原表示：“不要认为有父母参与的相亲就是时代的倒退。确切来说这是一档关于婚恋问题的代际沟通类节目，做这个节目的初衷有两个，一是促成良缘，二是加强父母与孩子之间的代际沟通。”

也有学者站在父母这队，认为西方的自由恋爱存在很大的风险和盲目性，一个20多岁的年轻人的智力、见识、阅历，并不足以支撑他们正确把握恋爱和婚姻，需要父母提供参考建议和经验。

“我要的是西红柿，千万别给我胡萝卜”

中元节（俗称“鬼节”）前后是刘英莲“生意”的淡季。她得以有大段时间坐在昏暗的房间里刺绣。

工艺美术厂早已倒闭，玻璃破碎，墙壁生出新草。刘英莲的“工作室”藏身在几间空房的背后。这间旧屋的房顶已经没了，临时性地搭了铁皮，夏天尤其炎热。屋里还有一口老井，能用来打水洒在水泥地上，“井不见天，不能喝了”。

刘英莲的眼镜搭在鼻梁上，正在专心绣一个桌裙上的麒麟。屋里只有蝴蝶牌缝纫机稳定的转动声和绣针穿透布料“嘣嘣”的声音。

“绣这个按照纹路，该怎么做就怎么做，很单纯。”刘英莲偶尔抬起头说，“介绍对象没那么单纯，要想啊。”

她和这间屋子都秉持着一些传统，比如，不可以试婚，“会害死女的”；“相处最少要一年”；“要假装生气考验对方，看他对你好不好”；“两人差四五岁最好，能照顾”。

她痛恨离婚。“以前有妇联说服，现在世界变乱了。”她愿意看见介绍的人手拉手走到街上，“看到两个人好，我就高兴”。尽管很多早年介绍的夫妻已经记不起她了，她也忘了他们。

“现在的年轻人浮躁，没有耐心，喜欢走捷径。明明对现状挺满意，看到别人更好，就不淡定了，喜欢比较，还贪心。”袁圆说，以前的人用手机、电脑、衣服，坏了还想要去修一修，感情也是，会调整适应对方。现在稍微不满意就想换新的，以为还会有更好的出现，“其实人和人之间是没有可比性的，有的人奋斗一辈子还不如别人生下来好”。

袁圆从小就具备一双善于发现“谁喜欢谁”的眼睛，爱看爱情片，有多年的幼儿教育经历，“撮合单身男女和应付小朋友都差不多，要找到方法，有时棍棒和大锤都打不开它，一把小小的钥匙，扭一下就开了”。

她说，无论社会发展到什么程度，婚姻还是基础单位，很多年轻人对婚姻的认识不够，抱着完美的态度，按照别人的期待去找。“很多人觉得自己很不错，对我说，‘我要的是西红柿，千万别给我胡萝卜’。”

她的老板范阳君觉得，婚姻的本质是寻找可以共同成长的伙伴，不是简简单单的激情关系，而是两个人互为彼此成长过程的伙伴，各取所需。

他们发现，爸妈很恩爱，拥有爱的能力的人往往很容易“脱单”。有些人希望“你应该先来爱我，我才去爱你”，还有人自身条件有限，还不愿意降低标准，这些往往容易“剩下”。

不过那些已经学会独自生活的年轻人认为，如果婚姻一开始就是一种妥协，那生活并不见得就会变得容易一些。

一位专门审理离婚案件的法官发现，催着你结婚的，和赶着你离婚的，往往是同一批人。很多少女年龄的少妇在法庭上冲自己父母哭喊“当初让我跟他是你们，现在让我离婚也是你们”。

而针对婚姻中出现的问题，目前国内也缺少具有完整系统和行业标准的婚姻咨询，这个在西方国家已经普及的咨询方式，在国内多是打着各种旗号的变相收费。

知乎上“该不该和自己不喜欢的相亲对象步入婚姻”的提问，获赞最多的答案之一是：“你去查查别人离婚的故事，会发现在没有爱的情况下结婚，多少人根本坚持不下去。结婚不是结束，而是另外一个纷繁绕杂的开端，你们要开始朝夕相处，一起做很多其实远远谈不上令人享受的事，比如买房子装修房子，比如融入对方的家庭孝敬对方的父母，生孩子给老人送终，等等这些，如果没有你对这个男人很多的爱，根本坚持不下去。”

文艺青年对世界说，“我亦只有一个一生，不能慷慨赠予我不爱的人”。“曾以为世界上最糟糕的事，就是孤独终老。其实不是。最糟糕的是与那些让你感到孤独的人一起终老。”

刘英莲多年的经验也发现，那些遵从父母之命结婚的，往往容易离婚。

对于正在崛起的年轻人，二三十岁忙着投身学习和工作。将时间交给教导和雇佣他们的人，剩下的则用来自我提高，他们学习新的技能、展现自己的方方面面，旅行、搬迁、建立人际关系网络，赢得声誉、晋升，寻找一份更好的工作，然后，循环往复。

对于有20万年集体生活经验的人类来说，开始有人将个人放在社会的需求之前。《单身社会》里提到，选择单身改变了人们自身以及对亲密关系的理解，影响城市的建造和经济的变革，改变了人们成长与成年的方式，也同样改变了人类老去与死亡的方式。

许多人并不知道，爱给人介绍对象的刘英莲30岁出头就离了婚，因为丈夫不断的外遇并因重婚罪判了刑，“我差点自杀”。

她自此选择独身，把精力放在说媒和刺绣上。谈起往事，见过无数单身男女的眼睛里涌出泪水，像两汪淘不干的老井。“我要是50多岁就好了，现在没什么用了，快要死了。”

善于描写爱情的女作家李碧华说，这便是爱情：大概一千万人之中才有一双梁祝，才可以化蝶。其他的只化为蛾、蟑螂、蚊蚋、苍蝇、金龟子。就是化不成蝶，并无想象中的美丽。

袁圓做了多年红娘，成绩斐然，不过她从业以来最大的困惑并不是如何找到一个男人或女人结婚，而是在千千万万人中找到那个配对的人之后，如何获得最终的幸福。

——摘自：杨杰《新相亲时代》，《中国青年报》，2017年9月20日，第12版冰点特稿（有删改）

三、问题与思考

1. 简述社会观察通讯的基本类型。

答：(1) 按题材分类可分为话题型和课题型。

①话题型，指通讯所报道的内容，正是此时大众议论的热门话题，或者大众对其感兴趣，有可能成为热门话题的社会现象。这类选题大多比较浅近，比较容易为读者所接受。

②课题型所反映的社会现象与问题是具有长远的、重大的意义，深入研究下去，可能涉及法律制度、国计民生、历史文化传统、国民素质等深层结构问题。

(2) 按报道方式分类可分为展现型和剖析型。

①展现型通讯及时追踪社会上出现的新事物、新动向，所报道的题材

大都是读者略知大概而不知详情的现象，因而有极强的获知欲。这类通讯要求记者目光敏锐，对新题材反应及时，在报道方式上偏重于展现而不求纵深。

②剖析型通讯大多报道社会生活中出现的矛盾、问题类题材。这类题材往往已为社会所关注，但受众获知的表面信息虽多，缺乏对这类问题高屋建瓴的信息梳理和根源剖析。因此，这类通讯的报道方式大多在纪实的基础上剖析问题。

2. 如何写好社会观察通讯？

答：要写好社会观察通讯，应该从以下几点着手。

（1）记者要有高度的社会责任感和主持正义的精神。社会观察通讯在选题上的特点一是要直面复杂、多变的社会生活，特别是社会舆论中的热点问题和“难点”问题，二是要直面社会不公，甚至社会的丑恶与黑暗面。记者所传播的每一条新闻都是“对社会的一种表达”，在社会观察通讯中记者应该表达的是追求社会正义、除恶祛邪、维护大众利益的职业精神。优秀的、有影响力的社会观察通讯的采写背后都有记者的一颗追求正义的心。

（2）深入社会、深入民众，掌握第一手材料。社会观察通讯的好题材只能在社会生活的深处发现。社会观察通讯调查性报道，特别是批评与揭露型的报道，更需要掌握翔实的第一手材料，要反复核实事实，注意对事实之间的因果关系悉心梳理、如实反映。

（3）微观和宏观结合的纪实手法。社会观察通讯的主要写作手法是纪实手法。纪实是一种运用人物、情节、现场、对话、数字等各种资料客观叙述或描写的手法。社会观察通讯因题材的特殊性，必须兼顾微观纪实和宏观纪实的两个方面。

（4）写好社会观察通讯应避免走入以下几个误区。

① 避免媚俗、盲目追求“卖点”。社会观察通讯写作中要注意坚持与维护新闻报道的品位，不能一味迎合读者寻求刺激、猎奇的需求，将渲染凶杀、色情、暴力、丑闻、离奇故事等作为追求媒体“发行量”或“收听、收视率”的诱饵，而不顾社会效果。

② 注意保护隐私权。社会观察通讯在进行调查性报道中，报道弱势群

体生存状况会涉及具体人和事，容易触及一些敏感问题或个人隐私，要掌握好“度”，在运用隐蔽式采访时，也要掌握好一个“度”。

③ 严防道听途说和虚假报道。要避免在“抢时效”的压力下投机取巧，或以道听途说代替采访，或从见诸报端的第二手、第三手文字材料中获取素材，更忌将别人的报道拼贴成“社会大特写”。

④ 防止片面、偏激，以免造成负效应。社会观察通讯不等于揭丑通讯，许多新的、“中性的”或者令人鼓舞的社会现象、社会变化，也应列入选题之内。写批评、揭露性的社会观察通讯，记者置身现场容易受到感染，但应以一个新闻记者应有的审慎的态度，冷静、客观地分析事物，把握分寸。避免一味宣泄，甚至渲染、煽情。

⑤ 刹住超长风。社会观察通讯不意味着越长越好，掌握报道的篇幅，组织报道的结构，简练地写作，是这类报道的新追求。记者应以社会的健康发展为己任，将社会观察通讯写成研究社会问题的参考书，严肃采写，善于思考、研究，为社会把脉，透视深层问题，理性启迪受众。

四、参考书目

1. [美] 梅尔文·门彻. 新闻报道与写作（第11版）[M]. 北京：清华大学出版社，2012.

2. 刘明华，徐泓，张征. 新闻写作教程 [M]. 北京：中国人民大学出版社，2002.

五、历年考研真题

简答：社会观察通讯及采写要求。（南昌大学，2011）

第二十五章　专　访

一、重要概念阐释

专访，是记者请新闻人物就专门性的问题进行解答的一种方式，是由记者有目的地对有关人士进行专门采访，是以一种特别强调的方式获取独家新闻的手段，是以记者同人物的谈话为主取得直接材料并穿插背景材料而成的一种特殊通讯。专访的特点在一个“专”字，重点是一个“访”，专访中以采访对象和记者为两个主要构成因素，专访比一般报道更为详细和生动，为受众所喜闻乐见。

二、文选・导读

奥：天安门上的毛主席像，是否要永远保留下去？

邓：永远要保留下去。过去毛主席像挂得太多，到处都挂，并不是一件严肃的事情，也并不能表明对毛主席的尊重。尽管毛主席过去有段时间也犯了错误，但他终究是中国共产党、中华人民共和国的主要缔造者。拿他的功和过来说，错误毕竟是第二位的。他为中国人民做的事情是不能抹杀的。从我们中国人民的感情来说，我们永远把他作为我们党和国家的缔造者来纪念。

奥：对西方人来说，我们有很多问题不理解。中国人民在讲起“四人帮”时，把很多错误都归咎于“四人帮”，说的是“四人帮”，但他们伸出的却是五个手指。

邓：毛主席的错误和林彪、“四人帮”问题的性质是不同的。毛主席一生中大部分时间是做了非常好的事情的，他多次从危机中把党和国家挽救过来。没有毛主席，至少我们中国人民还要在黑暗中摸索更长的时间。毛主席最伟大的功绩是把马列主义的原理同中国革命的实际结合起来，指出了中国夺取革命胜利的道路。应该说，在六十年代以前或五十年代后期以前，他的许多思想给我们带来了胜利，他提出的一些根本的原理是非常正确的。他创造性地把马列主义运用到中国革命的各个方面，包括哲学、政治、军事、文艺和其他领域，都有创造性的见解。但是很不幸，他在一生的后期，特别在“文化大革命”中是犯了错误的，而且错误不小，给我们党、国家和人民带来许多不幸。你知道，我们党在延安时期，把毛主席各方面的思想概括为毛泽东思想，把它作为我们党的指导思想。正是因为我们遵循毛泽东思想，才取得了革命的伟大胜利。当然，毛泽东思想不是毛泽东同志一个人的创造，包括老一辈革命家都参与了毛泽东思想的建立和发展。主要是毛泽东同志的思想。但是，由于胜利，他不够谨慎了，在他晚年有些不健康的因素、不健康的思想逐渐露头，主要是一些“左”的思想。有相当部分违背了他原来的思想，违背了他原来十分好的正确主张，包括他的工作作风。这时，他接触实际少了。他在生前没有把过去良好的作风，比如说民主集中制、群众路线，很好地贯彻下去，没有制定也没有形成良好的制度。这不仅是毛泽东同志本人的缺点，我们这些老一辈的革命家，包括我，也是有责任的。我们党的政治生活、国家的政治生活有些不正常了，家长制或家长作风发展起来了，颂扬个人的东西多了，整个政治生活不那么健康，以致最后导致了“文化大革命”。“文化大革命”是错误的。

奥：你说在后一段时期毛主席身体不好，但刘少奇被捕入狱以及死在狱中时，毛主席身体并不坏。过去还有其他错误，大跃进难道不是错误？照搬苏联的模式难道不是错误？对过去这段错误要追溯至何时？毛主席发动“文化大革命”到底想干什么？

邓：错误是从五十年代后期开始的。比如说，大跃进是不正确的。这个责任不仅仅是毛主席一个人的，我们这些人脑子都发热了，完全违背客观规律，企图一下子把经济搞上去。主观愿望违背客观规律，肯定要受损失。但大跃进本身的主要责任还是毛主席的。当时，经过几个月的时间，毛主席首先很快地发觉了这些错误，提出改正这些错误。由于其他因素，这个改正没有贯彻下去。一九六二年，毛主席对这些问题进行了自我批评。但毕竟对这些教训总结不够，导致爆发了“文化大革命”。搞“文化大革命”，就毛主席本身的愿望来说，是出于避免资本主义复辟的考虑，但对中国本身的实际情况作了错误的估计。首先把革命的对象搞错了，导致了抓所谓“党内走资本主义道路的当权派”，这样打击了原来在革命中有建树的、有实际经验的各级领导干部，其中包括刘少奇同志在内。毛主席在去世前一两年讲过，文化大革命有两个错误，一个是“打倒一切”，一个是“全面内战”。只就这两点讲，就已经不能说“文化大革命”是正确的。毛主席犯的是政治错误，这个错误不算小。另一方面，错误被林彪、“四人帮”这两个反革命集团利用了，他们的目的就是阴谋夺权。所以要区别毛主席的错误同林彪、“四人帮”的罪行。

奥：但我们大家都知道，是毛主席选择了林彪，就像西方的国王选择继承人那样，选择了林彪。

邓：这就是我刚才说的不正确的做法。一个领导人，自己选择自己的接班人，是沿用了一种封建主义的做法。刚才我说我们制度不健全，其中也包括这个在内。

奥：你们对“四人帮”进行审判的时候，以及你们开下一届党代会时，在何种程度上会牵涉到毛主席？

邓：我们要对毛主席一生的功过作客观的评价。我们将肯定毛主席的功绩是第一位的，他的错误是第二位的。我们要实事求是地讲毛主席后期的错误。我们还要继续坚持毛泽东思想。毛泽东思想是毛主席一生中正确的部分。

毛泽东思想不仅过去引导我们取得革命的胜利，现在和将来还应该是中国党和国家的宝贵财富。所以，我们不但要把毛主席的像永远挂在天安门前，作为我们国家的象征，要把毛主席作为我们党和国家的缔造者来纪念，而且还要坚持毛泽东思想。我们不会像赫鲁晓夫对待斯大林那样对待毛主席。

奥：这是否意味着在审判“四人帮”和开下一届党代会时，毛主席的名字不可避免地会提到？

邓：是会提到的。不光在党代会，在其他场合也要提到。但是审判“四人帮”不会影响毛主席。当然，用“四人帮”，毛主席是有责任的。但“四人帮”自己犯的罪行，怎么判他们都够了。

奥：据说，毛主席经常抱怨你不太听他的话，不喜欢你，这是否是真的？

邓：毛主席说我不听他的话是有过的。但也不是只指我一个人，对其他领导人也有这样的情况。这也反映毛主席后期有些不健康的思想，就是说，有家长制这些封建主义性质的东西。他不容易听进不同的意见。毛主席批评的事不能说都是不对的。但有不少正确的意见，不仅是我的，其他同志的在内，他不大听得进了。民主集中制被破坏了，集体领导被破坏了。否则，就不能理解为什么会爆发“文化大革命”。

奥：在中国有这么一个人，他在任何时候都没有被碰到过，这就是周恩来总理。这个情况如何解释？

邓：周总理是一生勤勤恳恳、任劳任怨工作的人。他一天的工作时间总超过十二小时，有时在十六小时以上，一生如此。我们认识很早，在法国勤工俭学时就住在一起。对我来说他始终是一个兄长。我们差不多同时期走上了革命的道路。他是同志们和人民很尊敬的人。“文化大革命”时，我们这些人都下去了，幸好保住了他。在“文化大革命”中，他所处的地位十分困难，也说了好多违心的话，做了好多违心的事，但人民原谅他。因为他不做这些事，不说这些话，他自己也保不住，也不能在其中起中和作用，起减少损失的作用。他保护了相当一批人。

奥：我看不出怎样才能避免或防止再发生诸如“文化大革命”这样可怕的事情。

邓：这要从制度方面解决问题。我们过去的一些制度，实际上受了封建主义的影响，包括个人迷信、家长制或家长作风，甚至包括干部职务终身制。我们现在正在研究避免重复这种现象，准备从改革制度着手。我们这个国家有几千年封建社会的历史，缺乏社会主义的民主和社会主义的法制。现在我们要认真建立社会主义的民主制度和社会主义法制。只有这样，才能解决问题。

奥：你是否能肯定，今后事情的发展更为顺利？你们是否能够达到你们的目的？因为我听说，所谓“毛主义分子”仍然存在。我说的“毛主义分子”是指“文化大革命”的支持者。

邓：不能低估“四人帮”的影响。但要看到，百分之九十七、九十八的广大人民对“四人帮”的罪行是痛恨的。这表现在“四人帮”横行、毛主席病重、周总理去世时，一九七六年四月五日天安门广场爆发的反抗“四人帮”的群众运动。粉碎“四人帮”以后，特别是最近两年，我们党的三中全会、四中全会、五中全会体现了人民的意志和人民的要求。我们正在考虑从制度上解决问题。已经提出了许多问题，特别是强调要一心一意搞四化建设，这是得人心的。人民需要一个安定团结的政治局面，对大规模的运动厌烦了。凡是这样的运动都要伤害一批人，而且不是小量的。经常搞运动，实际上就安不下心来搞建设。所以我们可以确信，只要我们现在走的路子是对的，人民是拥护的，像“文化大革命”那样的情况就不会重复。

奥：很显然，只有在毛主席逝世以后才能逮捕“四人帮”，到底是谁组织的，是谁提出把“四人帮”抓起来的？

邓：这是集体的力量。我认为首先有四五运动的群众基础。“四人帮”这个词是毛主席在逝世前一两年提出来的。一九七四年、一九七五年，我们同“四人帮”进行了两年的斗争。“四人帮”的面貌，人们已看得很清楚。尽管毛主席指定了接班人，但“四人帮”是不服的。毛主席去世以后，“四人帮”利用这个时机拼命抢权，形势逼人。“四人帮”那时很厉害，要打倒新的领导。在这样的情况下，政治局大多数同志一致的意见是要对付“四人帮”。要干这件事，一个人、两个人的力量是办不到的。

粉碎“四人帮”后，建毛主席纪念堂，应该说，那是违反毛主席自己的意愿的。五十年代，毛主席提议所有的人身后都火化，只留骨灰，不留遗体，并且不建坟墓。毛主席是第一个签名的。我们都签了名。中央的高级干部、全国的高级干部差不多都签了名。现在签名册还在。粉碎“四人帮”以后做的这些事，都是从为了求得比较稳定这么一个思想考虑的。

奥：那么毛主席纪念堂不久是否将要拆掉？

邓：我不赞成把它改掉。已经有了的把它改变，就不见得妥当。建是不妥当的，如果改变，人们就要议论纷纷。现在世界上都在猜测我们要毁掉纪念堂。我们没有这个想法。

奥：为什么你想辞去副总理职务？

邓：不但我辞职，我们老一代的都不兼职了。华国锋主席也不兼国务院总理的职务了，党中央委员会推荐赵紫阳同志为候选人。我们这些老同志摆在那里，他们也不好工作。我们存在一个领导层需要逐渐年轻化的问题。我们需要带个头。

过去没有规定，但实际上存在领导职务终身制。这不利于领导层更新，不利于年轻人上来，这是我们制度上的缺陷。这个缺陷在六十年代还看不出来，那时我们还年轻。这不是一个人的问题，是整个制度的问题，更多的是关系到我们的方针、四个现代化能否实现的问题。所以我们说，老同志带个头，开明一点好。

奥：我看到中国有其他的画像。在天安门我看到有马、恩、列，特别还有斯大林的画像。这些像，你们是否还要保留？

邓：要保留。"文化大革命"以前，只在重要的节日才挂出来。"文化大革命"期间才改变了做法，经常挂起。现在我们恢复过去的做法。

奥：四个现代化将使外国资本进入中国，这样不可避免地引起私人投资问题。这是否会在中国形成小资本主义？

邓：归根到底，我们的建设方针还是毛主席过去制定的自力更生为主、争取外援为辅的方针。不管怎样开放，不管外资进来多少，它占的份额还是很小的，影响不了我们社会主义的公有制。吸收外国资金、外国技术，甚至包括外国在中国建厂，可以作为我们发展社会主义社会生产力的补充。当然，会带来一些资本主义的腐朽的东西。我们意识到了这个问题，但这不可怕。

奥：那么，你是否认为资本主义并不都是坏的？

邓：要弄清什么是资本主义。资本主义要比封建主义优越，有些东西并不能说是资本主义的，比如说，技术问题是科学，生产管理是科学，在任何社会，对任何国家都是有用的。我们学习先进的技术、先进的科学、先进的管理来为社会主义服务，而这些东西本身并没有阶级性。

奥：我记得几年前，你谈到农村自留地时说过，人是需要一些个人利益来从事生产的，这是否意味着共产主义本身也要讨论呢？

邓：按照马克思说的，社会主义是共产主义第一阶段，这是一个很长的历史阶段，必须实行按劳分配，必须把国家、集体和个人利益结合起来，才能调动积极性，才能发展社会主义的生产。共产主义的高级阶段，生产力高度发达，实行各尽所能，按需分配，将更多地承认个人利益、满足个人需要。

奥：你谈到还有其他人对毛泽东思想作出了贡献，这些人是谁？

邓：老一辈的革命家。比如说，周恩来总理、刘少奇同志、朱德同志等等，还有其他许多人都作了贡献。很多老干部都有创造，有见解。

奥：你为什么不提自己的名字？

邓：我算不了什么。当然我总是做了点事情的，革命者还能不做事？

奥：你说“四人帮”是少数，全国很多人反对他们。他们这些少数人怎么可以控制中国，甚至整老一辈的革命家？是否他们当中有一个是毛主席的夫人，他们的关系太好，你们不敢动她？

邓：有这个因素。我说过，毛主席是犯了错误的，其中包括起用他们。但应该说，他们也是有一帮的，特别是利用一些年轻人没有知识，拉帮结派，有相当的基础。

奥：是否毛主席对江青的错误视而不见？江青是否像慈禧一样的人？

邓：江青本人是打着毛主席的旗帜干坏事的。但毛主席和江青已分居多年。

奥：我们不知道。

邓：江青打着毛主席的旗帜搞，毛主席干预不力，这点，毛主席是有责任的。江青坏透了，怎么给“四人帮”定罪都不过分，“四人帮”伤害了成千上万的人。

奥：对江青你觉得应该怎么评价，给她打多少分？

邓：零分以下。

奥：你对自己怎么评价？

邓：我自己能够对半开就不错了。但有一点可以讲，我一生问心无愧。你一定要记下我的话，我是犯了不少错误的，包括毛泽东同志犯的有些错误，我也有份，只是可以说，也是好心犯的错误。不犯错误的人没有。不能把过去的错误都算成是毛主席一个人的。所以我们对毛主席的评价要非常客观，第一他是有功的，第二才是过。毛主席的许多好的思想，我们要继承下来，他的错误也要讲清楚。

——摘自：《小平同志答意大利记者奥琳埃娜·法拉奇问（一九八〇年八月二十一日、二十三日）》，http：//jpkc. lcu. edu. cn/zgjxds/gezhang-cankaowenxian/dijiuzhang/2011-10-16/929_ 3. html

三、问题与思考

1. 论述：如何做好专访前准备？

答：专访的过程一般通过一系列提问完成，因此记者提问的质量，直接影响到采访对象回答问题的质量。要完成专访，必须要做好准备，专访事前的准备包括以下事项。

（1）背景材料。有关被采访者尽可能全面的背景情况，如受访对象的年龄、专长、成就、爱好、经历、性格、习惯、职业、家庭等。如果是进行问题专访或者事件专访，除对被采访者的基本情况有所了解之外，还要尽可能掌握与所采访的特定问题或者事件有关的背景情况，问题或者事件的来龙去脉，与其他相关问题或周围事件的联系等。熟悉掌握背景情况，是摸索、寻找被采访者的脉络，为确立采访的突破口，是在采访过程中排除意外障碍，深入挖掘专题材料打基础的工作。

（2）知识资料。专访的采访与其他采访不完全一样，由于特定的人物与特定的话题，其采访不可能光“打外围战”，提一些一般性问题。被访者所回答的内容也必然有一定的“职业”或“专业”深度，尤其问题、观点、学术专访，更会涉及不同的领域中专业性比较强的内容，记者需要具备一定的相关知识才能与被采访者对话。因此，在专访前，必须熟悉有关的知识、掌握一定的资料。

（3）问题设计。专访需要记者“有备而来”。这里的“有备”指记者是带着准备好的一些问题，有目标而来，因此一般的专访都要准备采访提纲，包括问题设计、问题的结构、问题提出的顺序等。按照问题的性质分类，提纲中应该包括基本问题、随机性问题、储备性问题、引导性问题等。按照问题的提法分类，可以设计开放式问题、闭合式问题、重复性问题。即使就一个基本问题还可以变换提法，用正面问、侧面探、反面激等多种手法。问题的排列顺序也很重要，先问什么、后问什么、问题之间如何巧妙地转换等，这些都直接关系到专访的效率与成果。

（4）注意挑选适当的采访时机和场合。恰当的时机与场合有利于引导被采访者进入角色，打开话匣子。有时特定的时机和场合还可能使被采访者触景生情、活跃思维，讲出有感情、有个性色彩的语句来。采访在不同的环境和时机进行，会使专访活动产生截然不同的效果。

2. 简述专访的主要写作方式

答：（1）问答整理式。这是最常见的叙述方式之一，也是最简单、最能体现专访文体特征的叙述方式。其写作要领是实录经过整理后的采访过程，以记者提问、受访者回答的问答体发表，其优势在于能最大限度地再现访谈内容，其实录性、可信性与可读性强。

（2）散文处理式，也可称为隐性问答体。它基本摆脱了一问一答的模式，记者可根据专访报道的需要自由取舍问答的内容，并灵活地运用描写、议论、抒情等手法，穿插叙述访问的情景、过程，或者勾画被采访者的形象、性格等。其优点是报道精练、明快，在一定程度上，解决了问答整理式的篇幅过长问题，通过灵活的文体处理，它把问答整理式一般不可缺少的导读，穿插于专访中间，也使得报道显得丰富饱满、多姿多彩，这种方式也给记者留下较大的新闻写作的创新空间。

（3）口述实录。这种处理方式的写作要领是全文集中记录被访问者的口述，即把现场的记者和记者所提的问题都删除掉，或者淡化处理，主要保留被访问者的谈话。口述实录的优点在于它使得被访问者和读者之间形成一种直接交流，专访读起来更为亲切、可信。

3. 试论述专访新闻写作的技巧。

答：（1）注重选准“新闻人物”或代表性人物。采访对象选得准不准，是一篇专访成败的关键，要是采访的人物选得准，文章即成功了一半。

专访的“专”字，是指被访问人物的特殊性，特殊是指专访所写的人物应该是“新闻人物”或特定条件下的有代表性的人物，可以是指众多的人物中最突出的，最能说明问题的，带有一定新闻因素的人物。

（2）访问时要注意以下方法和技巧。

① 谈话原则，主要包括以下几点。

a. 选择恰当的开篇方式。采访经验丰富的记者往往在走进采访对象房间时，首先要打量一番，有时可以发现采访对象的爱好所在，再以此打开话题。例如，意大利著名记者法拉奇，寻找采访对象与自己的经历或亲朋中某些人的共同之处展开话题。

b. 谈话过程中要尽可能控制谈话的方向，使谈话围绕事先设想好的主题，或在谈话过程中抓取的主题来进行。

c. 问题之间要有逻辑上的联系，要符合采访对象思路的逻辑发展。

d. 采访提问要注意张弛结合。在连续提了若干个严肃的问题后，适当改换一下话题，提一个轻松活泼的话题，然后再转入严肃的提问，这样有利于调解气氛，打开思路，发现自己没有预料到的有价值的内容。

e. 不要因为采访对象坚持说“无可奉告”就轻易放弃。可以设法改变提问的角度诱使对方回答，或者根据其拒绝回答的情况给他设想出一个令其为难的结论，并问他这个结论是否正确。

② 倾听的原则，主要包括以下几点。

a. 专访时应该避免对采访对象作长篇介绍，应该避免为一个问题纠缠辩论不休。

b. 要敢于接受各种新思想、新观点，甚至与己相悖的思想观点。

c. 要尽量避免频繁地、不得要领地打断别人的谈话，给采访对象以充分的时间阐述自己的见解和观点。

d. 要注意观察采访对象的“话中话”。

③ 观察的原则，比如观察采访周围的环境，从中找到一些东西作为话题，帮助采访对象打开话匣子。还可以观察对方的衣着、神态、表情，并通过这种观察来充实与改进提问，拓宽提问的广度和深度，克服谈话采访中临时遇到的困难。同时在观察中把采访对象和其他人加以比较，在提问中进一步发掘其个性特征，使采访进行得更深入。

（3）准确而巧妙地运用“引语”（或同期声）。“引语”（或同期声）能使文章活起来，真实地传达出被采访人物的思想和情感。

（4）恰当运用背景材料。“专访”一般要给受众介绍一位人物，或让人物谈出精妙的见解与观点，为使人物给受众留下一个印象或为受众所接受，适当的背景交代是必要的。巧妙地运用好背景，首先要占有大量的背景材料，其次要通过剪裁、精选，完善背景材料的运用。

四、参考书目

[意] 奥琳埃娜·法拉奇. 风云人物采访记Ⅰ [M]. 南京：译林出版社，2012.

五、历年考研真题

1. 专访。(暨南大学，2011)
2. 简述人物专访写作的叙事类型。(暨南大学，2011)

第二十六章　新闻特写

一、重要概念阐释

特写，是以描写为主要表现手段，截取新闻事实中某个最能反映其特点或本质的“片断”“剖面”或者细节，作形象化的再现与放大的一种新闻体裁。

二、文选·导读

一个黑乎乎、笑嘻嘻的人朝地里走来。安小三家的小孩正在嬉耍，一见这人，立刻蹦着喊道，“李保国又来了！”

10 多年前，河北省邢台市内丘县岗底村村民安小三仗着几分聪明，总爱跟河北农业大学教授李保国对着干。李保国讲技术，安小三当面点头，背地不服。结果，秋后一算账，4 亩果园赔了 4000 多元。同村的杨会春是专家叫做啥就做啥，同样 4 亩果园，纯收入 1.5 万元。

又悔又急的安小三再不躲着李保国了。问技术，讨经验，他甭提多认真了，还把李保国独创的优质无公害苹果生产的 128 道工序记得滚瓜烂熟。这下子，果子长好了，卖上好价钱，他又承包了邻村的几亩果园，一年少说也挣个 10 多万元。难怪自家孩子一见李保国，总是兴冲冲地喊着。岗底村 600 多人，有 300 多人像安小三一样靠科技种植发了家。

李保国 1996 年随河北农业大学科技救灾团初到岗底时，特大洪涝刚过去，3 天把一年的雨都给下了。地没了，山烂了，路垮了，岗底村党总支书记杨双牛一面流泪一面不忘招待李保国，“我们岗底苹果好吃，吃吧吃吧。”

李保国接过杨双牛手上的苹果一看，干巴巴的小黑蛋子，心里很不是滋味。他给杨双牛留下电话说，“你要是愿意，我们把苹果做起来。”敢想敢干的杨双牛带着村民只用两个星期修通了山路，马上拨通了李保国的电话。

李保国先来岗底住了半个月，每天早上5点起床，带着干粮凉水就上山，一天走8公里山路，把岗底的山爬了个遍后，做了全村发展规划，其中第一产业就是苹果。

第二年春天，李保国带着60多个学生扎进村子，把全部新技术搬到了岗底。祖祖辈辈按照老法子种树的村民哪能适应这稀奇古怪的技术。李保国教村民给苹果套袋，有人说，“衣服人都不够穿，还给苹果穿两层?”李保国让村民不要剪掉长枝，结果他前脚走，后脚就有人给剪了。

秋天一到，农民半信半疑地把苹果袋一摘，立刻拉长了脸，“啥破烂儿，都是白蛋子!”李保国说，“别急!”3天一过，苹果颜色慢慢变得鲜亮起来，半个月后村民笑开了花，直夸道，“跟城市小姑娘的脸一样粉扑扑的!”村民们还发现，没有剪掉的长枝上，竟能结出76个苹果，没一个小于半斤的。

李保国用了9年时间，白天钻果园，晚上上山测报虫情，建立了苹果乔砧矮化密植栽培新树形——改良纺锤形，实现了优质无公害苹果生产的标准化。在李保国的指导下，富岗苹果成了中国驰名商标，被认定为A级绿色食品，甚至卖出了100元一个苹果的天价。如今，岗底村村民人均收入由从前的几十元变成20000多元，56户村民开上了小轿车，80%的村民住上了和城里人一样的单元楼。李保国被村民亲切地唤成“科技财神”。

李保国牵头组建的河北省苹果产业技术创新联盟，推动河北苹果栽培面积由30万亩快速发展到120万亩。除了富岗苹果，李保国还打造了“绿岭”核桃这个全国驰名商标。李保国说，他还有一个愿望，就是想从国外引进一种柿子到太行山区栽培。“这种柿子又脆又甜，没有涩味，从树上摘下来就能吃。”李保国说到这儿，眼睛里闪着光。

“李保国又来了!”成了太行山上最动听的回音。

——摘自：董碧娟《李保国又来了！——记一位扎根太行山的科技工作者》，《经济日报》，2014年7月1日

三、问题与思考

1. 特写与消息、通讯相比较，分别有何相同点和不同之处？

答：(1) 特写与消息的异同点。特写与消息都是简要和迅速地报道新闻事实，不同之处在于消息往往择要地报道新闻事件的全过程，而特写主要抓住新闻事件中富有特征的片段进行报道。

(2) 特写与通讯的异同点。特写与通讯都重视运用形象思维和多种文学手法，生动形象地报道新闻事实。不同之处在于：①特写比通讯更强调时效性、新闻性，在报道同一件新闻事实时，通讯一般向读者展示其纵断面，即比较完整的来龙去脉，而特写则集中笔力着重展示新闻事实的某一个横断面，不一定展示完整的情节；②特写比一般通讯写作更集中、细腻、突出，写作更迅速、洗练。

2. 特写的主要特点是什么？写作的要领是什么？

答：特写是以描写为主要表现手段，截取新闻事实中某个最能反映其特点或本质的“片段”“剖面”或者细节，作形象化的再现与放大的一种新闻体裁，是衍生于消息和通讯之间的一种报道形式。

(1) 特写的主要特点有如下几点。

① 镜头感：特写一定程度上借鉴了摄影或者电影中特写镜头的表现方法；巧妙地“截取”，讲究角度的切入，再现一个片段、一个细节；适当地“放大”，对所截取的新闻事实进行立体化再现，对其局部要放大、细化，以加强视觉和艺术效果。

② 透视感。特写比其他新闻文体更强调“以小见大”的传播效果，所摄取的新闻片段或剖面应该具备透视全局性或者本质性内容的功能。

③ 现场感。特写是来自现场的报道，要求作者必须是新闻事实或被采访人的现场目击者。现场感还表现在特写的写作要历历如绘、情景交融，记者要将目击式和感受式结合在一起写，以给读者从视觉到情感的强烈冲击与感应。

(2) 特写的写作要领主要包括以下几点。

① 抓准“镜头”。特写要求记者通过仔细的观察，抓准一个有特色的近景，即具有本质性新闻价值的一个剖面或片段，以小见大、出奇制胜。

② 要有精彩的细节描写。镜头对准之后，接下来要“局部放大”，几处精彩的描写便是局部放大的细节，此时的细节应当满足两个要求：细节要有特点，细节要有动感。

③ 要抓住新闻事实的高潮写。特写必须要注重人物或者事件的有特别意义、情趣的细节、片段，继而予以形象化的突出处理。在行文结构上要求紧凑，抓住新闻事实高潮接高潮地铺陈，推动读者的视觉、感受、联想与共鸣不断向前，最后还要有颇有回味的结尾。

④ 要情景交融地写。特写是一种描述性新闻，也是记者进行现场采访的产物，记者不仅要用描写，而且要用激情感染读者，将描写和抒情结合，情景交融。

⑤ 善于运用背景材料烘托与凸现。当背景材料独立成为一个背景段落时，要挑选那些本身就具有镜头感的背景材料，尽量将其写得有镜头感。大量背景材料的运用须巧妙，位置要灵活，最好是把背景与新鲜的事实描写自然并有机地融为一体，成为一个新创造体、新的镜头，在全文中形成更突出的地位，加强特写的立体感与纵深感。

四、参考书目

刘志宣．新闻写作技艺十讲［M］．上海：复旦大学出版社，2015.

五、历年考研真题

1. 新闻特写（南京大学，2007；南开大学，2005；上海交通大学，2005）

2. 简述消息与通讯两种新闻体裁的异同。（中国政法大学，2007）

3. 2001 年 7 月 13 日中国申奥成功，结合当天你的采访所得或所见所闻的事实材料，依照新闻工作规律，写一篇消息或新闻特写。（字数：700～800 字）（中国人民大学，2002）

第二十七章　网络新闻写作

一、重要概念阐释

1. 第四媒体

从广义上，“第四媒体”泛指因特网。从狭义上，“第四媒体”是特指基于因特网这个传输平台来传播新闻和信息的网络。

2. 复制新闻

复制新闻也称COPY新闻，是指从传统媒体上复制来的新闻。

3. 原创新闻

原创新闻是指报社或者电视台等传媒机构从新闻第一现场真实采集而来报道的第一手新闻信息，并非是转载而来的新闻。原创新闻是网络新闻写作研究的对象。

二、文选·导读

你也许第一次听说三和，但在网络上，三和早已鼎鼎大名。三和市场位于深圳市龙华新区景乐新村北区。在它周围，凭借着低廉的生活成本，这里成为低收入人群的乐土。

在这里，上网只要一块五。网吧不仅能提供最廉价的娱乐活动，也给外来务工人员提供了住所。去年11月的整改之前，还有许多连网吧都住不起的失业者，睡满了大街小巷。

有人听说了这些人的存在。因为好奇和无聊，他们涌入三和本地的QQ群。一张衣衫褴褛的照片、一句走投无路的哀怨，无不挑动着围观者的神经。他们兴奋地传颂着这群人的事迹，并给他们取了一个充满嘲讽，却又在一定程度上恰如其分的名称：三和大神。

这些人终日沉醉在网吧里。有的是为了玩游戏，有的是为了生存。为了搞清楚他们究竟在玩些什么，我们和一些当地人取得联系，并听了听他们对自己的看法。

1

如果仔细看这张照片，你会从左侧的窗户发现，里面的人正戴着耳机上网。这就是三和黑网吧的环境。

早上 10 点，我站在大家乐网吧的门口，一个阿姨迅速向我靠拢。她面无表情，眼睛盯着手里的白色 iPhone 6，用并不热情的语气说："床位 15，单间 20。"在三和人力市场，每一个阿姨都向我说过同一句话。

网吧老板正在电脑上用安卓模拟器玩《开心消消乐》，旁边的音响一直发出"耶耶"的声音。墙上有一张红纸，用黑笔写着：上网 1.5 元，包夜 8 元，包天 26 元。这基本上是三和网吧的统一价格。

不管任何时间，三和的所有网吧都坐满了人。玩《英雄联盟》的最多，《穿越火线》其次，《天龙八部》跟《起凡三国》难分难解。没有人玩单机游戏。但有两个人玩"剑网三"（也就是《剑侠情缘网络版叁》）。文华是其中一个。

文华穿着一件快变成灰色的黄色背心，寸头、拖鞋、牛仔裤。他在游戏里和别人切磋了三次，均以失败告终。文华用拳头在键盘上重重一砸，键盘像个巨型烟灰缸一样掀起一股尘埃。他在 YY 里说："我不打了，我刚才卡了。"这句话在一定程度是事实。尽管只开最低特效，他玩的游戏始终没有超过 20 帧。

三和的网吧里很少有 27 英寸以下的电脑，三和人认为屏幕越大的电脑就越好。当地一个坐拥 32 英寸大屏幕的网吧老板对我说，这里的电脑"更新速度特别快"。所有网吧的配置都符合下列清单：GTX750Ti 显卡、4GB 内存、i3 处理器。

在这个叫"景乐新村"的小区里，所有楼房的一层都被改造成网吧，其间只点缀着零星的小卖铺跟饭馆。2 到 6 楼是出租屋，大多是摆满上下铺的床位房，还有20元到100元不等的单间。

每天早上4点，数以千计的求职者聚拢在海信、三和两座大楼之间，等待着一天的开始。刚出摊的煎饼铺转眼间炸出十几个一块钱的酸菜煎饼，又在转眼间销售一空。隔壁的河南胡辣汤同时拉开了卷闸门，仅有的8个凳子永远坐着人，胡辣汤一碗接一碗地传递出去，沾着汤水的黝黑手指又将钱传递回来。他们蹲在原地，大口吸吮，有些人连勺子也没有。

几个小时后，人们一群一群地被中介带走、装车、拉向等待他们的工厂。

2

中午12点。文华把头埋在7块钱的快餐里。左手旁的彩票店坐满了人，这里每天营业到晚上10点。隔壁奶茶店的小妹告诉我："那些人在里面一坐就是一天。"很多身上只有10块钱的人会把一半钱投进去。奶茶店的小妹叫洋洋，21岁，广东人。我让她谈谈对这些人的感受，她心不在焉，用手指慢慢抚摸着手机屏保上的鹿晗，"没有怎么接触过，但感觉他们很不上进。"

广西柳州的杜阿姨经营着快餐店右边的小超市。她说自己只是帮朋友看店，"刚来半年"。小卖铺的玻璃门上贴着黄底黑色的"当"字，暗示着还有其他副业。街对面还有两家名字里就带着"当"字的小超市，她们最常接当的东西是"32GiPhone6"，但没人愿意告诉我能当多少钱。

文华31岁，来三和5年。他从初中毕业起就跟着"村里的亲戚"在外打工。由于手头拮据、业余生活枯燥，他在工厂里学会了跟别人去网吧。文华玩过的第一款游戏是《问道》，前后玩了3年，投入了一两千块钱。我问他《问道》好玩不好玩，他说好玩。我问好玩在哪？他把免费的蛋花汤一饮而尽，说："这游戏很有味道。"

文华觉得，想要玩好《问道》，钱是次要的，主要靠智慧，"因为它是个回合制游戏，要团队搭配"。但他频繁遭遇盗号，而且每次都在"装备马上成型的时候"。我问装备成型需要多久？他说："没钱几个月，有钱一瞬间。"

来三和的第一年，文华干过能找到的大部分工作：服务员、快递、城管、保安、工厂临时工。但第二年开始，他就只愿意做日结，当日完工，当日发薪水。日结意味着没有福利保险，干了今天没明天。但三和人欢迎日结。一个顺口溜是这么说的："日结做一天，可以玩三天。"至少在5年前，这句话并不夸张。因为当年一张床位只要5元钱，上网一个小时只要8毛。

除了不稳定的短期工，富士康也在这里招募正式员工。相比其他工作，富士康工资稳定、缴纳五险一金、工作强度也不是最大。但这些并不能吸引三和人。正相反，大多数人厌恶在工厂里干活。来三和之前，文华已经在工厂里工作过3年。现在他一天工厂也不愿意进，因为"混得太久，已经习惯了"。

也有一些人会被富士康拒绝，他们因为种种原因失去了自己的身份证，又因为更复杂的原因没有补办。

凭借着低廉的生活成本，三和吸引了大量体力劳动者。我问每一个受访者"三和大概有多少人"，得到的答案从"几千到十万"不等。只有一点是共识，在三和，有三类人在这里生存：体力贩卖者、淘金者、灰色交易的代理人。

3

由于身背巨额债务、长期不愿意工作等原因。年仅23岁的谭茂阳已经两年"不敢见人"了。谭茂阳身高一米七左右，体重180斤。他说自己来深圳五年，体重翻了一番。20分钟前，他用"命不久矣"这个名字在三和QQ群里呼喊："救救我，我快死了。"他声称自己连续半个月睡在公园里，已经超过2天没吃过饭了。

有人在群里发了一个口令红包，引起小范围的骚动，他的话很快就消失在屏幕里。我向7个三和群里超过2000人发出过采访邀请，结果只有一人回复。在得知我的目的后，对方说了一句"这些人都是人渣、败类"，之后再也没有理过我，他还是这个群的群主。

谭茂阳仍然在对着可能存在的听众说话："三天前有人给我发了一个红包，我买了一碗泡面，到现在都没有吃过饭了！"有人骂他是人渣，更多人漠不关心。类似的求救信息在三和群里屡见不鲜，与办证、招工、贷款、“新葡京线上赌场开业啦”出现的频率一致。有人私下给他发了10元钱的红包，谭茂阳立刻将截图发到群里，对所有人说了一声谢谢。

20分钟后，我以聊天及“提供帮助”的名义，在一家肯德基里见到了谭茂阳。当时是凌晨3点钟。他把我们俩的聊天记录发到群里，“兄弟们，我得救了，北京有人看我来了。”

从外表来看，谭茂阳很难被划入无家可归者的行列。他的衣着还算得体、说起话来滔滔不绝，但细节往往含糊带过甚至相互矛盾。当他撩起袖子挠痒痒时，我看到覆盖在皮肤上密密麻麻的红色斑点，他说那是跳蚤蛰出来的。

谭茂阳说自己“对游戏的理解挺深”。他说他曾于2014年获得过《英雄联盟》深圳城市大赛亚军。并因此被战队经理挖掘，“当时一天能接到四五通电话，都是战队经理打的。”但谭茂阳没有接受。因为觉得和对方“没有交情，怕被骗。”

他把此事告诉了游戏里的好友，现任OMG战队上单选手夕阳。夕阳劝他别放弃机会。他听从了对方的建议，前往上海参加OMG举办的青训营，“夕阳当时就是青训营的队长。”谭茂阳激动起来，挥舞双手，汉堡里的沙拉酱滴在了衣服上。

但他其实只待了一个月。因为“教练管得太细了，我玩得不自在。”他感觉总被条条框框限制，这让他很不舒服。半个月后，他找领队谈了自己的想法，决定半个月后离开，“如果不是有夕阳的面子在里面，我当时就走人了。”一个月后，谭茂阳带着一千五百块工资，从上海回到了深圳。

4

下午1点，距这里4个网吧外的双丰面馆迎来客流高峰。在网吧里刚睡醒的人们来到这个只有10个座位的面馆。说是座位，实际上是10个塑料桶。这里提供三种面条，但所有人只吃一种连名字都没有的“老板来碗面”。

面里视运气会出现一到两根肉丝，不超过五片蔬菜叶，一碗清水汤，三把挂面。但它凭借五年来坚持四元的售价享誉三和，被当地人称为“挂逼面”。

“挂逼”是三和当地的形容词，它指的是身无分文、走投无路的人。当地人使用这个词的频率极高，用法灵活多样，与屌丝遥相呼应。

很多人告诉我，两年前，在景乐南北区的每一条小巷里，一到晚上就睡满了“挂逼”。每天早上4点，中介们走街串巷，拿着喇叭招揽在网吧里上网的人。少数人从座位上站起来，留下一到三天的生活垃圾。大多数人漠不关心，他们戴着耳机，眼睛被光彩夺目的屏幕深深吸引。

文华经历过那段时间。他告诉我，当时有很多网吧老板在门口放几张台球桌，白天有人打台球，到了晚上，每张桌子上至少睡七八个人。九九便利店的收银员小唐证实了他的说法。小唐今年22岁，才上班2个月就被“震住了”，因为他每晚离开的时候都有人在门口睡觉。

但现在，文华口中的“盛况”已经不复存在。每一个受访者都谈到了去年的“大清洗”。2016年11月，龙华办事处、龙城派出所、维稳办联合执法，对景乐新村进行过一次整改活动。黑中介被取缔一空，治安也有了明显改善。不管是住宿还是上网，身份证也明显查得严了。与之对应的是，现在三和市场上随处可见正在巡逻的协警，根据当地人的说法，里面还有不少便衣巡警。

整改让三和人数发生了肉眼可见的骤减。文华也非常纳闷，他在谈到这个问题时问我：“你说那些睡大街的人都到哪去了呢？”与他们一并消失的还有大量站街女。在三和的QQ群里，每天都有人询问，“兄弟憋得难受，谁告诉我现在哪有小姐啊？”黑中介消失还导致了另一个结果：“虽然人变少了，工作却更难找了。”

收银员小唐戴着眼镜，一会看看我的名片，一会又看看我。在我们交谈的20分钟里，他至少问了3次“你真的是从北京来的？”谈到这些人，小唐露出了明显的不屑：“你说都有手有脚的，干什么不好，一天到晚打游戏。”他和“三和人”唯一的接触就是卖东西给他们。四块五一包的红双喜香烟，2元钱2升的清蓝矿泉水最受欢迎。后者在本地极受追捧，被人们简称为“大水。”

这家便利店坐落于将景乐新村切割成南北两块的三联路上。沿街的现代化商铺应有尽有。不论是开车还是步行，过路人很难看出端倪。在三联路的另一面、每家店铺的背后，隐藏着不计其数的出租屋，与整整一小区的网吧。

尽管从任何网吧出发，走到这条街上都不超过5分钟，文华仍然没在这吃过一次饭。他从口袋里掏出20块钱，递给快餐店老板。我问他身上还有多少钱？他摸着找零，“我就剩下这么多钱了。”隔壁奶茶店最便宜的茗香绿茶奶盖售价21元。

5

在来三和之前，谭茂阳有过一个女朋友。5年前，谭茂阳大专毕业，因为“不愿意接受学校安排的汽修工作”，他离开湖南郴州，一个人到深圳打工。他在罗湖的一家首饰代工厂找到工作，并且认识了前女友。

但他们的婚事遭到了女方父母的拒绝。他的女友是四川人，独生女。对方父母希望谭茂阳“倒插门”，这遭到他的拒绝。双方互不相让，僵持了一个月后，女孩率先受不了了，他们选择和平分手。谭茂阳本以为“分手了就放下了”，但第二天上工，他感觉自己“整个人像丢了灵魂一样”。

第三天，他没跟任何人打招呼，从工作两年的工厂不辞而别。

他从此住到了附近的网鱼网咖里。坐最好的机子，喝最贵的饮料，加上吃饭，每天开销至少两三百元。离开工厂时，他身上有打工两年攒下的积蓄3万元，但几个月后他就“感觉消费不起了”。听人介绍后，他来到三和，因为这里消费很低。谭茂阳每天都在玩游戏玩累了就去开一间80元的房间睡觉，“有空调、有电视、能洗澡”，隔三岔五还要“按摩洗脚放松”。

离开OMG战队青训营后，谭茂阳和朋友合伙开过一家小饭馆，生意红火得“每天光外卖都送不过来”。然而好景不长。他们租赁的店面过小，又没有厨房，只能在街上炒菜。大量的油烟引起了楼上住户的不满。房东反复接到投诉，2个月后决定不再续租。

谭茂阳对此事怨恨至今，“他们都是在本地工厂打工的，白天根本不在家。就是见不得别人比他过得好。”生意失败令他心灰意冷，变本加厉地投入到游戏当中。一天晚上，他和某个游戏里认识的朋友在网吧打双排（双人排位赛），对方听说了他生意失败的故事，劝他“不如投资做烤肉店，我表哥懂的很。”对方劝了一夜，天一亮，他决定投资。他到银行取了5000元，交给对方，对方说："你先回网吧，我找朋友办点事。"从此再没出现。

谭茂阳之后玩游戏再也没顺过。"我一Carry（在游戏中获得显著优势），队友一定崩；我一崩，队友一定Carry。"但他Carry的结局总是队伍迈向失败，这打击了他的自信心，手感也因此"越来越差。"

他加了许多三和本地的QQ群，因为想参加附近网咖的《英雄联盟》比赛。有陌生人借此在QQ里给他发送赌博网站。因为无聊，他就打开试了试，"按照对方提示的方法注册后，第一次只充了50，没几个小时就赢到400。"谭茂阳挺高兴，把钱取出来当网费。此时距离他上次工作已经超过8个月。又在网吧待了4个礼拜后，当初的3万元只剩下一两千。于是他又想起了那个网站。

这次他不再走运，所有钱一夜间灰飞烟灭。他开始以"生活遇到一点困难"为名义借钱翻本。刚开始是找朋友，接着是亲戚。等到所有人都怀疑他"是不是进传销了"，他开始转向网贷。"拍拍贷啊、现金巴士啊、现金白卡啊、闪电贷啊。"多则1000，少则500。他向超过30个网贷平台借过款，发现了提高额度的窍门。"你先借500，很快就还，额度就会涨到1000，再借再还，就会涨到1500……"谭茂阳借到了30万，然后把一切都输在了赌桌上。

此时距离他上次回家已经超过两年。他也没有手机，和家人基本失联。

谭茂阳三岁时经历了父母离异，从小和奶奶生活在一起。父母离婚后各自组建了新的家庭，没人愿意接纳他。不但在生活上，经济上也没有提供任何帮助。这么多年来，他和父母聚少离多。谭茂阳觉得自己就是父母的一个玩物，"他们寂寞无聊之后，就会打电话找我，不想找我的时候，根本就不会问我什么。"

他不想见到自己的父母，"从来就不想见"。谭茂阳说这不但是他自己的意思，也是父母的意思。我问他想不想见奶奶。他沉默了，把早已喝干的可乐瓶拿在手里翻来覆去地捏，直到可乐瓶发出"咔咔"的声响。"我的整个童年，从来没有人关心我，也没人鼓励过我。"他扯起衣袖，狠狠地抹了一下眼睛，胳膊上湿了一片。

谭茂阳现在身背40万债务，上一次见到奶奶是前年过年。临走前，我给了谭茂阳几百块钱。他说自己再也不赌了，要拿着这钱去富士康好好工作。还把QQ名字从“命不久矣”改成了“涅槃重生”。

聊天结束后，谭茂阳在群里兴奋地说：“兄弟们，我被救了。”我发现他把群名片的名字也改了。他的QQ头像是王健林，名片名称是“导师”，接下来的两个小时里，他一直在群里讨论“某次给朋友戴绿帽子”的经历。

6

我在早上6点去过三和市场。没有人招工，也没有出现中介。数百个找不到工作的劳动力在广场上走来走去，他们有时候看看马路对面，有时候抬头望着天。一种说不上的怪异气氛笼罩的人群，过了很久我才反应过来，这种怪异来自数百个人的同时沉默。

6点半的时候，人群分裂出几个小圈，里面正在赌博。我被人暗中推搡着，从最外面被推到里面。一个抽着软中华的中年男人正在坐庄。他面前铺着一张白布，中间放着骰盅，里面有6颗骰子，每一面画上一个动物。骰盅的周围画着十二生肖。下注的人不少，面额最大的是10元。

第二天，我把这件事说给当地的中介忠哥，他说这些人都是有门道的。手上粘着胶水，想要什么出什么。

尽管已经“金盆洗手”了一年，忠哥对自己的知名度仍然抱有自信，忠哥说：“三和至少有60%的人认识我”，他认为依附三和生存的大约有10万人。

我们约在一家咖啡馆见面。那天深圳28度，我和他的两个朋友穿着短袖，但忠哥穿着一件长袖衬衣，外面还穿了一件黑色皮夹克。他的朋友告诉我，忠哥混得最好的时候，每天出门“都跟着十五六个人。”

忠哥一进咖啡馆就非常客气，不停念叨着：“太高级了，好久没来这种地方了。”由于我们都没吃饭，忠哥就点了4碗米饭、一盆水煮鱼，就着咖啡，我们“喝了一顿下午茶”。中间菜不够，忠哥的朋友嚷嚷着加了一道麻婆豆腐。

来三和的第一年，忠哥就发了财。

他在三和认识了一个广西的大老板。大老板不定期给忠哥数张内含10万元的银行卡。他的任务是把钱取出来。他首先在本地收购大量银行卡，带U盾的40元一张，不带U盾20元。然后把卡里的钱全部打到收购的银行卡里，一张卡存1万。最后到银行把这些钱取现，取一次获利400元。

忠哥说他一年就赚了60万。但这些钱在次年就挥霍殆尽，最主要的开销是“交女朋友”。忠哥和一个会所里认识的22岁的女大学生签订了为期半年的“协议”。他认为这很有必要，“有一些场合，带着女人去，才有面子。”

忠哥在三和没有打过一天工，除了帮人洗钱，他只做过中介。但他强调自己是正规的，而且他非常看不起黑中介，因为黑中介“经常搞出大事。”

通常情况下，普通人做一次日结能够得到100元左右，中介按照人头数量和雇主收费。但是，由于人力市场始终处于供大于求的状态，黑中介们有了可乘之机。他们不但收取雇主的费用，还向人力抽成：每100元抽成20%。如果你是黑户，抽成将会达到50%。

“黑户就是没有身份证的人嘛。”忠哥用右手的中指指关节敲击桌面，发出“梆梆”的声响，“那些在网吧里招黑户的傻逼（黑中介），要钱不要命。”

有些黑中介把人拉到工厂以后就一走了之。工人们发现，自己到的地方和中介说的完全不是一回事。做什么工作、报酬、时间，都得听现场安排。想走也可以，但很多人没钱买回去的车票。有时候就会爆发冲突，有时候就会出事。

忠哥用指关节敲击桌面之后，就会把五指摊开、手掌朝上，配合一个反问句上下抖动手掌，“你说，这些黑中介是不是害人的东西?”

由于各种原因，很多人在三和失去了自己的身份证。根据民间说法，黑户的数量极为可观。这些人的存在让身份证交易应运而生。

我问忠哥，如果一个人连身份证都没了，算不算是三和大神。忠哥笑了，他从我的烟盒里拿出一根烟，点上，慢悠悠地说：“这只是第一步而已。”

忠哥本名廖忠雄。2000年，他以湖南省郴州市坦坪镇某个村子为起点，开始了“闯荡江湖”的生涯。他先在东莞“混了10年”，见过最难忘的场景是“兄弟死在自己怀里”。2014年，由于被围追堵截，他曾从3层楼上跳下来，从此退隐江湖。

我无从证实他所说的每句话的真实性。唯一能确定的是，他的一条腿折了，走起路来一瘸一拐。

7

文华始终认为，只要不是自己逼自己，三和是个永远死不了人的地方，因为这里有太多方法能让一个人搞到钱。

三和有一种假手机专卖店，专门协助别人骗取分期贷款平台的钱。它们经营的业务在三和有一个专有名词：做分期。

文华曾经做过这样的“手机分期”。门店人员帮助文华用身份证在网贷平台申请了4000元贷款。门店留下3000，文华拿到1000。整个过程和手机无关，文华拿到1000元的代价是多了4000元的欠款。

比做分期更危险的是“做法人”。

很多人出于由于各种目的来三和“招募法人代表”。这也是在三和“来钱最快”的途径。找法人的人首先支付黑中介5万元。经过4轮中介抽成以后，“法人代表”得到1000~3000元酬劳。代价是承担该企业的所有法律责任。

法人代表只能做一次，当过法人代表之后，还可以“做贷款”“做P2P”“做取现”（蚂蚁花呗、信用卡）、出售银行卡和手机。三和流传着一个传说，有人通过中介公司的包装贷到了100万元。其中20万元是中介费。如果你是黑户，中介费将会上升到50万。

如果做完这一切还不愿意工作，那还可以卖掉自己的身份证。身份证在三和是一种明码标价的货物。按照出生年龄的不同，价格被严格划分为三个层次：1980年以前的40元，1980年到1990年的40—80元，1990年以后80—100元。

时间已经接近晚上12点了。彩票店门口还是人声鼎沸。一个男人刚从里面走出来。

来三和第二年的某天，文华从网吧里醒来，发现自己被洗劫一空，他也成了一个黑户。尽管对三和大神之类的字眼非常反感。但他确实符合这个条件：没有身份证、身背巨额债务、与家人断绝往来、只做日结。

文华今年31岁。距离上次回家已经超过5年。我问他想没想过未来。他说："我一玩游戏就什么都忘了。"文华最喜欢的游戏是《天龙八部》，他觉得这个游戏很真实，玩上瘾之后，"感觉沉入另一个世界。"

有一天下副本，他认识了几个高等级的朋友。"装备好、也有钱。"他们带着文华升级，给他装备，文华很感动，觉得游戏里的人"很有义气"。为了回馈这种义气。在三和打工期间，他赚的钱基本都投入到了游戏里。

他因此交到了不少朋友，"有打工的，有当兵的。"还有两个女孩。大家年龄差不多，十分聊得来。"那里面有些场景，它设定得很好，它场景里面有背景音乐。比如说你打困了，几个人一起去那里打坐，还可以谈谈心。"

一年半后，他在游戏里找到了情侣。婚礼那一天，"朋友，结拜兄弟都来了。"文华非常高兴，他在一天里同时感受到了"爱情、友情、兄弟之情"。文华说："除了见不到真人，我觉得《天龙八部》和现实世界没有区别。"

半年后的某天，他和情侣在游戏里打怪，一个路过的高等级玩家对他发起了强制PK。那个人充了很多钱，文华被打败了，高等级玩家扬长而去。文华一句话都说不出来，心里已经有了伤口。一方面是在情侣面前丢了脸，一方面是PK时情侣始终无动于衷。当天晚上，他思来想去，决定离开游戏。

像很多资深玩家一样，文华离开游戏后加入了私服，但"总是找不到当时的感觉"。他和情侣一直在QQ上保持联系，双方默契地回避了他离开游戏的问题。跟着网吧里的人玩了半个月《穿越火线》以后，文华又有点想回去了。

第二天，他的QQ号被盗了。由于没有手机，他们从此失联。

8

我第一次见到阿孝时，他正在一家黑网吧的阁楼里砍服。

一楼看起来很正常。墙壁刷得雪白，电风扇吭哧吭哧地响，20来台电脑沿墙摆放，基本上没有垃圾。网吧老板对我爱理不理，我站在他背后说了一声你好，他把头艰难地向后转了30度，甚至没看到我，然后又转了回去。

我沿着金属楼梯拾级而上，身旁的墙壁上贴着标语：“严禁看A片，违者报警处理。”阁楼十分低矮，也没有窗户。几盏白炽灯挂在头顶，超过三分之一是坏的。这里闷热难耐，几台电风扇挂在墙上，我试了试，没有一个能打开。

阁楼里只有七八个人，一半在玩《传奇》，一半在睡觉。醒着的人赤裸上身，睡觉的穿着衣服，大概是担心感冒。每天早上8点，一个34岁的安徽女人就会把这里清扫一遍，但烟蒂和剩盒饭仍然堆满了桌子。一道吃剩下的“蒜薹炒肉”淌着菜汁，滴到了一个人的脚上，很难分清哪个更干净。

阿孝今年34岁，他声称第一次玩《传奇》是在20年前，但《传奇》进入中国只有16年。

当他们聊起《传奇》时，既不提这款游戏的名字，也不说“玩”。他们说“砍服”。“砍”字总结了《传奇》的核心玩法，“服”字代表了私服的最大特征：新服数量极多、合服速度极快。

在一份至今流传于互联网上的清单里，写着砍服界十大家族，个别版本的清单列出了排名前1000个家族的名称。阿孝所在的家族就在这个榜单里，并且地位显赫，它叫“布拉格の”。阿孝认为，IS语音见证了《传奇》私服界的辉煌。2002年到2003年，家族“统战”都靠IS语音，“一个频道里就有一万多人。”他用食指比了一个“1”，指尖朝上，在胸前划来划去。

某年夏天，如日中天的布拉格の家族遭到狼族家族挑衅，阿孝所在的分支与狼族的另一股分支在“已经忘记名字”的私服里爆发了激烈冲突。在广袤的私服世界里，双方共计投入“兵力”两万余人、横跨“无数个”私服、消费人民币“至少几百万”。阿孝当时18岁，因为“太激情了”，在网吧里玩了7天7夜。

他开始忘我地说一些来自家乡的脏话，我一个字也没听懂。出生于江西省新余市河下村的阿孝从小就是名人。14岁时，他曾为了省下两块钱的网费，花5个小时从村子步行到网吧。一年后，由于太爱玩《传奇》（阿孝上网只玩《传奇》），他与家里人大吵一架，带着103元到东莞寻找表哥。

他在一家烤炉厂里干了3年，又到中山做了几年皮鞋，还在北京郊区的工厂里打过工。迁徙的原因只有一个：当地砍服的朋友喊他来玩。两年前，三和的一个朋友喊他来玩。阿孝来了，本来只想待一个月，结果一待就是两年。

来三和的第一个礼拜，他在网吧里丢了手机，第二个礼拜丢了钱包，第三个礼拜丢了行李。每天从网吧里睡醒，身上总是要少点东西。采访三天前，他用200元买的二手安卓智能机又丢了，邀请他来玩的朋友早已失踪。

十大家族的传说已经湮没在网络游戏的浪潮里。现在，阿孝加入了一个专职砍服的YY公会。他们用体力和时间供奉着公会里的老板，为他开疆拓土，赚取一些辛苦钱。没有老板的时候，他们就不断“滚服”打装备，卖给其他玩家，或者系统回收。

我见到他时，除了身上实在看不出多久没有洗的牛仔裤以外，他最贵重的财产可能是两包22元的玉溪香烟，这是我在之前给他的“好处费”。

相比许多人过一天算一天的情况，砍服仍旧是一份“稳定”的职业，运气好（爆极品装备）的时候，一天的收入有可能达到500元，更多情况是每天100到200元，也就“混口饭吃”。但他始终没忘记给游戏充钱。为了“砍得爽”，阿孝在过去的这些年投入了“一两万元”。就算以砍服为生的这两年，只要有闲钱，还是会充进去，“你想想看，一进服务器就能比别人打更高级的怪，爆的装备也好啊。”

我问他现在觉得《传奇》还好玩吗？他摇摇头。但他表示，将来哪怕不做这个了，还是会继续玩下去，因为“我只会砍服。”

9

我问每一个受访者相同的问题，“如果让你用一个词或一个句子描述三和，你会说什么？”文华说：“三和就像一个漩涡，进来容易出去难。”

文华常常盯着电脑屏幕发呆，看一会搞笑视频，又看一会八卦。文华说：“现在进了网吧，其实感觉很迷茫。”最近他正在和别人一起打《英雄联盟》，但总觉得提不起劲。剑网三他也不想继续玩了，因为“玩这游戏必须花钱”。之前为月卡支付的费用，对他的生活造成了一定影响。

1986年，文华出生在广西桂林市榕津村。他四岁时，母亲带着他改嫁。妈妈喜欢赌博。但总是输，一输钱就打他。后爸跟奶奶对他也不好。文华不愿意谈论过去，他反复念叨着：“他们对我特别不好，不把我当亲生的。”我问文华不好到什么程度，他盯着没有声音的电视机，半晌才说：“不是说好了只问游戏吗？”

初中毕业后，文华跟着当地一个施工队去外地干活。2 年后回到家里，奶奶却对他冷嘲热讽：“如果没有我（收留你），你在这个村子里就是最下贱的人。”文华非常伤心，待了几个月后，被村里的一个长辈带到深圳一家包装厂干活。

当时的薪水很少，一个月只有 1100。文华仍然攒了 5000 块钱。“当时就是想回家看看。”结果家人的态度让他大失所望。“我家的情况你也知道，我妈一天到晚和奶奶吵。”她们吵来吵去，最后发现，只要没有文华这个多余的人，“大家就都能好好的。”

文华点燃一支烟，一口气吸了半根，“我实在是待不下去了。”长长的烟雾从鼻孔里喷出来，遮住了他流泪的双眼。他再也没有回去过。我问他现在想起家里人有什么感觉。他又点起一支烟。我等他抽完，谁也没说话。他从嘴里吐出一个字：“恨。”

在我打算回北京的那一天，谭茂阳忽然联系了我。他说自己已经进了富士康，很感谢我当初的帮助。当天下午，他问我有没有看正在直播的一场《英雄联盟》比赛。谭茂阳发给我一张比赛截图，在某个战队名称上划了一个红圈。“我当时就是在这个战队青训的。”

我问他：“你这时候不是应该在富士康吗？”

他说正式进厂还要几天，今天只是培训，所以他特意请假来看比赛。因为这场比赛很重要，他“一定要看”。

（除谭茂阳、廖忠雄外，其他人均为化名）

——摘自：杨中依《在三和玩游戏的人们》，触乐网，2017 年 5 月 3 日（有删改）

三、问题与思考

1. 如何划分网络新闻的种类？

答：网络新闻就是综合运用文字、图片、图像、音响、动画等手段，借助网络平台和网络技术对新近发生的事实所进行的报道。根据来源，可以把网络新闻分为两种类型：复制新闻和原创新闻。

2. 网络新闻写作的特点与主要技巧是什么？

答：（1）网络新闻写作的特点如下。

① 传播时间的自由性，包括：随时发布新闻的实时性，随时阅读新闻的易检性。

② 传播空间的无限性，包括：不受地域限制的全球化，不受“容积”限制的广容性。

③ 传播方式的多样性，包括：多媒体传播，交互性传播，小众化传播。

（2）网络新闻的写作技巧有如下。

① 即时滚动式写作，这是指改变传统媒体的单篇静态报道为多篇滚动的动态报道。

② 超文本写作，即改变传统媒体写作的线形文本结构为超文本结构。超文本一方面是指信息以多媒体形式存在，另一方面是指通过超链接可以使信息之间产生联系，如运用多媒体技术进行网络新闻写作，通过超链接使与新闻相关的信息之间产生联系，使得网络新闻的文体不再是传统媒体的线形结构，而是网状结构与多维结构。

③ 互动式写作，即改变传统媒体写作对受众灌输式的信息单向传播为与受众之间的平等的双向传播。

四、参考书目

杨绍平．网络雕章：网络写作实务全书［M］．北京：中国工商出版社，2006.

五、历年考研真题

1. 融合新闻（中山大学，2012）
2. 新网络新闻标题的特点（华中科技大学，2012）
3. 网络时代新闻写作的变化（暨南大学，2009）

后　记

课程教学是实现人才培养目标的基本途径，课程教学质量是直接影响人才培养质量的核心要素。新闻写作课程为新闻专业必修课程，通过该课程的学习，学生能够很好地掌握新闻写作的基本方法、基本原则及新闻写作的基本经验，并能够学会撰写不同类型的新闻报道，最终为从事媒体、企事业宣传部门等工作打下扎实的基础。为了提高新闻写作课程的教学质量，我们组织力量编写了本书。

本书所涉课程内容以中国人民大学出版社出版的《新闻写作教程》（刘明华、徐泓、张征著，2002年3月第1版，2019年4月第36次印刷）为主要依据，全书分27章，每章包含“重要概念阐释”“文选”“问题与思考及参考答案”“参考书目”“历年考研相关真题”等板块。

本书是阜阳师范大学文学院新闻传播研究所、新媒体研究中心集体合作的成果，由阜阳师范大学文学院新闻传播系主任高群教授策划、组织编写并审改书稿，具体分工如下：第二章、第三章、第四章、第五章、第六章由段宗明撰写，第七章、第八章、第九章、第十章、第十一章、第十二章由郝韶梦撰写，第十六章、第十七章、第十八章、第十九章、第二十章由庄睿撰写，第一章、第十三章、第十四章、第十五章、第二十三章、第二十七章由沈阳泰撰写，第二十一章、第二十二章、第二十四章、第二十五章、第二十六章由吴丹撰写。

本书为新闻写作课程学习与考研辅导的参考书，也可供新闻传播类教学工作者和爱好者参考使用。

编　者

2019年8月30日